普通高等教育"十一五"国家级规划教材
普通高等教育土建学科专业"十一五"规划教材
21世纪交通版高等学校教材

Subgrade Engineering

路基工程

凌建明　主编
邱延峻　徐林荣　主审

人民交通出版社

内 容 提 要

本书对路基工程的特点和要求、路基性能指标及其影响因素、路基分析原理和设计方法、各类路基的设计要领和施工工艺等作了系统阐述。

本书共9章，主要内容为：引论、路基土分类及路基湿度状况、路基荷载 - 变形特性、路基压实与处治、一般路基设计、路基变形分析与稳定性验算、特殊路基设计、路基挡土墙设计、路基建筑等。

本书为高等院校土木工程、道路桥梁与渡河工程、交通工程、交通运输等专业的教材，也可作为相关专业的教学辅导书，并可供土木工程和交通运输工程领域的科技人员参考。

图书在版编目（CIP）数据

路基工程 / 凌建明主编． —北京：人民交通出版社，2011.6
ISBN 978 - 7 - 114 - 08996 - 1

Ⅰ．①路… Ⅱ．①凌… Ⅲ．①路基工程 Ⅳ．①U416.1

中国版本图书馆 CIP 数据核字（2011）第 059503 号

普通高等教育"十一五"国家级规划教材
普通高等教育土建学科专业"十一五"规划教材
21 世纪交通版高等学校教材

书　　　名：	路基工程
著 作 者：	凌建明
责任编辑：	沈鸿雁　韩亚楠
出版发行：	人民交通出版社
地　　　址：	(100011) 北京市朝阳区安定门外外馆斜街 3 号
网　　　址：	http://www.ccpress.com.cn
销售电话：	(010) 59757973
总 经 销：	人民交通出版社发行部
经　　销：	各地新华书店
印　　刷：	北京鑫正大印刷有限公司
开　　本：	787×1092　1/16
印　　张：	11.75
字　　数：	282 千
版　　次：	2011 年 5 月　第 1 版
印　　次：	2018 年 7 月　第 2 次印刷
书　　号：	ISBN 978-7-114-08996-1
定　　价：	25.00 元

（有印刷、装订质量问题的图书由本社负责调换）

21 世纪交通版
高等学校教材(公路与交通工程)编审委员会

顾　　　问：王秉纲　　（长安大学）
主 任 委 员：沙爱民　　（长安大学）
副主任委员：(按姓氏笔画排序)
　　　　　　王　炜　　（东南大学）
　　　　　　陈艾荣　　（同济大学）
　　　　　　徐　岳　　（长安大学）
　　　　　　梁乃兴　　（重庆交通大学）
　　　　　　韩　敏　　（人民交通出版社）
委　　　员：(按姓氏笔画排序)
　　　　　　马松林　　（哈尔滨工业大学）
　　　　　　王殿海　　（吉林大学）
　　　　　　叶见曙　　（东南大学）
　　　　　　石　京　　（清华大学）
　　　　　　向中富　　（重庆交通大学）
　　　　　　关宏志　　（北京工业大学）
　　　　　　何东坡　　（东北林业大学）
　　　　　　陈　红　　（长安大学）
　　　　　　邵旭东　　（湖南大学）
　　　　　　陈宝春　　（福州大学）
　　　　　　杨晓光　　（同济大学）
　　　　　　吴瑞麟　　（华中科技大学）
　　　　　　陈静云　　（大连理工大学）
　　　　　　赵明华　　（湖南大学）
　　　　　　项贻强　　（浙江大学）
　　　　　　郭忠印　　（同济大学）
　　　　　　袁剑波　　（长沙理工大学）
　　　　　　黄晓明　　（东南大学）
　　　　　　符锌砂　　（华南理工大学）
　　　　　　裴玉龙　　（哈尔滨工业大学）
　　　　　　颜东煌　　（长沙理工大学）
秘 书 　 长：沈鸿雁　　（人民交通出版社）

总 序

当今世界,科学技术突飞猛进,全球经济一体化趋势进一步加强,科技对于经济增长的作用日益显著,教育在国家经济与社会发展中所处的地位日益重要。进入新世纪,面对国际国内经济与社会发展所出现的新特点,我国的高等教育迎来了良好的发展机遇,同时也面临着巨大的挑战,高等教育的发展处在一个前所未有的重要时期。其一,加入 WTO,中国经济已融入到世界经济发展的进程之中,国家间的竞争更趋激烈,竞争的焦点已更多地体现在高素质人才的竞争上,因此,高等教育所面临的是全球化条件下的综合竞争。其二,我国正处在由计划经济向社会主义市场经济过渡的重要历史时期,这一时期,我国经济结构调整将进一步深化,对外开放将进一步扩大,改革与实践必将提出许多过去不曾遇到的新问题,高等教育面临加速改革以适应国民经济进一步发展的需要。面对这样的形势与要求,党中央国务院提出扩大高等教育规模,着力提高高等教育的水平与质量。这是为中华民族自立于世界民族之林而采取的极其重大的战略步骤,同时,也是为国家未来的发展提供基础性的保证。

为适应高等教育改革与发展的需要,早在 1998 年 7 月,教育部就对高等学校本科专业目录进行了第四次全面修订。在新的专业目录中,土木工程专业扩大了涵盖面,原先的公路与城市道路工程,桥梁工程,隧道与地下工程等专业均纳入土木工程专业。本科专业目录的调整是为满足培养"宽口径"复合型人才的要求,对原有相关专业本科教学产生了积极的影响。这一调整是着眼于培养 21 世纪社会主义现代化建设人才的需要而进行的,面对新的变化,要求我们对人才的培养规格、培养模式、课程体系和内容都应作出适时调整,以适应要求。

根据形势的变化与高等教育所提出的新的要求,同时,也考虑到近些年来公路交通大发展所引发的需求,人民交通出版社通过对"八五"、"九五"期间的路桥及交通工程专业高校教材体系的分析,提出了组织编写一套 21 世纪的具有鲜明交通特色的高等学校教材的设想。这一设想,得到了原路桥教学指导委员会几乎所有成员学校的广泛响应与支持。2000 年 6 月,由人民交通出版社发起组织全国面向交通办学的 12 所高校的专家学者组成 21 世纪交通版高等学校教材(公路类)编审委员会,并召开第一次会议,会议决定着手组织编写土木工程专业具有交通特色的**道路专业方向、桥梁专业方向以及交通工程专业**教材。会议经过充分研讨,确定了包括**基本知识技能培养层次、知识技能拓宽与提高层次**以及**教学辅助层次**在内的约 130 种教材,范围涵盖**本科与研究生用**教材。会后,人民交通出版社开始了细致的教材编写组织工作,经过自由申报及专家推荐的方式,近 20 所高校的百余名教授承担约 130 种教材的主编工作。2001 年 6 月,教材编委会召开第二次会议,全面审定了各门教材主编院校提交的教学大纲,之后,编写工作全面展开。

21 世纪交通版高等学校教材编写工作是在本科专业目录调整及交通大发展的背景下展开的。教材编写的基本思路是:(1)顺应高等教育改革的形势,专业基础课教学内容实现与土木工程专业打通,同时保留原专业的主干课程,既顺应向土木工程专业过渡的需要,又保持服务公路交通的特色,适应宽口径复合型人才培养的需要。(2)注重学生基本素质、基本能力的培养,为学生知识、能力、素质的综合协调发展创造条件。基于这样的考虑,将教材区分为二个主层次与一个辅助层次,即基本知识技能培养层次与知识技能拓宽与提高层次,辅助层次为教学参考用书。工作的着力点放在基本知识技能培养层次教材的编写上。(3)目前,中国的经济发展存在地区间的不平衡,各高校之间的发展也不平衡,因此,教材的编写要充分考虑各校人才培养规格及教学需求多样性的要求,尽可能为各校教学的开展提供一个多层次、系统而全面的教材供给平台。(4)教材的编写在总结"八五"、"九五"工作经验的基础上,注意体现原创性内容,把握好技术发展与教学需要的关系,努力体现教育面向现代化、面向世界、面向未来的要求,着力提高学生的创新思维能力,使所编教材达到先进性与实用性兼备。(5)配合现代化教学手段的发展,积极配套相应的教学辅件,便利教学。

教材建设是教学改革的重要环节之一,全面做好教材建设工作,是提高教学质量的重要保证。本套教材是由人民交通出版社组织,由原全国高等学校路桥与交通工程教学指导委员会成员学校相互协作编写的一套具有交通出版社品牌的教材,教材力求反映交通科技发展的先进水平,力求符合高等教育的基本规律。各门教材的主编均通过自由申报与专家推荐相结合的方式确定,他们都是各校相关学科的骨干,在长期的教学与科研实践中积累了丰富的经验。由他们担纲主编,能够充分体现教材的先进性与实用性。本套教材预计在二年内完全出齐,随后,将根据情况的变化而适时更新。相信这批教材的出版,对于土木工程框架下道路工程、桥梁工程专业方向与交通工程专业教材的建设将起到有力的促进作用,同时,也使各校在教材选用方面具有更大的空间。需要指出的是,该批教材中研究生教材占有较大比例,研究生教材多具有较高的理论水平,因此,该套教材不仅对在校学生,同时对于在职学习人员及工程技术人员也具有很好的参考价值。

21世纪初叶,是我国社会经济发展的重要时期,同时也是我国公路交通从紧张和制约状况实现全面改善的关键时期,公路基础设施的建设仍是今后一项重要而艰巨的任务,希望通过各相关院校及所有参编人员的共同努力,尽快使全套21世纪交通版高等学校教材(公路类)尽早面世,为我国交通事业的发展做出贡献。

21世纪交通版
高等学校教材(公路类)编审委员会
人民交通出版社
2001年12月

前　　言

路基是支撑铺面的岩土结构物,有共性的使用要求,也有明显的区域差异,很难穷尽各地的路基工程问题和各类路基工程技术。本书重点阐述路基工程的基本概念与特点、性能指标与参数、分析理论与方法、工程技术与要领,并尽可能反映这一领域的新进展。

路基工程是一门实践性很强的课程。教学中,应结合基础理论和工程技术进行讲授,辅以室内外试验、参观实习和课程设计等环节,加深学生对路基工程的系统认识,提高学生解决实际问题的能力。

本书共9章,主要内容包括:引论、路基土分类及路基湿度状况、路基荷载—变形特性、路基压实与处治、一般路基设计、路基变形分析与稳定性验算、特殊路基设计、路基挡土墙设计、路基建筑等。第一、二、三、四章由凌建明编写,第五、六、八章由钱劲松编写,第七章由赵鸿铎编写,第九章由黄琴龙编写。

本书由同济大学凌建明主编并统稿,由西南交通大学邱延峻教授和中南大学徐林荣教授主审。

本书编著过程中,重点借鉴了姚祖康教授编著的《道路路基和路面工程》、邓学钧教授主编的《路基路面工程》这两部道路工程领域经典教材的思想和内容,在此谨表衷心感谢!

本书如有错误和疏漏之处,敬请批评指正。

凌建明

2010年12月于上海

言　論

目 录

1 引论 ········· 1
  1.1 道路路基及其基本要求 ········· 1
  1.2 路基构造形式 ········· 2
  1.3 路基工程的内容和特点 ········· 4
  小结 ········· 6
  习题 ········· 6

2 路基土分类及路基湿度状况 ········· 7
  2.1 路基土的工程分类 ········· 7
  2.2 公路自然区划 ········· 11
  2.3 路基湿度状况及其预估 ········· 15
  小结 ········· 20
  习题 ········· 21

3 路基荷载-变形特性 ········· 22
  3.1 路基土的应力-应变关系 ········· 22
  3.2 路基荷载-弯沉关系 ········· 24
  3.3 路基性能指标 ········· 27
  小结 ········· 31
  习题 ········· 31

4 路基压实与处治 ········· 32
  4.1 路基压实 ········· 32
  4.2 路基处治 ········· 34
  4.3 路基加筋 ········· 38
  小结 ········· 42
  习题 ········· 42

5 一般路基设计 ········· 43
  5.1 一般路基设计内容 ········· 43
  5.2 路基断面设计 ········· 43
  5.3 路基填料选择 ········· 45
  5.4 路基边坡设计 ········· 45
  5.5 路基排水设计 ········· 48
  5.6 路基防护设计 ········· 56
  小结 ········· 63
  习题 ········· 63

6 路基变形分析与稳定性验算 …… 64
6.1 路基变形组成与分析方法 …… 64
6.2 路基稳定性分析基本方法 …… 68
6.3 路基稳定性验算 …… 76
6.4 失稳路基的整治措施 …… 82
小结 …… 84
习题 …… 84

7 特殊路基设计 …… 85
7.1 软土地基上的路堤设计 …… 85
7.2 冻土地区路基设计 …… 97
7.3 膨胀土地区路基设计 …… 101
7.4 黄土地区路基设计 …… 106
7.5 盐渍土地区路基设计 …… 112
7.6 其他特殊路基设计 …… 115
小结 …… 120
习题 …… 120

8 路基挡土墙设计 …… 121
8.1 挡土墙的结构和构造 …… 121
8.2 土压力计算 …… 129
8.3 挡土墙设计原则 …… 141
8.4 一般挡土墙稳定性验算 …… 143
8.5 加筋土挡土墙设计 …… 148
小结 …… 154
习题 …… 154

9 路基建筑 …… 156
9.1 基本任务与质量控制 …… 156
9.2 土质路基施工 …… 158
9.3 石质路基施工 …… 167
小结 …… 173
习题 …… 173

参考文献 …… 175

1 引 论

1.1 道路路基及其基本要求

1.1.1 路基的定义与分类

对道路工程而言,路基是在地表按照道路路线设计的线形(位置)和横断面(几何尺寸)要求开挖或填筑而成的带状岩土结构物。公路、城市道路、林区道路、厂矿道路、机场飞行区场道、码头堆场、广场等交通基础设施的作用荷载有所不同,但其结构均由路基和铺面组成。路基作为铺面的支撑结构物,承受由铺面传递下来的各种交通荷载。

狭义的路基是指铺面结构的基础,即铺面结构以下承受交通荷载作用的岩土结构物,俗称路基本体。而广义的路基除本体外,还包括路基的地基、上边坡和下边坡、各类路基排水构造物与防护设施、各类支挡结构。

根据道路沿线的工程地质与水文地质条件,以及路基的填挖高度,可将路基分为一般路基和特殊路基。一般路基的工程地质条件和水文地质条件均良好,且填挖不大,因而设计中不必作个别论证和验算。特殊路基包括:

(1) 稳定性不佳的路基,如高填、深挖路基,陡坡填方路基与填挖交界等。
(2) 不良地质地段的路基,如滑坡、崩塌、泥石流、岩堆、雪害、涎流冰等地段的路基,岩溶地区和采空区的路基,沿河、滨海和水库区的路基等。
(3) 特殊土路基,如软土、高液限土、膨胀土、黄土、盐渍土、风积沙和冻土等地区的路基。

1.1.2 路基的基本要求

道路路基和路面相互作用,相辅相成。一方面,路基为路面长期承受行车荷载提供了最基本的条件,而路面的覆盖可以减轻路基所受的荷载作用和环境影响;另一方面,路基性能不佳可直接引起路面变形、开裂等损坏,而路面的各种病害往往会加剧路基性能的衰变,导致道路整体性能和服务水平进一步下降。因此,路基性能应满足以下基本要求。

1) 足够的强度和整体稳定性

开挖或填筑路基,势必改变原有岩土体的受力平衡状态,形成二次应力场,并可能导致路基失稳。譬如,软土地基上的高路堤,当路堤产生的附加应力超出软土地基的承载能力时,就会造成路堤滑动或沉落;山坡上开挖的深路堑,当路堑边坡的坡体支撑不足时,就会出现滑坡或坍塌;在陡坡或存在软弱夹层的倾斜地层上填筑的路基,当基底界面或软弱夹层的抗剪强度不满足相关要求时,就会产生滑坡。此外,道路运行期间的车辆荷载、地震荷载等会增加路基和地基中的附加应力,而含水率的增大又会降低路基岩土体的强度,从而改变路基原有的平衡状态。各种路基失稳都将破坏道路的整体性和通行条件,甚至威胁交通安全。因此,在道路设计、施工和运行管理过程中,应采取必要的工程措施,确保路基在不利的荷载组合和环境条件下具有足够的强度和整体稳定性。

2) 足够的抗变形能力

路基和地基在各种自重应力和附加应力作用下会产生变形,包括弹性变形和塑性变形。典型的塑性变形包括:地基的固结变形、路堤的压密变形,以及行车荷载引起的路基永久变形。弹性变形对路基本身的影响不大,但过大的弹性变形会增大路面的挠度和应力,缩短其使用寿命。路基和地基的塑性变形,尤其是不均匀的塑性变形,将导致路面出现过量的变形和附加结构应力,促使路面过早损坏,并影响行驶的舒适性。因此,路基工程应选择合适的填料,进行充分的压实,并布设合理的防排水系统,采取必要的加固软弱地基等措施,确保路基具有足够的抗变形能力,从而保证道路的使用寿命和服务水平。

3) 良好的耐久性

道路作为一种交通基础设施,工程投资大,使用年限长,需要长期满足车辆和行人的使用要求。因此,路基和路面都应具有良好的耐久性。

道路竣工后的整个使用过程中,路基的湿度和温度状况并非一成不变。许多地区的地下水位呈季节性波动而使路基湿度发生季节性变化;有的路段在道路竣工后两三年内路基含水率逐步上升;有的路段则因地表水渗入或地下水渗透而使路基含水率明显增大。路基湿度的增大,将导致其强度和抗变形能力下降,进而引起路基路面使用性能的衰变。季节性冰冻地区年复一年的冻融循环使路基性能逐年下降,并引起翻浆冒泥等道路病害。路基在行车荷载反复作用下会产生累积塑性变形,从而增大路面的结构应力和变形,导致路面结构损坏。此外,路基边坡也因长期经受雨水冲刷、风蚀、冻融等自然作用而使其稳定性逐步削弱。因此,路基性能的耐久性不仅需要合理设计、精心施工来实现,更需要科学监测、适时养护、及时维修来保障。

1.2 路基构造形式

1.2.1 路堤

路堤是指路基顶面高于原地面的填方路基,所以也称填方路基。其横断面由路基顶宽、边坡坡度、边沟、护坡道、支挡结构、坡面防护等组成,如图 1-1 所示。

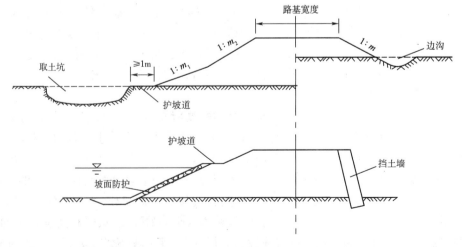

图 1-1 路堤的横断面形式

低路堤的边坡多采用单坡形式,并在其两侧设置边沟,以拦截和排除地表径流。而高路堤和浸水路堤的边坡则需采用上陡下缓的折线形式或台阶形式,并须采取适当的坡面防护和加固措施,以防止水流侵蚀和冲刷其坡面。高路堤的坡脚处或台阶处需设置平台,称为护坡道。

为收缩高路堤坡脚以减少填方量或减少占地,可设置支挡结构。在陡斜坡上填筑的路堤也常需要设置支挡结构,以保证其稳定性。

1.2.2 路堑

路堑是指全部由原地面开挖而成的路基,所以也称挖方路基。路堑有全路堑(全挖式)、半路堑(台口式)和半山洞三种横断面形式,如图1-2所示。

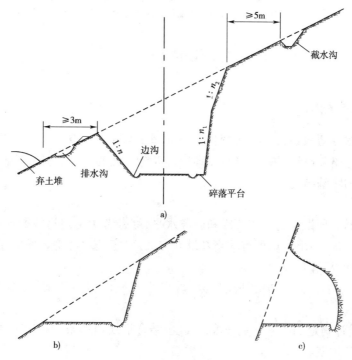

图1-2 路堑的横断面形式
a)全路堑;b)半路堑;c)半山洞

路堑边坡的坡度,可根据边坡高度以及坡体的工程地质条件和水文地质条件设置成直线形或折线形。路堑边坡的坡脚处须设置边沟,以汇集和排除路基范围内的地表径流。在挖方边坡的上方应设置截水沟,以拦截和排除流向路基的地表径流,并防止坡面冲刷和边沟溢流。对于坡面易风化或有碎落物的边坡,应在坡脚处设置宽1.0~1.5m的碎落台,或进行适当的坡面防护。对于坡体因开挖而可能失稳的边坡,须设置支挡结构,保证其稳定性。

遇到完整性良好的坚硬岩层,为减少石方开挖,在确保稳定的前提下,可采用半山洞路基。

1.2.3 半填半挖路基

横断面上部分填筑和部分开挖形成的路基称为半填半挖路基,如图1-3所示。对于斜坡上的路基,采用半填半挖形式可以避免深挖高填,减少土石方量,实现土石方的填挖平衡。

半填半挖路基兼有路堤和路堑的构造特点及要求,通常需要同时处理挖方边坡和填方边坡,根据地形、地质条件,采用坡面防护、护肩、砌石护坡或挡土墙等,保障路基的稳定性。此外,由于挖方与填方之间存在性质差异,易形成不协调变形甚至开裂,导致路面损坏,因而需要加强填挖交界处的台阶开挖、加筋等工程措施。

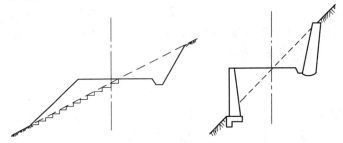

图1-3 半填半挖路基的横断面形式

1.3 路基工程的内容和特点

1.3.1 路基工程的内容

路基是铺面的支撑结构物,并在运营期间承受行车荷载和自然因素的双重作用。因此,路基工程就是精心做好路基设计、施工、监测和维护管理等方面的工作,为铺面和车辆行驶提供满足各项性能要求的路基结构物。

1)路基设计

路基设计是根据规划设定的道路等级和服务水平,综合考虑道路沿线的地形、地质、气候条件和铺面结构的要求,提出合理可行的路基设计方案,确定技术经济最优的路基设计参数。路基设计的主要包括以下内容。

(1)对沿线自然、地质情况进行补充勘察,确定路基设计的各项条件,作为路基设计的依据。

(2)依据路线设计确定的路基顶宽和填挖高度,结合沿线地形条件和岩土体状况,分段设计路基横断面形式和边坡。

(3)依据道路等级及沿线的岩土条件,确定填挖方案、填料类型和压实度。

(4)依据区域水文条件以及沿线地形条件、地表径流、地下水分布与赋存状况,进行道路排水系统布设以及地表和地下排水构筑物的设计。

(5)针对特殊路基,根据所处的地质条件和路基初步设计方案,结合当地的气候、水文情况,进行路基稳定性验算和变形分析。必要时,采取边坡防护、支挡结构或地基加固等措施,并进行相应的设计。

(6)对其他路基构造(如取土坑、弃土堆、护坡道、碎落平台等)进行设计。

2)路基施工

路基施工主要是通过土石方作业,修筑满足性能设计要求的路基结构物,并为路面结构层施工提供平台。路基施工的主要包括以下内容。

(1)开工前的组织、技术和物资准备工作包括:组织、落实施工队伍,开展现场调查,会审并核对设计文件,恢复定线和进行施工测量,编制施工组织设计,确定施工方案,选定机具设备和工程材料,修筑施工便道和临时设施,保证供水、供电等。

(2)路基土石方作业,主要是开挖路堑,填筑路堤,包括土石方开挖、运输、填筑、处治、压实和修整,以及施工过程中的测量、稳定和变形监测等。

(3)不良地基处理或加固,路基排水构筑物、支挡结构、坡面防护等设施的修筑。

(4)按进度计划和相关规范要求进行施工管理,对各项路基工程进行检查和验收,形成路基工程竣工资料。

3)路基监测与维护

路基及其边坡在使用过程中受荷载和自然因素的作用可能出现各种变形、病害甚至失稳。路基监测包括:对其自身定期的目视检查,与铺面使用性能相关的测试分析(如脱空判定、模量反算等),以及针对特殊路段的路基稳定与变形监测。根据监测结果,可以判断路基的使用性能及其适应程度,对已经出现或可能出现病害的路基进行维护、修复或改建,对稳定性不满足要求的路基实施加固。

1.3.2 路基工程的特点

作为在地表填挖形成的岩土结构物,路基具有以下诸多特点。

1)路基的变异性和不确定性显著

由于道路沿线复杂多变的地形、地质和水文条件,使不同路段路基的地基条件、填挖情况、填料性质、水文和水文地质状况、交通荷载等都有所不同,甚至存在很大差异,从而使路基的稳定性、抗变形能力和耐久性具有显著的变异性。路基性质的变异性、环境因素的复杂性以及交通荷载的随机性,增加了路基设计、施工和维护的不确定性。因此,路基工程必须加强前期勘察、分段设计、精心施工和科学维护,严格控制各个环节,实现预期目标。

2)路基与铺面共同组成非线性复合结构

路基和铺面共同组成了一个多层次的复合结构,其性状和性能不仅与各结构层的材料组成和配合比例有关,而且随所处的温度、湿度环境和应力、应变状态的不同而不同,具有显著的非线性特性。这种特性使得路基—铺面结构的设计计算十分复杂。

路基在不同层位的应力水平不同,所以其力学性质不仅取决于路基土的类别、路基压实度和湿度状况,而且取决于其作为结构所处的层位。因此,在分析和研究路基性能时,需要兼顾路基材料和结构,以及路基与铺面的相互作用;必要时,还要考虑应力与湿度的耦合作用对路基性能的影响。

3)路基与环境相互作用、相互影响

路基工程的开挖或填筑必将改变周围(环境)岩土体原有的应力平衡状态,也将改变地基土原有的固结状态,使环境岩土体产生各种变形,甚至失稳(如滑坡、崩塌、沉陷等)。而环境岩土体的变形、失稳反过来会造成路基的变形,影响路基的使用性能和稳定性,两者相互作用、相互影响。

路基工程的开挖或填筑,必将改变沿线的植被形态和地表径流。平原地区大多涉及沿线水沟、河浜的处理;山区的沿溪(河)线不仅会切断横向沟谷或收缩横向沟谷的过水断面,而且会改变纵向河流的断面及水流方向。因此,路基工程往往会破坏道路环境原有的水土平衡,导致水土流失。反过来,大规模的植被破坏和径流变化将显著影响路基的使用性能和稳定性,甚至造成路基水毁。

路基工程有时还会改变沿线地下水的赋存状况和水位高低。有些地区的地下水位本身就有季节性变化。当道路路基的相对高度不大时,地下水位变化可以导致路基湿度状况的改变,或者引起干湿循环,进而造成路基性能的衰变。

4)路基设计、施工和维护相互关联

在一定的环境条件和交通条件下,路基性能及其衰变规律,既取决于路基的设计指标和参数,还取决于路基的施工控制和维护水平。路基的设计指标越高,参数取值越合理,施工控制越严格,维护工作越到位,路基的性能衰变就越慢,运营期内的服务水平就越高。因此,路基的设计、施工和维护相互关联,共同影响。

路基的各项设计目标均通过现场施工得以实现,其使用性能直接与施工技术水平和质量控制水平有关。由于沿线建设条件的差异,路基施工还需要有效控制其变异性。一方面,路基设计中,应当充分考虑现有施工技术和施工质量控制的实际水平,以及施工变异性所带来的影响。否则,路基的实际使用性能不能达到设计要求,将严重影响路基路面的长期性能和使用寿命。另一方面,路基施工必须充分领会并认真贯彻设计思想,严格按照设计要求及其规定的变异范围进行施工和质量控制,从而保障路基的各项性能。

道路投入运营以后,在交通荷载和环境因素共同作用下,路基性能逐渐衰变。路基的维护水平和投入将决定路基使用性能的衰变速率。科学的预防性养护、全面的日常养护与修复、及时的病害处治等措施,可以有效延缓路基使用性能的衰变时间,阻止路基病害的进一步产生和发展,确保路基路面的使用寿命。

小 结

路基是铺面的支撑结构物,承受行车荷载和自然因素的双重作用,应具有足够的强度与整体稳定性、足够的抗变形能力和良好的耐久性。路基有三种典型的横断面形式,各具特点和适用条件,在路基设计中应根据路线设计的要求,结合沿线的地形地质条件合理选取。路基工程应针对路基作为岩土结构物的显著特点,充分考虑路基与铺面、环境等的相互作用和相互影响,合理设计,精心施工,科学维护,系统管理。

习 题

1-1 什么是路基?路基性能的基本要求有哪些?为什么做这些要求?

1-2 路基设计和施工的主要内容有哪些?

1-3 如何理解路基与铺面、路基与环境之间的相互作用和相互影响?

2 路基土分类及路基湿度状况

2.1 路基土的工程分类

2.1.1 路基土分类体系

作为建筑路基的基本材料,土由固体颗粒、水和气三相组成。土的固体颗粒包括原生矿物、次生矿物、可溶盐类、易分解的矿物及有机质等。各种路基土的颗粒大小和矿物成分差异较大,三相间的比例也有所不同,而且土颗粒与孔隙水及环境水之间存在复杂的物理化学作用,因而,不同的路基土具有不同的工程性质。例如,漂石和卵石强度高、变形小、透水性强、稳定性好,是修筑路基的良好材料;细粒土质砂含有一定数量的粗颗粒和细颗粒,级配适宜,强度、稳定性等易满足要求,往往是理想的路基填筑材料;粉质土因含有较多的粉土颗粒,毛细作用强烈,容易引起路基病害;而对于像富含有机质、易溶盐、膨胀性矿物等特殊土类,一般不直接用于填筑路基,不得已使用时应当经过试验论证和相应处治。因此,有必要从公路工程角度将路基土进行分类。

公路工程的路基土分类,各国的方法不尽相同,但所依据的原则总体相近,主要是根据土颗粒的粒径组成与矿物成分、其余物质的含量以及土的塑性指标进行划分。我国按照土的颗粒组成特征、土的塑性指标以及土中的有机质情况,将公路路基土划分为巨粒土、粗粒土、细粒土和特殊土四大类,并细分为12个小类,如图2-1所示。

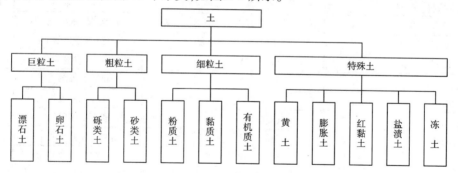

图2-1 土分类总体系

土颗粒按其粒径大小进行粒组划分,划分界限如图2-2所示。

路基土的颗粒组成特征以土的级配指标的不均匀系数(C_u)和曲率系数(C_c)表示,分别以式(2-1)和式(2-2)进行计算。其中,不均匀系数C_u反映的是粒径分布曲线上的土粒分布范围,而曲率系数C_c反映的则是粒径分布曲线上的土粒分布形状。

$$C_u = \frac{d_{60}}{d_{10}} \qquad (2-1)$$

200	60	20	5	2	0.5	0.25	0.075	0.002(mm)	
巨粒组		粗粒组						细粒组	
漂石(块石)	卵石(小块石)	砾（角砾）			砂			粉粒	黏粒
		粗	中	细	粗	中	细		

图 2-2　土颗粒粒组划分图

$$C_c = \frac{d_{30}^2}{d_{10} \times d_{60}} \tag{2-2}$$

式中：d_{10}、d_{30} 和 d_{60}——土的特征粒径（mm），在土的粒径分布曲线上，小于该粒径的土粒质量分别为总土质量的 10%、30%、60%，分别为有效粒径、中值粒径和限定粒径。

土的成分、级配、液限和特殊土等基本代号如表 2-1 所示。

土的基本代号　　　　　　　　　　　　　　　表 2-1

特　征	基　本　代　号
土的成分代号	巨粒组：漂石 B　　块石 B_a　　卵石 C_b　　小块石 Cb_a 粗粒组：砾 G　　角砾 G_a　　砂 S 细粒组：粉土 M　　黏土 C　　细粒土（C 和 M 合称）F　　（混合）土（粗、细粒土合称）Sl 有机质土 O
土的级配代号	级配良好 W　　级配不良 P
土液限高低代号	高液限 H　　低液限 L
特殊土代号	黄土 Y　　膨胀土 E　　红黏土 R　　盐渍土 St　　冻土 Ft

依据土的成分、级配及液限高低，即可确定各土类的名称及基本代号，具体如表 2-2 所示。

土类的名称及其基本代号　　　　　　　　　　　表 2-2

名　称	代　号	名　称	代　号	名　称	代　号
漂石	B	级配良好砂	SW	含砾低液限黏土	CLG
块石	B_a	级配不良砂	SP	含砂高液限黏土	CHS
卵石	Cb	粉土质砂	SM	含砂低液限黏土	CLS
小块石	Cb_a	黏土质砂	SC	有机质高液限黏土	CHO
漂石夹土	BSl	高液限粉土	MH	有机质低液限黏土	CLO
卵石夹土	CbSl	低液限粉土	ML	有机质高液限粉土	MHO
漂石质土	SlB	含砾高液限粉土	MHG	有机质低液限粉土	MLO
卵石质土	SlCb	含砾低液限粉土	MLG	黄土（低液限黏土）	CLY
级配良好砾	GW	含砂高液限粉土	MHS	膨胀土（高液限粉土）	CHE
级配不良砾	GP	含砂低液限粉土	MLS	红土（高液限粉土）	MHR
细粒质砾	GF	高液限黏土	CH	红黏土	R
粉土质砾	GM	低液限黏土	CL	盐渍土	St
黏土质砾	GC	含砾高液限黏土	CHG	冻土	Ft

注：①当由两个基本代号构成时，第一个代号表示土的主成分，第二个代号表示副成分（土的液限或土的级配）；当由三个基本代号构成时，第一个代号表示土的主成分，第二个代号表示液限的高低（或级配的好坏），第三个代号表示土中所含次要成分。
②液限的高低以 50 划分；级配以不均匀系数（C_u）和曲率系数（C_c）表示。

2.1.2 巨粒土分类

巨粒组(>60mm 的土颗粒)质量大于总质量 15% 的土称为巨粒土。依据巨粒组的含量以及漂石粒组质量与卵石粒组质量的相对多少可将巨粒土细分为漂(卵)石、漂(卵)石夹土和漂(卵)石质土,其分类体系如图 2-3 所示。对于漂(卵)石及漂(卵)石夹土,巨粒在土中起骨架作用,决定着土的主要性状;对于漂(卵)石质土,土占优势,巨粒部分起骨架作用,部分起充填作用。

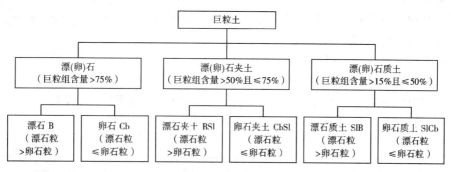

图 2-3 巨粒土分类体系

2.1.3 粗粒土分类

巨粒组土粒质量少于或等于总质量 15%,且巨粒组土粒与粗粒组土粒质量之和大于总土质量 50% 的土称为粗粒土。粗粒土可分为砾类土和砂类土,其中,砾粒组质量多于砂粒组质量的土称为砾类土,反之则称为砂类土。两者均根据其中细粒含量和类别以及粗粒组的级配进行分类,分类体系分别如表 2-3 和表 2-4 所示。

砾类土分类体系表　　　　表 2-3

土	组	土组代号	细粒组含量 $F(\%)$
砾	级配良好砾	GW	$F \leqslant 5$
	级配不良砾	GP	
含细粒土砾		GF	$5 < F \leqslant 15$
细粒土质砾	粉土质砾	GM	$15 < F \leqslant 50$
	黏土质砾	GC	

砂类土分类体系表　　　　表 2-4

土	组	土组代号	细粒组含量 $F(\%)$
砂	级配良好砂	SW	$F \leqslant 5$
	级配不良砂	SP	
含细粒土砂		SF	$5 < F \leqslant 15$
细粒土质砂	粉土质砂	SM	$15 < F \leqslant 50$
	黏土质砂	SC	

2.1.4 细粒土分类

细粒组土粒质量多于或等于总质量 50% 的土称为细粒土。细粒土中粗粒组质量少于或等于总质量25%的土称粉质土或黏质土;粗粒组质量为总质量25%~50%(含50%)的土称含粗粒的粉质土或含粗粒的黏质土;有机质含量多于或等于总质量的5%,且少于总质量的10%的土称有机质土;有机质含量多于或等于10%的土称为有机土。

细粒土的性质很大程度取决于土的塑性指标,故按图2-4所示的"土的塑性图"进行细粒土的分类,分类体系如图2-5所示。

当细粒土塑性指数位于塑性图A线或A线以上时,液限在B线或B线右边的,称为高液限黏土(CH);液限在B线左边且$I_p=7$线以上的,称为低液限黏土(CL)。

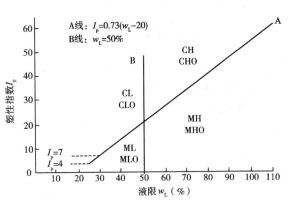

图2-4 塑性图

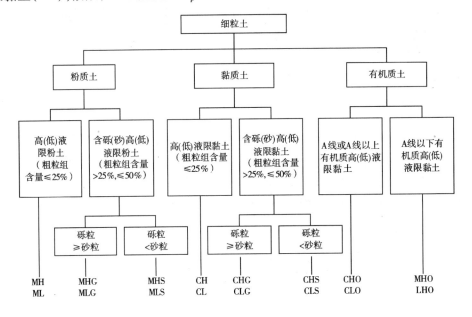

图2-5 细粒土分类体系

当细粒土塑性指数位于塑性图A线以下时,液限在B线或B线右边的,称为高液限粉土(MH);液限在B线左边且$I_p=4$线以下的,称为低液限粉土(ML)。

$I_p=7$ 和 $I_p=4$ 两条横虚线之间的黏土~粉土过渡区的土可按相邻土层的类别细分,从低液限粉土(ML)过渡到低液限黏土(CL)。

2.1.5 特殊土分类

特殊土包括软土、黄土、膨胀土、红黏土、盐渍土及冻土等。软土是指滨海、湖沼、谷地、河滩沉积的天然含水率高、孔隙比大、压缩性高、抗剪强度低的细粒土。由于细粒土分类主要依据其扰动试样的塑性指标而非天然状态,因此,一般不将软土列入土的工程分类体系。黄土主要由粉粒组成,是呈棕黄或黄褐色,具有大孔隙和垂直节理特征的土。膨胀土是一类富含亲水性矿物并具有明显的吸水膨胀与失水收缩特性的高塑性黏土。红黏土指的是石灰岩或其他岩浆岩经风化后形成的富含铁铝氧化物的褐红色粉土或黏土。盐渍土指的是不同程度的盐碱化土的统称,在公路工程中一般指地表下1.0m深的土层内易溶盐平均含量大于0.3%的土。冻土是具有负温或零温度,并含有冰晶的土(石)。

黄土、膨胀土、红黏土按特殊土塑性图(图2-6)定名。黄土属低液限黏土(CLY),其分布范围大部分在A线以上,$w_L<40\%$;膨胀土属高液限黏土(CHE),其分布范围大部分在A线以上,$w_L>50\%$;红黏土属于高液限粉土(MHR),其分布范围大部分在A线以下,$w_L>55\%$。

盐渍土按土层中所含盐的种类和平均总盐量的质量分数进行分类,如表2-5所示。

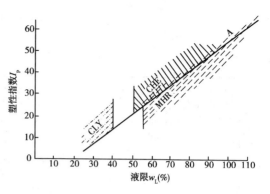

图2-6 特殊土塑性图

盐渍土工程分类　　　　表2-5

质量比 $m(Cl^-)/m(SO_4^{2-})$	分类	土层中平均总盐量的质量分数(%)			
		弱盐渍土	中盐渍土	强盐渍土	过盐渍土
>2.0	氯盐渍土	0.3~1.5	1.5~5.0	5.0~8.0	>8.0
1.0~2.0	亚氯盐渍土	0.3~1.0	1.0~4.0	4.0~7.0	>7.0
0.3~1.0	亚硫酸盐渍土	0.3~0.8	0.8~2.0	2.0~5.0	>5.0
<0.3	硫酸盐渍土	0.3~0.5	0.5~1.5	1.5~4.0	>4.0

冻土则根据冻结状态持续时间的长短,分为多年冻土、隔年冻土和季节冻土三种,其分类特征如表2-6。

冻土按冻结状态持续时间分类　　　　表2-6

类　型	持续时间 t(年)	地面温度(℃)特征	冻融特征
多年冻土	$t\geqslant 2$	年平均地面温度≤0℃	季节融化
隔年冻土	$2>t\geqslant 1$	最低月平均地面温度≤0℃	季节冻结
季节冻土	$t<1$	最低月平均地面温度≤0℃	季节冻结

2.2 公路自然区划

2.2.1 区划原则和意义

我国各地的地形、地貌、水文、地质和气候等自然条件存在很大差异。这些自然条件与公路工程建设和使用性能关系密切,比如路基的填筑材料、湿度状况和常见病害,路面的材料组成、温度状况和主要损坏等。而这些自然条件,尤其是气温、降雨量、蒸发量等气候因素又多具有区域性分布的特点。为了区分不同地理区域自然条件对公路建设和运营影响的差异性,我国制定了《公路自然区划标准》,并形成了如图2-7所示的全国公路自然区划图。公路自然区划为全国各地在路基路面设计、施工和养护中更加合理地确定工程参数、更有针对性地采取技术措施提供了依据。

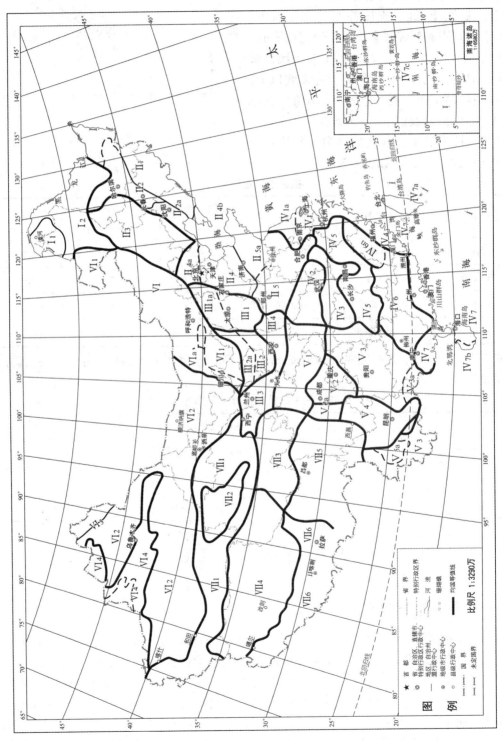

图2-7 中国公路自然区划图

我国的公路自然区划主要遵循以下三项原则：
(1) 自然气候因素综合性和主导性相结合的原则。
(2) 同一区划内公路工程自然环境具有相似性的原则。
(3) 地表气候地带性差异与非地带性差异相结合的原则。

2.2.2 区划方法和指标

目前，我国的公路自然区划分为三个等级。一级区划首先将全国分为多年冻土、季节冻土和全年不冻3大地带，再根据水热平衡和地理位置，划分为冻土、温润、干湿过渡、湿热、潮暖、干旱和高寒7个大区。二级区划是在一级区划基础上，以潮湿系数为主进一步划分。三级区划是在二级区内划分更低一级的区域或类型单元。

1）一级区划

一级区划以全国性的纬向地带性和构造区域性为依据，根据对公路工程具有控制性影响的地理、地貌和气候因素进行划分。通过分析梳理，确定以两条均温等值线和三级阶梯的两条等高线作为一级区划的标志：

(1) 全年均温 –2℃等值线，即区分多年冻土和季节性冻土的大体界线。
(2) 一月份均温 0℃等值线，即区分季节性冻土和全年不冻的大体界线。
(3) 1 000m 等高线，走向北偏东。
(4) 3 000m 等高线，走向自西向东，后折向南。

据此，并考虑不同地理、气候、构造、地貌界线的交错和叠合，将全国划分为7个一级自然区，相应的代号、名称以及对路基设计的总体要求如下：

Ⅰ——北部多年冻土区

Ⅰ区纬度高、气温低。北部为连续分布多年冻土，南部为岛状分布多年冻土。多年冻土层的上部春夏季融化成难以下渗的层上水，增大土基湿度，降低土基强度；秋冬季层上水由上而下冻结，产生冻胀。因此，路基设计的关键是维持其冻稳定性。路基设计应宁填勿挖，不轻易挖去覆盖层，保护路堤下的冻土处于原有冻结状态，以防路基融沉。路堤填料应选择冻稳定性良好的土或粒料。

Ⅱ——东部温润季冻区

Ⅱ区是我国主要的季节性冻土区。对路基的突出影响是冬季冻胀，春季翻浆，且影响程度由北向南逐渐减轻，具有明显的季节性和地带性。路基设计首先应根据冻深合理确定路基高度，并根据路基的湿度状况，结合沿线自然条件，采取保温、隔温、排水、截水、处治等措施防止路基冻胀翻浆。

Ⅲ——黄土高原干湿过渡区

Ⅲ区的主要特点是集中分布了黄土和黄土状土类，地下水位低，干燥土基强度高、稳定性好。路基工程的主要任务是防止黄土地基的湿陷和黄土边坡的冲蚀，因而路基设计应做好防排水措施，防止地表水下渗和径流冲刷。在谷底、盆地、灌区耕地等潮湿路段，土基强度低、稳定性差，应采取相应的处治和加固措施。

Ⅳ——东南湿热区

Ⅳ区是我国最湿热的地区，年降雨量大、台风暴雨多、季节性强，集中降雨与持续降雨并存，容易形成路基冲刷、滑坡，造成公路水毁。该自然区的平原地区沟、塘、河、浜丰富，水稻田多，地下水位高，土基湿软，强度和模量低。因此，路基设计，应合理布设排水系统，加强防排水设施设计和边坡防护;对于湿软路基必须采取有效的处治措施提高其强度、模量和水稳定性。

Ⅴ——西南潮暖区

Ⅴ区山多,岩溶集中分布。北部和西部新构造发育,地形高差大,地震病害多。一些地区因同时受东南和西南季风影响,雨期较长。路基设计,首先应采取防排水措施,以保证路基的湿稳性。对于构造发育、岩层破碎的区域,应确保路堑边坡的稳定;对于地形起伏较大的区域,应充分重视填挖交界。岩溶地区还应在详细工程地质勘察的基础上,评价场地和隐伏岩溶顶板的稳定性,确保路基安全。

Ⅵ——西北干旱区

Ⅵ区气候干、旱,大多地下水位很低,优质填料丰富,土基强度较高。但在灌区、绿洲、草原洼地等个别地区,地下水位高,冻融翻浆严重,路基设计应采取相应的防治措施。高山区存在风雪流危害;丘陵地区路堑冬季积雪厚,春融雪水下渗易造成路基路面病害,应做好防护。

Ⅶ——青藏高原区

Ⅶ区为海拔高、气温低的高寒高原,分布有多年冻土和现代冰川。东南部新构造运动活跃,滑坡、崩塌和泥石流等公路地质灾害相当严重。高原冻土地带的路基须按保温原则进行设计,维持其冻稳定性。公路设计中,应针对沿线自然条件,绕避或加固不良地质体,防止地质灾害,确保路基稳定和安全。

2)二级区划

二级区划仍以气候和地形为主导因素,其区划指标为潮湿系数 K:

$$K = \frac{R}{Z} \tag{2-3}$$

式中:R——年降雨量(mm);

Z——年蒸发量(mm)。

按潮湿系数 K 的大小划分为 6 个潮湿等级:

$K > 2.00$ 过湿;

$2.00 \geq K > 1.50$ 中湿;

$1.50 \geq K > 1.00$ 润湿;

$1.00 \geq K > 0.50$ 润干;

$0.50 \geq K > 0.25$ 中干;

$K \leq 0.25$ 过干。

根据二级区划的主导因素和区划指标,将全国分为 33 个二级区和 19 个副区,共 52 个二级自然区。

3)三级区划

三级区划尚未纳入全国区划,各省、市、自治区可视当地具体情况自行划分。主要方法有两种:一种是按地貌、水文和土质类型将二级区划进一步划分为若干个类型单位;另一种是以水热、地理和地貌为标志将二级区划进一步划分为若干个更低级的区域单元。

2.3 路基湿度状况及其预估

2.3.1 路基湿度的来源

湿度是影响路基强度、模量及稳定性的重要因素,很大程度决定了路基的工作性状。路基运营过程中受到各种外界因素的影响,从而使湿度发生变化。路基湿度的来源主要包括以下几个方面:

1)大气降水与蒸发

大气降水,一方面可以浸湿透水的路肩、边坡或中央分隔带,并通过毛细作用向路基中部迁移;另一方面,可以浸湿透水的路面,并下渗而湿润铺面下的路基,或者沿着不透水路面的接缝和裂缝渗入路基,分别如图2-8所示。蒸发则是水分循着与上述相同的途径从路基反向逸出;同时,水蒸气在路基土空隙中流动,遇冷可凝结成水而滞留在路基中。

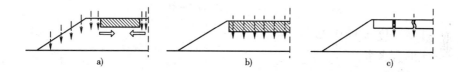

图2-8 大气降水对路基湿度的影响

2)地下水

地下水位较高时,地下水通过毛细管作用而升高浸湿路基。地势低洼、排水不良时,积滞在沟渠内的流水或其他邻近的地表积水,通过毛细管润湿或渗流作用进入路基。路基上边坡坡体中的地下水位高于上路床时,可以通过边坡岩土体的裂隙或孔隙渗流渗入路基,如图2-9所示。

3)薄膜移动水

土结构中的薄膜水从含水率较高处向较低处流动,或者由温度较高处向冻结中心迁移。

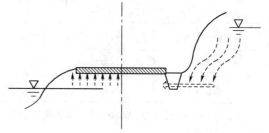

图2-9 地下水影响路基湿度的主要形式

综合分析路基湿度的来源,可以将路基湿度的控制因素归纳为两大类,即地下水位和气候因素(包括降雨量、蒸发量、日照、温度等)。

2.3.2 路基干湿类型

根据路床范围内湿度状况的不同,路基干湿类型分为干燥、中湿、潮湿、过湿等四类。

干燥类路基的湿度完全受气候因素控制,不受地下水的影响;潮湿类路基的湿度主要受地下水位控制,不受气候因素的影响;中湿类路基的湿度介于干燥类和潮湿类之间,同时受气候因素和地下水的影响;而过湿类路基的湿度完全受地下水位控制,路床范围基本处于饱和状态。

为了保证路基路面结构的稳定性和抗变形能力,一般要求路基处于干燥或中湿状态;而过湿类路基在实际工程中必须经处理后方可铺筑路面。

表征路基湿度的指标可以是质量含水率、体积含水率,也可以是饱和度。当土体干密度一定时,三者均能有效表征路基的湿度状况。但湿度变化常常导致土体体积变化,质量含水率不变而饱和度和体积含水率发生变化。因此,饱和度和体积含水率可以更准确地表征路基湿度的实际情况。

2.3.3 路基湿度状况预估

对于不透水的路面而言,路面中心区的路基湿度一般在修建后2~3年逐渐趋于一个稳定的波动范围,称之为平衡湿度状况。路基湿度状况可以按路基土的稠度来预估,也可以根据公路自然区划、土质类型、排水条件以及路基相对高度来预估。

1)按路基土稠度预估

对于既有道路,路基干湿类型可以先按不利季节实测路床顶面以下80cm深度内土的平均含水率,并按式(2-4)计算平均稠度 w_c,再按表2-7所示的分界稠度值确定。不同自然区划、不同土组的分界稠度有所不同,表2-7所列为各土组的近似值。

$$w_c = (w_L - w)/(w_L - w_p) \tag{2-4}$$

式中:w_c——土的稠度,$w_c < 0.75$;

w——土的含水率;

w_p——土的塑限;

w_L——土的液限。

路基干湿状态分界稠度值　　　　表2-7

干湿状况 土质类别	干燥 $w_c \geq w_{c1}$	中湿 $w_{c1} > w_c \geq w_{c2}$	潮湿 $w_{c2} > w_c \geq w_{c3}$	过湿 $w_c < w_{c3}$
细粒土质砂	$w_c \geq 1.20$	$1.20 > w_c \geq 1.05$	$1.00 > w_c \geq 0.85$	$w_c < 0.85$
黏质土	$w_c \geq 1.10$	$1.10 > w_c \geq 0.95$	$0.95 > w_c \geq 0.80$	$w_c < 0.80$
粉质土	$w_c \geq 1.05$	$1.05 > w_c \geq 0.90$	$0.90 > w_c \geq 0.75$	$w_c < 0.75$

注:w_{c1}、w_{c2}、w_{c3}分别为干燥和中湿、中湿和潮湿、潮湿和过湿状态路基的分界稠度,w_c为路基顶面以下80cm深度内的平均稠度。

2)按路基相对高度预估

对于新建道路,设计阶段路基尚未建成,自然无法实测路基土的含水率,因而不能按稠度预估路基的湿度状况。但是,由于路基的湿度状况与气候因素、地下水位以及土组的毛细水上升高度密切相关,因此,可以按路床顶面设计高程距地下水位(或地表积水水位)的高度(即路基相对高度)来确定路基的干湿类型,如图2-10所示。

(1)干燥类

地下水位很低,路基相对高度 H 可以保证路基上部土层(主要指路床,一般取路槽底面以下80cm深度范围)不受地下水毛细上升润湿的影响,即

$$H > H_1 \tag{2-5}$$

式中:H_1——干燥类路基临界高度,$H_1 = H_L + 80 (\text{cm})$,$H_L$为毛细水上升高度(cm)。

(2)中湿类

地下水位较高,路床下部土层受到地下水的毛细润湿作用,但路基相对高度 H 仍大于毛

细水上升高度 H_L，即

$$H_1 > H > H_2 \tag{2-6}$$

式中：H_2——中湿类路基临界高度，$H_2 = H_L$。

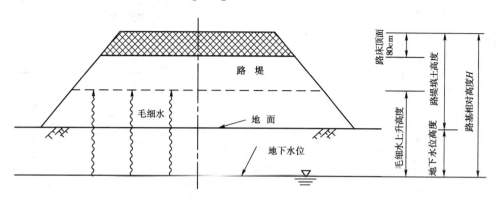

图 2-10 路基湿度分类示意

（3）潮湿类

地下水位很高，路基相对高度 H 小于地下水毛细上升高度 H_L，但两者差距较小，即

$$H_2 > H > H_3 \tag{2-7}$$

式中：H_3——潮湿类路基临界高度。

（4）过湿类

地下水位过高，路床顶面距地下水位过近，甚至地下水位处在路床范围内或高过路床顶面，使整个路基处于过湿状态，即

$$H < H_3 \tag{2-8}$$

部分自然区划、不同土组的路基临界高度 H_1、H_2、H_3，如表 2-8 所列。

3）按路基土基质吸力预估

除过湿类路基以外，道路路基均处于非饱和状态。与饱和土不同，非饱和土存在基质吸力。对于特定土质的非饱和土，饱和度（或含水率）不同，基质吸力也不同。表征饱和度（或含水率）与基质吸力之间关系的曲线称为"土水特征曲线"，如图 2-11 所示。由此，只要确定路基平衡湿度状况下的基质吸力，即可通过土水特征曲线计算路基土的饱和度或含水率，预估路基的湿度状况。

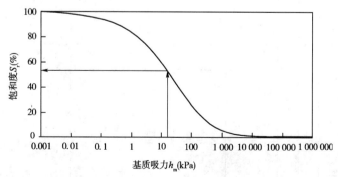

图 2-11 非饱和土土水特征曲线

路基临界高度参考值

表 2-8

自然区划	砂类土 地下水 H₁	H₂	H₃	砂类土 地表长期积水 H₁	H₂	H₃	砂类土 地表临时积水 H₁	H₂	H₃	黏质土 地下水 H₁	H₂	H₃	黏质土 地表长期积水 H₁	H₂	H₃	黏质土 地表临时积水 H₁	H₂	H₃	粉质土 地下水 H₁	H₂	H₃	粉质土 地表长期积水 H₁	H₂	H₃	粉质土 地表临时积水 H₁	H₂	H₃
II₁										2.9	2.2								3.8	3.0	2.2						
II₂										2.7	2.0								3.4	2.6	1.9						
II₃	1.9~2.2	1.3~1.6								2.5	1.8	1.2~1.4							3.0	2.2	1.6						
II₄	1.1~1.5	0.7~1.1								2.4~2.6	1.9~2.1	1.2~1.4							2.6~2.9	2.1~2.3	1.4~1.6						
II₅										2.1~2.5	1.6~2.0								2.4~2.9	1.8~2.3							
III₂	1.3~1.6	1.1~1.3	0.9~1.1	1.1~1.3	0.9~1.1	0.6~0.9	0.9~1.1	0.6~0.9	0.4~0.6	2.2~2.75	1.7~2.2	1.3~1.7	1.75~2.2	1.3~1.7	0.9~1.3	1.3~1.75	0.9~1.3	0.45~0.9	2.4~2.85	1.9~2.4	1.4~1.9	1.9~2.4	1.4~1.9	1.0~1.4	1.4~1.9	1.0~1.4	0.5~1.0
III₃	1.3~1.6	1.1~1.3	0.9~1.1	1.1~1.3	0.9~1.1	0.6~0.9	0.9~1.1	0.6~0.9	0.4~0.6	2.1~2.5	1.6~2.1	1.2~1.6	1.6~2.1	1.2~1.6	0.9~1.2	1.2~1.6	0.9~1.2	0.55~0.9	2.3~2.75	1.8~2.3	1.4~1.8	1.8~2.3	1.4~1.8	1.0~1.4	1.4~1.8	1.0~1.4	0.55~1.0
IV₁										1.7~1.9	1.2~1.3	0.8~0.9							1.9~2.1	1.3~1.4	0.9~1.0						
IV₂										1.6~1.7	1.1~1.2	0.8~0.9							1.7~1.9	1.2~1.3	0.8~0.9						

续上表

自然区划	土组 路床顶面至各水位 临界高度(m)	砂类土 地下水 H_1	H_2	H_3	砂类土 地表长期积水 H_1	H_2	H_3	砂类土 地表临时积水 H_1	H_2	H_3	黏质土 地下水 H_1	H_2	H_3	黏质土 地表长期积水 H_1	H_2	H_3	黏质土 地表临时积水 H_1	H_2	H_3	粉质土 地下水 H_1	H_2	H_3	粉质土 地表长期积水 H_1	H_2	H_3	粉质土 地表临时积水 H_1	H_2	H_3
IV₃		1.0~1.1	0.7~0.8																										
IV₄		1.0~1.1	0.7~0.8								1.7~1.8	1.0~1.2	0.8~1.0	0.8~0.9	0.5~0.6	0.3~0.4												
IV₅											1.7~1.9	1.3~1.4	0.9~1.0	1.0~1.1	0.6~0.7	0.3~0.4				1.79~2.1	1.3~1.5	0.9~1.1						
IV₆											1.8~2.0	1.3~1.5	1.0~1.2	0.9~1.0	0.5~0.6	0.3~0.4				2.0~2.2	1.5~1.6	1.0~1.1						
V₁		1.3~1.6	1.1~1.3	0.9~1.1	1.1~1.3	0.9~1.1	0.6~0.9	0.9~1.1	0.6~0.9	0.4~0.6	2.0~2.4	1.6~2.0	1.2~1.6	1.6~2.0	1.2~1.6	0.8~1.2	1.2~1.6	0.8~1.2	0.45~0.8	2.2~2.65	1.7~2.2	1.3~1.7	1.7~2.2	1.3~1.7	0.9~1.3	1.3~1.7	0.9~1.3	0.55~0.9
V₃											1.7~1.9	0.8~1.0	0.4~0.6							1.9~2.1	1.3~1.5	0.5~0.7						
V₄											1.7~1.9	0.9~1.1	0.4~0.6							2.2~2.5	1.4~1.6	0.5~0.7						
VI₂		1.4~1.7	1.1~1.4	0.9~1.1	1.1~1.4	0.9~1.1	0.6~0.9	0.9~1.1	0.7~0.9	0.4~0.6	2.2~2.75	1.65~2.2	1.2~1.65	1.65~2.2	1.2~1.65	0.75~1.2	1.2~1.65	0.75~1.2	0.45~0.75	2.3~3.1	1.85~2.3	1.4~1.85	1.85~2.3	1.4~1.85	0.9~1.4	1.4~1.85	0.9~1.3	0.5~0.9
VII₃		1.5~1.8	1.2~1.5	0.9~1.2	1.2~1.5	0.9~1.2	0.6~0.9	0.9~1.2	0.7~0.9	0.4~0.6	2.3~2.85	1.75~2.3	1.3~1.75	1.75~2.3	1.3~1.75	0.75~1.3	1.3~1.75	0.75~1.3	0.45~0.75	2.4(2.0~2.4)	2.0(1.6~2.0)	1.6(1.0~1.6)	(2.0~2.4)	(1.6~2.0)	(1.0~1.6)	1.85~2.0	1.4~1.6	0.55~1.0

对于湿度状况受地下水位控制的路基，毛细水影响范围内路基的基质吸力可以采用单一地下水位模型式(2-9)计算，如图2-12所示。

$$h_m = y \cdot \gamma_w \tag{2-9}$$

式中：h_m——基质吸力(kPa)；

y——计算点距地下水位的垂直距离(m)；

γ_w——水的重度(kN/m³)。

对于湿度状况受气候因素控制的路基，毛细水上升高度以上路基的基质吸力可以采用气候湿度指数 TMI 模型式(2-10)计算：

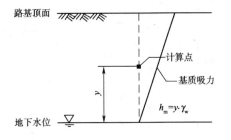

图 2-12 基质吸力单一地下水位模型

$$h_m = \alpha \{ e^{[\beta/(\text{TMI}+100)]} + \gamma \} \tag{2-10}$$

式中：TMI——所在地区的气候湿度指数，由各地相关气象数据，按式(2-11)计算；

α、β、γ——回归系数。

$$\text{TMI} = \frac{100R_y - 60\text{DF}_y}{\text{PE}_y} \tag{2-11}$$

式中：R_y——年度净流量(cm)；

DF_y——年度缺水量(cm)；

PE_y——年度蒸发蒸腾总量(cm)。

道路路基各主要土组的 TMI 值一般在 $-80 \sim 80$。细粒土的 TMI 值与 wPI ($wPI = I_p \times P_{200}$，其中 I_p 为塑性指数(%)；P_{200} 为 200 号筛(0.075mm)通过率)具有良好的相关性。对于不同 wPI 的细粒土，其 TMI 模型的回归系数代表值如表2-9所示。

细粒土 TMI 模型回归系数代表值　　　　表 2-9

不同土组 wPI 限值(%)		α	β	γ
砂	0	49.0	38.5	-55.0
其他砂类土下限	0.05	0.7	243.5	5.5
粉质土下限	1	0.25	298.0	9.0
黏质土下限	3.5	1.0	385.5	12.0
其他砂类土上限	8.5	9.0	216.0	2.5
粉质土上限	20	7 186.0	5.5	-7 392.0
黏质土上限	25	8 077.5	6.5	-8 385.0

小　　结

不同的路基土具有不同的工程特性，路基工程应按照标准的分类体系和指标进行鉴别、确定路基土的类型，指导路基填料的选择和处治。公路自然区划在一定程度上区分了各地区公路工程的控制性因素及其特征，并总体明确了相应的路基设计要求。湿度是影响路基性能最为重要的环境因素，路基设计与评价中应当根据路基湿度的来源和变迁，选择适当的方法预估路基的湿度状况。

习 题

2-1 简述路基土的工程分类体系及其主要依据。

2-2 何为细粒土?细粒土的分类指标和分类方法分别是什么?

2-3 我国公路自然区划的依据和主要指标是什么?

2-4 新建苏南地区一条公路,路基为低液限粉土,填土高度为 30cm,地下水位最小埋深为 60cm。预估该路基的干湿类型,以及路床顶面以下 80cm 范围内路基的平均稠度。

2-5 何为土水特征曲线?其在路基湿度预估中如何应用?

3 路基荷载—变形特性

3.1 路基土的应力—应变关系

3.1.1 应力—应变关系

路基是路面的支撑结构物,车轮荷载通过路面结构传递到路基,使之产生应变和变形。因此,路基土的应力-应变特性是影响路基路面结构性能的重要因素。实际上,诸多路面病害都是路基的抗变形能力不足、变形量过大所造成的。

路基土的应力—应变关系可通过室内重复加载三轴压缩试验得到,图3-1即为多次加-卸载偏应力($\sigma_1-\sigma_3$)与轴向应变(ε_1)的关系曲线。可见,路基土与一些常用工程材料不同,水泥混凝土、钢材等在一定的应力或者应变范围内为理想的线弹性体,应力—应变关系呈现线性特征,且在应力卸除后,材料恢复其原来的尺寸。而路基土的应力—应变关系曲线几乎无直线段,应力卸除后仍残余不可恢复的永久变形,表现为非线性弹—塑性特性。

通常采用弹性模量这一比例常数来表征弹性材料的应力—应变关系。但对于路基土而言,应力与应变的比值并不是常数,弹性模量也不再是准确表征其应力—应变关系特征的参数。但另一方面,现行的路面结构分析主要基于弹性理论,对路基的考虑重点还是其弹性特性,因此,尽管路基土的应力—应变关系如此复杂,但习惯上仍沿用模量公式来反映其应力—应变关系,如式(3-1)所示。

$$E = \frac{\sigma_1 - \sigma_3}{\varepsilon_1} \tag{3-1}$$

式中:σ_1——竖向主应力(MPa);
σ_3——侧限应力(MPa);
ε_1——σ_1方向上(轴向)的应变。

根据应力—应变关系曲线上所取应力的不同(图3-2),可以给出以下不同的模量定义。

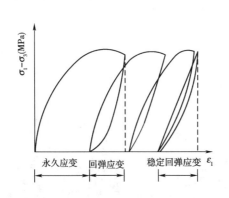

图3-1 三轴条件下路基土的应力—应变关系

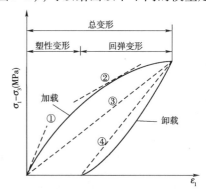

图3-2 应力—应变曲线和模量的确定

(1)初始切线模量:应力值为零时的应力—应变曲线的斜率,代表加荷开始时的应力—应变状况,见图 3-2 中的①。

(2)切线模量:某一应力级位处应力—应变曲线的斜率,反映该级位应力—应变变化的关系,见图 3-2 中的②。

(3)割线模量:应力—应变曲线上某一应力级位点与原点之间割线的斜率,反映土在某一工作应力范围内应力—应变的平均状况,见图 3-2 中的③。

(4)回弹模量:应力卸除阶段应力—应变曲线的割线模量,见图 3-2 中的④。

前三种模量中的应变值是包括了回弹应变和塑性应变的总应变,因而常用于路基变形分析,特别是割线模量。而回弹模量仅包括可恢复的回弹应变,它在一定程度上反映了土的弹性性质,因此,在以弹性理论为基础的路基路面结构分析与设计中,路基回弹模量是一项极其重要的参数。

路基土应力—应变关系的非线性特性,决定了其回弹模量随应力级位大小和取值方法的不同而不同。试验结果表明,偏应力值越小,回弹模量值越高,如图 3-3 所示。同时,回弹模量还随侧限应力 σ_3 而变化。σ_3 越大,相同偏应力条件下产生的回弹应变量越小,回弹模量也就越高。但侧限应力对回弹模量的影响程度随土质而异,对于黏质土相对影响不大,故常常被忽略。

3.1.2 应力重复作用的影响

路基土在荷载重复作用下产生的总应变包括回弹应变和塑性应变,且每一次加—卸载循环都会产生新的塑性应变。随着荷载作用次数的增加,总应变不断增长,但其发展取决于重复应力水平的高低。当重复应力值较低时(相对于其静载抗压强度),路基土在荷载应力重复作用下被逐渐压实,土颗粒之间进一步靠拢,路基土被压密而稳定,每次循环新产生的塑性应变逐渐减少,总应变趋于稳定;而当重复应力值较高时,总应变的增长速率随着荷载的重复作用不断增大,直至发生剪切破坏,如图 3-4 所示。

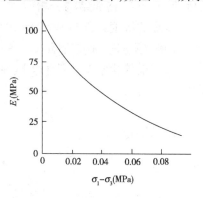

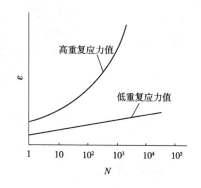

图 3-3 回弹模量随偏应力大小的变化　　图 3-4 应力重复作用对应变特性的影响

决定总应变是否趋于稳定的重复应力临界值与荷载作用性质(持续时间、加载速度和重复频率)、路基土的类型及其湿度和密实度状态等有关。对于较干的土,其值约为静载抗压强度的 0.45~0.55 倍。当重复应力低于此临界值时,总应变随应力重复作用的累积规律在半对数坐标上一般呈线性关系,可表示为:

$$\varepsilon_1 = a + b\lg N \tag{3-2}$$

式中：ε_1——总应变；

a——应力一次作用下的初始应变；

b——应变增长回归系数；

N——应力重复作用系数。

重复应力水平一定时，路基土的回弹应变在应力重复作用过程中会略有变化，但并没有特定的规律。然而，随着重复应力水平的提高，回弹应变值明显增大。由于路基土的应变软化特性，按多次重复作用后的回弹应变确定的回弹模量要比初次作用下确定的回弹模量低。

路基实际承受的是车辆动轮载的重复作用，为了模拟这一状况，宜采用重复加载的三轴压缩试验，来确定路基土的回弹模量值。应力施加频率一般为 20～30 次/min，每次作用的持续时间为 0.2～0.1 s，按重复应力反复作用 600～1 000 次后的回弹应变确定回弹模量 E_r 值。

3.1.3 湿度和密实度的影响

路基土的回弹模量除了与其应力状况有关外，还与土组类型、含水率、密实度等因素密切相关。

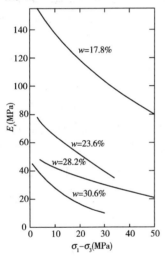

图 3-5 路基回弹模量随含水率的变化

一般而言，土组的土颗粒越细，其回弹模量值越低。黏土的回弹模量大致为 20～30MPa，而砂类土的回弹模量可达 150～200MPa。

通常情况下，路基土的回弹模量随含水率的增加而减小，随密实度的增加而增大。含水率，即湿度对路基土回弹模量的影响非常显著，尤其是黏质土和粉质土。一些黏质土的压实含水率从最佳含水率增加到饱和含水率，其回弹模量可下降 80%～90%，如图 3-5 所示。正是由于湿度的显著影响，路基的回弹模量值在一年内将因降水、地下水位和冻胀等而出现较大的波动。

由于路基土的回弹模量具有强烈的应力依赖性，且受到湿密状态的显著影响；因此，在进行路面结构分析时，应按路基土实际受到的应力级位和实际的湿度条件与密实状态确定回弹模量的取值。在室内测定回弹模量时，应按照路基土的实际湿度和密实度制备试件，或者，在最佳含水率条件下将试件压实到最大密实度，然后吸水到实际湿度状态后再进行回弹模量试验。

3.2 路基荷载—弯沉关系

3.2.1 路基受力状况

路基主要承受自重荷载和车辆荷载的作用。路基自重荷载产生的垂直压应力 σ_z 随深度增加而增大，可按式(3-3)进行计算。

$$\sigma_z = \gamma Z \tag{3-3}$$

式中：γ——土的重度(kN/m³)；

Z——应力作用点深度(m)。

车辆荷载通过路面结构在路基中产生的垂直压应力 σ_v 和挠度随深度逐渐递减，如图 3-6

所示。σ_v 可按半无限均质弹性体上的圆形均布荷载作用假定,由式(3-4)进行计算。

$$\sigma_v = \frac{p}{1 + 2.5(Z/D)^2} \tag{3-4}$$

式中：p——车轮荷载传递到路基顶面的圆形均布荷载(kPa)；

D——圆形均布荷载作用的直径(m)。

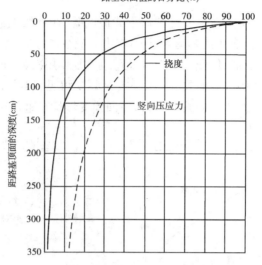

图 3-6 车辆荷载对路基的作用

当路基中某一点 σ_v/σ_z 很小,一般为 1/10～1/5 时,该点深度范围内的路基称为路基工作区。车辆荷载和路面结构对路基工作区的作用显著,而对工作区以下的路基作用较弱,因而路基工作区的性状对路面结构和功能具有重要影响,其强度和抗变形能力的要求也相对较高。实际上,路床的概念应当与路基工作区相对应。

车辆荷载通过路面结构传递到路基顶面的压应力呈钟形分布,并在该压应力作用下产生挠度(称为弯沉),如图 3-7a)所示。为便于试验测定和理论分析,往往以总压力相等的圆形均布压应力代替,其应力水平等于钟形压应力的峰值。圆形承载板有两种,即刚性承载板和柔性承载板。在刚性承载板作用下,路基弯沉为定值,而路基顶面的接触应力呈鞍形分布;在柔性承载板作用下,路基顶面的接触压力为常量,即圆形均布荷载,而路基弯沉为盆形分布,分别如图 3-7b)、图 3-7c)所示。

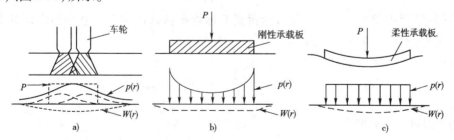

图 3-7 作用于路基顶面上的压应力

3.2.2 荷载—弯沉关系

如前所述,路基土的回弹模量是其应力水平的函数,而行车荷载作用下路基内的应力沿深度方向和水平方向均在变化。换言之,无论土体本身怎样均质和各向同性,路基内各点的模量值实际上是各不相同的。在路面结构分析与设计中要准确考虑路基回弹模量的这种变化是极其复杂的。因此,比较可行的办法是选取一个在空间上均一的当量模量值来代表空间上变化的模量,使两者在行车荷载作用下的路基顶面变形量相同。这个当量模量值可以通过路基顶面的承载板试验得到,也就是根据路基顶面在局部荷载作用下的荷载—弯沉关系来确定代表整个路基的回弹模量值。

路基顶面的荷载—弯沉关系可通过圆形承载板试验,在逐级加载并测定相应的表面弯沉量后确定,如图3-8所示。该曲线具有与土的应力—应变关系曲线相似的特性,一般为非线性,卸载后保留部分残余变形,但残余变形量随荷载重复作用次数的增加而迅速减小。由重复荷载试验得到的弯沉与作用次数的关系如图3-9所示。可见,加载曲线和卸载曲线基本平行,说明总变形量因塑性变形的累积而逐渐增长,但回弹变形量在重复作用过程中变化不大。

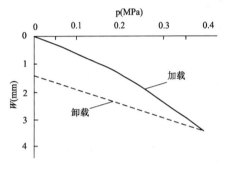

图3-8 荷载—弯沉曲线

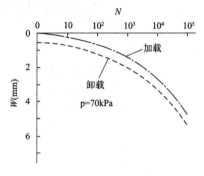

图3-9 重复荷载试验曲线

假设路基为一半无限的均质弹性体,则可由 Boussinesq 弹性半空间理论求得荷载与弹性弯沉之间的理论关系式。

已知在集中荷载 P 作用下半无限体表面距荷载作用点 r 处的弯沉为:

$$W_r = \frac{P(1-\mu_0^2)}{\pi E_0 r} \tag{3-5}$$

式中:E_0——土的弹性模量(MPa);

μ_0——土的泊松比。

压强为 p 的圆形均布荷载,可划分为若干个作用于微小面积上的集中力,即

$$P = p \cdot r \cdot d\theta \cdot dr \tag{3-6}$$

由式(3-5)及式(3-6),通过积分可以得到圆形均布荷载作用下路基顶面距荷载中心点 r 处的弯沉关系(圆形荷载的半径为 δ)。

荷载中心点(r=0)的弯沉为:

$$W_0 = \int_0^{2\pi}\int_0^\delta \frac{p \cdot r \cdot d\theta \cdot dr(1-\mu_0^2)}{\pi E_0 r} = \frac{2p\delta(1-\mu_0^2)}{E_0} \tag{3-7}$$

荷载边缘处(r=δ)的弯沉为:

$$W_\delta = \int_{-\frac{\pi}{2}}^{\frac{\pi}{2}}\int_0^{2\delta\cos\theta} \frac{p \cdot r \cdot d\theta \cdot dr(1-\mu_0^2)}{\pi E_0 r} = \frac{4p\delta(1-\mu_0^2)}{\pi E_0} \tag{3-8}$$

3.3 路基性能指标

3.3.1 回弹模量

1）由路基荷载—回弹弯沉关系确定

可恢复的回弹变形反映的是路基土的弹性特性,因而路基的荷载—回弹弯沉关系可以用上述弹性理论公式(3-7)或式(3-8)来表述,并通过承载板试验由两者的关系曲线确定路基回弹模量 E_r。

回弹模量的承载板试验通常采用圆形刚性压板,一方面为了模拟车辆轮印的作用,另一方面为了易于控制压力、便于测量弯沉。刚性压板本身变形极小,板底路基顶面的弯沉值相等,而板底压力呈鞍形分布,如图 3-7b)所示。平均压强为 p 的鞍形分布压力作用下路基顶面的弯沉值是均布压力 p 作用下弯沉值的 $\pi/4$ 倍。据此并由式(3-7)可得,采用圆形刚性承载板测定荷载—弯沉关系时,板中心点弯沉计算的修正公式:

$$W_0 = \frac{2p\delta(1-\mu_0^2)}{E_r} \cdot \frac{\pi}{4} \tag{3-9}$$

式中:p——平均单位压力。

当测得刚性板回弹弯沉后,即可通过式(3-9)反算得到路基的回弹模量 E_r 值。

回弹模量的实际测定宜采用逐级加卸载法。在荷载小于 0.1MPa 时,每级增加 0.02MPa;荷载小于 0.1MPa 后,每级增加 0.04MPa。每一级荷载经过多次循环加、卸,待回弹弯沉稳定后,再加下一级荷载。当回弹弯沉超过 1mm 时,可停止加载。由此可点绘出路基的荷载—回弹弯沉关系曲线,如图 3-10 所示。

路基的荷载—回弹弯沉曲线除少部分(土体较干且密实时)为近似直线外,大多呈微凸形。因而,路基回弹模量仍是一个随荷载应力增大而减小的变参数,实际取值时,可按路基实际受到的应力级位(或回弹弯沉)范围,在曲线上选取合适的值按下式计算:

$$E_r = \frac{\pi\delta}{2} \cdot \frac{\sum p_i}{\sum W_i}(1-\mu_0^2) \tag{3-10}$$

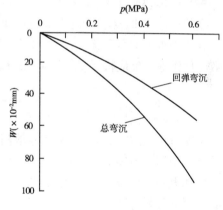

图 3-10 荷载—回弹弯沉曲线

与路基土相似,路基的回弹模量除了随荷载应力的大小变化外,还取决于路基的土组类型和湿密状态,因此,应根据路基的实际状况通过试验实测其回弹模量值。

2）由本构模型预估

对于新建道路,路基回弹模量需要预估。重复加载三轴试验表明,侧限应力和偏应力对路基土的回弹模量具有显著影响。回弹模量与体应力和剪应力的关系可用式(3-11)所示的三参数本构模型表征:

$$M_R = k_1 p_a \left(\frac{\theta}{p_a}\right)^{k_2} \left(\frac{\tau_{oct}}{p_a}+1\right)^{k_3} \tag{3-11}$$

式中:M_R——路基回弹模量(MPa);

p_a——大气压强绝对值,一般取为 100kPa;

θ——体应力(第一应力不变量),为三个主应力之和,即 $\theta = \sigma_1 + \sigma_2 + \sigma_3$(kPa);

τ_{oct}——八面体剪应力,$\tau_{oct} = (1/3)\sqrt{(\sigma_1-\sigma_2)^2+(\sigma_2-\sigma_3)^2+(\sigma_3-\sigma_1)^2}$(kPa);

k_1、k_2、k_3——模型参数,由室内重复加载回弹模量试验数据回归获取。

预估路基回弹模量时,体应力和八面体剪应力可以根据设计的路面结构组合计算确定。而三个模型参数主要与土的性质和物理状态有关,与之相关性最为显著的物性指标是含水率 w、干密度 ρ_d、塑性指数 I_P 和通过 200 号筛(0.075mm)的土颗粒含量 $P_{0.075}$。式(3-12)是三参数的一组经验预估公式:

$$k_1 = -0.0960w + 0.3929\rho_d + 0.0142I_P + 0.0109P_{0.075} + 1.0100$$
$$k_2 = -0.0005w - 0.0069I_P - 0.0026P_{0.075} + 0.6984 \quad (3\text{-}12)$$
$$k_3 = -0.2180w - 3.0253\rho_d - 0.0323I_P + 7.1474$$

式中:w——含水率(%);

ρ_d——干密度($\times 10^3$ kg/m³);

I_P——塑性指数(%);

$P_{0.075}$——通过 200 号筛(0.075mm)的颗粒含量(%)。

3.3.2 地基反应模量

对于弹性半无限体地基模型,通常采用回弹模量表征路基的荷载—弯沉关系;而对于 Winkler 地基模型,则采用地基反应模量作为表征参数。按照 Winkler 地基假定,路基如同由许多紧密排列而互不关联的线性弹簧所组成;路基顶面任一点的弯沉量 W 仅与作用于该点的垂直压力 p 成正比,而与其相邻点处的压力无关(图 3-11)。压力与弯沉的比例系数 k 称作地基反应模量,单位为 MN/m³。

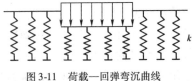

图 3-11 荷载—回弹弯沉曲线

$$k = \frac{p}{W} \quad (3\text{-}13)$$

Winkler 地基又称为稠密液体地基,地基反应模量相当于该液体的密度,路面板受到的地基反力相当于液体对它的浮力。实际上这种路基是不存在的,这样的模型假定是出于求解弹性地基板挠曲面微分方程的方便。当然,地基反应模量的确在一定程度上反映了路基的荷载—弯沉关系特征。

地基反应模量 k 值用承载板法试验确定,测定方法与回弹模量现场测定方法类似,通过逐级加载但中间无卸载过程,测定相应的总弯沉量,得到荷载—弯沉曲线。由于荷载与总弯沉量的关系为曲线,所以 k 值随着所取压力值(或弯沉值)的不同而不同。因此,根据水泥混凝土路面板下路基的弯沉量或压力水平,通常规定:按弯沉量 $W = 1.27$mm(路基较弱时)或压力 $p = 70$kPa(路基较强时)确定地基反应模量 k 值。

承载板试验测定地基反应模量时,承载板的直径对测试结果有较大影响。对绝大多数路基而言,承载板直径越小,k 值越大;但当直径超过 76cm 以后,对 k 的取值影响较小,因而规定采用 76cm 直径的承载板测定 k 值。如果采用 30cm 直径承载板进行测定,则 k 值可按下式换算:

$$k_{76} = 0.4k_{30} \quad (3\text{-}14)$$

按上述方法确定的 k 值反映的是路基在一定荷载或弯沉条件下荷载与总弯沉量(包括回

弹弯沉和残余弯沉)的关系。如果改用回弹弯沉值,则可得到地基回弹反应模量 k_r。k_r 与 k 值之间的统计关系如下:

$$k_r = 1.77k \qquad (3-15)$$

3.3.3 加州承载比(CBR)

加州承载比(CBR)是由美国 California 州公路局提出的一种评定路基及路面材料承载能力的试验方法和指标。以材料抵抗局部荷载压入变形的能力表征承载能力,并以标准碎石的承载能力为标准,两者的相对比值称为 CBR。CBR 试验有室内和现场两种,由于其试验方法简单,设备价格低廉,在许多国家得到广泛应用。

室内 CBR 试验装置如图 3-12 所示。试验时,在一个内径 152mm、高 170mm 的金属圆筒内,用直径 50mm 的标准贯入杆以 1~1.25mm/min 的速率压入试件,同时由百分表测记贯入量。测试完成后,以单位压力 p 为横坐标,贯入量 l 为纵坐标,绘制 p-l 关系曲线。

CBR 按下式计算:

$$\mathrm{CBR} = \frac{p}{p_s} \times 100\% \qquad (3-16)$$

式中:CBR——加州承载比(%);

p_s——标准碎石在某贯入量时的标准压力(贯入量为 2.5mm 时,p_s = 7 000kPa;贯入量为 5.0mm 时,p_s = 10 500 kPa)(kPa);

p——测试材料在对应贯入量时的单位压力(kPa)。

CBR 值一般取贯入量为 2.54mm 进行计算。但当贯入量为 2.5mm 对应的 CBR 值小于贯入量为 5.0mm 对应的 CBR 值时,应取后者。

室内 CBR 试验的试件应按施工时的含水率和压实度要求在试筒内制备。为模拟路面对路基的附加压力和约束条件,应在试件顶面附加相当于路面结构荷载的环形荷载板,并在加载前将试件在水中浸泡 4 昼夜,以模拟路基的最不利湿度状况。但对于干旱、半干旱地区,可通过论证,适当改变试件的饱水方法和饱水时间,使 CBR 试验更符合实际状况。

现场 CBR 试验的方法与室内 CBR 试验相近,但其压入试验直接在路基顶面进行。现场试验所得的 CBR 值与室内试验值往往不一致,这与两者的侧限条件不同、路基土的含水率和密实度存在差异等有关,应用时应对其合理性加以分析。

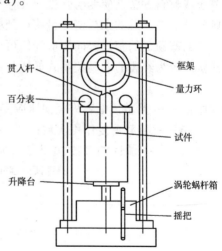

图 3-12 CBR 室内试验装置

虽然 CBR 是一项表征材料性能的指标,但与路基回弹模量和地基反应模量有一定的相关性。CBR 与回弹模量的回归关系如式(3-17)、式(3-18)所示;常用路基土的地基反应模量 k 值和 CBR 值的大致范围如表 3-1 所示。

$$M_R = 17.6\mathrm{CBR}^{0.64} \quad (2 < \mathrm{CBR} \leqslant 12) \qquad (3-17)$$

$$M_R = 22.1\mathrm{CBR}^{0.55} \quad (12 < \mathrm{CBR} < 80) \qquad (3-18)$$

常用路基土的地基反应模量 k 和 CBR 值 表 3-1

土 类	k(MN/m³)	CBR(%)
级配良好的砾石,砾石—砂混合料	≥81.4	60~80
级配差的砾石,砾石—砂混合料		35~60
均匀颗粒的砾石或砂质砾石 粉质砾石,砾石—砂—粉土混合料		40~80
黏土质砾石,砾石—砂—黏土混合料;级配良好的砂,砾石质砂; 粉质砂,砂—粉土混合料	55.3~81.4	20~40
级配差的砂或砾石质砂		15~25
黏土质砂,石砂—黏土混合料		10~20
粉土,砂质粉土,砾石质粉土,贫黏土,砂质黏土,砾石质黏土,粉质黏土	27.1~55.3	5~15
无机质粉土,贫有机质黏土,云母质黏土或硅藻土		4~8
有机质黏土,肥黏土,有机质粉土	13.6~27.1	3~5

3.3.4 路基顶面竖向压应变

车辆荷载反复作用下产生的路基永久变形,不仅是沥青路面车辙的重要组成部分,而且可以导致路面支撑不良,因此必须加以控制。20 世纪 60 年代就有学者提出通过控制路基顶面竖向压应力或压应变来限制路基永久变形的构想,后来被许多设计方法所采纳。其原理是路基土或粒料的塑性应变与弹性应变存在较好的比例关系,若弹性应变被限定在规定的范围内,则塑性应变和总的永久变形量将得到相应控制。

路基顶面的容许竖向压应变值可通过对使用性能已知的路面结构进行路基压应变反算后确定。较为经典的经验关系式如式(3-19)所示。

$$\varepsilon_z = aN^{-b} \qquad (3-19)$$

式中:ε_z——路基顶面容许竖向压应变($\mu\varepsilon$);

N——荷载重复作用次数;

a、b——经验回归系数,见表 3-2 所列。

路基顶面容许竖向压应变关系式经验回归系数 表 3-2

方 法	控 制 条 件	a($\times 10^{-2}$)	b
Shell 设计方法	PSI = 2.5(车辙标准:20mm)	2.80(保证率 50%) 2.10(保证率 85%) 1.80(保证率 95%)	0.250
AI 设计方法	车辙标准:12.7mm	1.05	0.223
诺丁汉大学的方法	临界(车辙标准:10mm) 破坏(车辙标准:20mm)	1.04 2.16	0.270 0.260
比利时的方法		1.10	0.230
澳大利亚的方法		0.93	0.143
新西兰的方法	由 5 种试验路面测定反算	1.20	0.145
法国的方法	平均日轴次 >150 轻交通条件	1.20 1.60	0.222

小 结

路基土是一种非线性弹塑性体,表征其应力—应变关系的回弹模量是应力(或应变)的函数,也是随湿度和密实度状态变化的条件性指标。在路面结构分析与设计中,必须根据路基实际的应力状态和湿度、密实度条件,正确选择回弹模量试验的方法和条件,合理确定路基回弹模量的取值。除回弹模量外,表征路基性能的主要力学指标还有地基反应模量、CBR 值和路基顶面竖向压应变。各指标之间有一定的相关性,但因定义和内涵不同,所反映的路基性能也有所不同。

习 题

3-1 路基土的应力—应变关系具有什么特征?影响路基土回弹模量的主要因素有哪些?

3-2 路基在车辆荷载作用下具有怎样的荷载—弯沉关系?

3-3 路基回弹模量与地基反应模量有何不同?

3-4 简述由荷载—弯沉关系确定路基回弹模量,以及由本构模型预估路基回弹模量的方法。比较两种方法的不同。

4 路基压实与处治

4.1 路基压实

4.1.1 路基土的压实特性

路基应分层压实。压实的过程是土颗粒重新排列、孔隙被挤压缩小、土体逐步密实的过程。压实可以提高路基的强度和回弹模量,从而保证其稳定性,减小反复荷载作用下的路基回弹变形;压实可以降低路基的可压缩性,从而减少反复荷载作用产生的路基永久变形;压实可以降低路基的孔隙率、渗透系数和毛细水上升高度,从而减少持水和渗流;压实还可以最大限度地减小路基的体积变化(胀缩)。因此,压实对于保障路基的各项使用性能及其长期有效具有重要意义。

细粒土路基的压实效果主要与土质、含水率和压实功有关。含水率对压实效果的影响如图 4-1(压实曲线)所示,即对于特定的土质,存在一个最佳含水率 w_{opt},在该含水率条件下压实路基,可以获得最大干密度 ρ_{dmax},也即达到最大的密实程度和最好的压实效果。一般,同一土质的最佳含水率随压实功的增大而减小,最大干密度随压实功的增大而增大;不同土质的最佳含水率也不同,路基土的细粒含量越少,最佳含水率越小。

在最佳含水率之前,土的干密度随含水率的增大而增大的原因,主要是水的润滑作用使土颗粒之间的阻力减小,在外力作用下孔隙容易被挤压、土颗粒容易被挤紧,从而使干密度得到提高。当干密度达到最大值以后,继续增大含水率,孔隙将被水分占据,而水不为外力所压缩,只能被挤动,因而干密度反而减小。

与黏质路基土仅有"单峰"的压实曲线不同,无黏粒或含少量黏粒的细粒土或粗粒土的压实曲线大多具有"双峰"或"多峰"特性,如图 4-2 所示。砂类路基土的第一个峰值往往接近干燥状态(含水率1%~2%),而且后续峰值对应最大干密度随最佳含水率增大而增大,但各峰值对应的最大干密度相差幅度并不大。

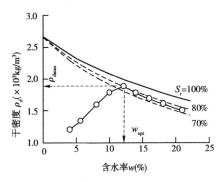

图 4-1 路基土的压实曲线

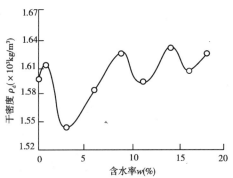

图 4-2 砂类路基土"多峰"压实曲线

压实土的体积并非一成不变,尤其是黏质土。压实后的黏质土遇水浸湿,水分一部分填满剩余的土体孔隙(饱和过程),另一部分为土颗粒所吸附而引起体积膨胀。因此,压实路基在运营期间往往因吸湿、遇水导致体积膨胀,干密度下降。同时,压实含水率对压实黏质土的膨胀特性具有显著影响。如图4-3所示,低于最佳含水率压实的黏质土浸湿后,无论是由饱和引起的含水率增量还是由土颗粒吸附(体积膨胀)引起的含水率增量,都要比高于最佳含水率压实的黏质土大,当然其膨胀性也更加明显。所以,为了提高路基的长期水稳定性,应当在接近或略大于最佳含水率条件下压实路基。

4.1.2 路基压实标准

路基的压实程度可以用压实度 C_k 来表征,见式(4-1)。

$$C_k = \frac{\rho_d}{\rho_{d\max}} \times 100\% \quad (4-1)$$

式中:C_k——压实度(%);

$\rho_{d\max}$——由标准击实试验得到的最大干密度(kg/m³);

ρ_d——现场压实土的实测干密度(kg/m³)。

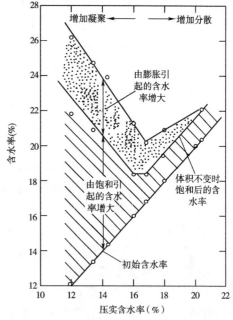

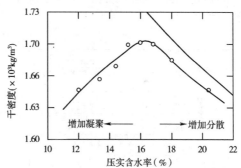

图4-3 压实含水率对黏质土膨胀特性的影响

标准击实试验分重型和轻型两种,其试验标准如表4-1所示。重型击实试验的压实功相当于12~15t压路机的碾压功能;轻型击实试验的压实功相当于6~8t压路机的碾压功能,因此,其得到的最大干密度要比重型击实试验小6%~12%,最佳含水率则大2%~8%。

标准击实试验的试验标准 表4-1

击实试验	试 筒		击 锤			层 数	每层击数	粒径(mm)
	内径(cm)	高度(cm)	直径(cm)	质量(kg)	落高(cm)			
重型A	10.0	12.7	5	4.5	45	5	27	≤25
重型B	15.2	12.0	5	4.5	45	5	98	≤38
轻型A	10.0	12.7	5	2.5	30	3	27	≤25
轻型B	15.2	12.0	5	2.5	30	3	59	≤38

路基压实最根本的目的是提高路基的强度和模量,控制路基在荷载和环境因素作用下产生的过量变形。一方面,压实度越高,路基的强度越大,抗变形能力越强;另一方面,追求过高的压实度必然增加成本,更何况不少情形下压实度还受到施工条件的制约。所以,路基压实标准的制订既要考虑路基实际的受力与工作状态,以及铺面对路基的容许变形要求,又要考虑必

要和可能,兼顾经济与实效。

路床(特别是上路床)属路基工作区范围,受行车荷载的反复作用和水分的干湿循环较为强烈;在季节性冰冻地区还会明显感受到冻融循环;对于低填、零填或挖方路基,还会承受地下水或地表滞水的毛细浸湿作用。接近于原地面的下路堤受行车荷载的影响很小,而受地下水的影响可能比较显著。对于高路堤的中部,荷载和环境因素的影响均相对轻微。因此,无论是填方路基还是挖方路基,上层的压实度要求最高,路堤下部和中部的压实度则可低一些。

相同应力级位和反复作用条件下,路基压实度越高,产生的弹性变形和塑性变形就越小。高等级铺面所容许的层底弯拉应力和路基塑性变形都比较低等级的铺面要小。因此,铺面等级越高,对路基压实度的要求也就越高。

对于土质路基,基于上述考虑所制订的压实标准如表4-2所示。表中所列均以重型击实试验为标准。实际操作中,在特别干旱的地区,由于路基土的天然含水率都远低于最佳含水率,而且往往因地区性缺水,很难通过浸湿填料来达到压实所要求的最佳含水率;同时,干旱地区路基运营后湿度进一步增大的几率较小,程度也较轻,因此,可以适当降低压实要求(比标准低2%~3%)。在特别潮湿的地区,由于地下水位高,降雨多,与最佳含水率接近的填料匮乏,土的天然含水率大多高于最佳含水率,晾晒费工费时又难以实施;而且压实后路基吸湿会增加膨胀变形,所以在条件困难的情况下也可适当降低路基压实要求(比标准低2%~3%)。在季节性冰冻地区,为了减轻因水分积聚而产生的冻胀、融沉和翻浆冒泥,路基压实度要求应当高一些。

土质路基压实标准 表4-2

路基类型和层位		路床顶面以下深度(m)	压 实 度(%)		
			高速公路、一级公路	二级公路	三级公路、四级公路
填 方	上路床	0~0.3	≥96	≥95	≥94
	下路床	0.3~0.8	≥96	≥95	≥94
	上路堤	0.8~1.5	≥94	≥94	≥93
	下路堤	>1.5	≥93	≥92	≥90
零填及挖方		0~0.3	≥96	≥95	≥94
		0.3~0.8	≥96	≥95	—

对于填石路堤等巨粒土路基,由于干密度的概念很难适用,所以不能像土质路基一样用压实度来表征其密实程度。目前,其表征和评价国内外尚无统一的、完善的方法。实际上,巨粒土路基须采用重型压路机或振动压路机进行分层碾压;一般认为,当路床顶面压路机的碾压轮迹深度为零时,可判定巨粒土路基已达到密实状态。另一种方法则是基于振动压路机与压实路基的相互作用,在振动压路机驾驶台上挂装压实计,动态采集反映压实过程中路基反力大小的计数值,分析判定巨粒土路基的密实程度。但这种方法尚未被广泛接受。

4.2 路基处治

4.2.1 路基处治的类型和机理

路基工程经常遇到含水率高、强度低的细粒土,无论作为挖方路基本身还是用作路堤填料,这类土大多压实困难、性能不佳。对于模量不足或者水稳定性较差的细粒土路基,有必要进行处治。所谓路基处治就是在土中掺入适量的无机或有机结合料,或其他化学剂,并进行拌和、压实,以改善其物理、力学和水理特性,提高路基的强度、模量和水稳定性。处治土路基也称稳定土路基。

应用最广的路基处治材料是石灰、水泥和粉煤灰等无机结合料,由其中一种或两种进行处治可以形成石灰稳定土(石灰土)、水泥稳定土(水泥土)、水泥石灰综合稳定土(水泥石灰土)、石灰粉煤灰稳定土(二灰土)等不同类型的处治土及处治土路基。除无机结合料外,包括沥青在内的一些有机结合料也可用于路基处治,但大多数有机结合料处治土因水稳定性不佳而影响使用。广义上讲,在路基中掺入粒料以改善其路用性能,以及采用土工合成材料进行路基加筋也属于路基处治的范畴。

不同无机结合料处治(或稳定)细粒土的机理有所不同,水泥土、水泥石灰土和二灰土往往比石灰土具有更优良的使用性能。但是,石灰与土之间的物理化学作用,尤其是两者之间的火山灰反应是最基本的。石灰土中的火山灰反应,也称凝胶反应,是从黏土矿物中析出的活性二氧化硅、三氧化二铝等物质与石灰浆中的游离钙之间发生反应,从而形成不溶于水的硅酸钙和铝酸钙凝胶,将土颗粒胶结在一起。石灰土中的另一类反应是胶体反应,即石灰浆中游离的钙离子与黏土矿物中的钠离子和氢离子发生离子交换,从而减薄土颗粒的水膜厚度,促使土颗粒凝集和凝聚,形成团粒结构。胶体反应改变了细粒土的塑性和压实性能,使塑限增大而塑性指数降低,使最佳含水率增大而最大干密度降低。石灰与土之间的凝胶反应和胶体反应共同提高了细粒土路基的强度和抗变形能力。图4-4为不同生石灰粉掺量条件下黏质路基土的回弹模量值。

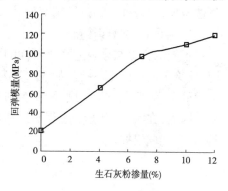

图4-4 生石灰粉处治效果

用水泥处治细粒土时,其胶结作用包括化学结合和机械结合两部分。化学结合实际上是水泥的主要水化产物——硅酸钙、铝酸钙和氢氧化钙(消石灰)与土颗粒之间的相互作用。消石灰的作用与石灰土的处治机理相同;而硅酸钙和铝酸钙是主要的胶结成分,在土颗粒之间起胶结作用。而且,黏土中的活性二氧化硅、三氧化二铝可以在土颗粒表面形成辅助的含水硅酸钙、铝酸钙,进一步促使土颗粒的相互胶结。土中黏粒越多,这种辅助的胶结作用越重要。当然,由于黏质土的土颗粒比水泥颗粒小得多,因此,水泥不可能裹覆黏土颗粒。实际上,黏质土首先被粉碎成一个个的小土块,然后小土块被水泥浆裹覆,再通过压实作用形成整体。

粉煤灰具有活性,也即粉煤灰火山灰活性,是一种可以与石灰或水泥发生反应的能力。粉煤灰的主要成分是二氧化硅和三氧化二铝,本身不具水硬性,用水拌和后也不会产生明显的强度。但当粉煤灰与石灰、水混合后,既能激活粉煤灰的活性,又能与氢氧化钙等发生反应,反应后产生的各种水化物与水泥水化生成的水化物基本相同。在石灰土中掺加具有活性的粉煤灰可以改善其凝胶反应,因此,可以通过石灰和粉煤灰来综合稳定路基土,并取得比石灰稳定土更佳的处治效果。

4.2.2 处治土性能及其影响因素

处治土的性能可以用无侧限抗压强度、回弹模量等指标进行表征,其水稳性和抗冻性则可通过干湿循环试验和冻融循环试验来判定。处治土路基的性能指标主要有路基顶面回弹模量和路基顶面回弹弯沉。影响无机结合料处治土和处治土路基性能的因素很多,除施工控制外,其中比较重要的是土质条件、结合料类型和掺量、养生与龄期、湿度条件等。

1)土质

影响细粒土处治效果最为显著的土质因素是黏粒(<0.002mm)含量和塑性指数,而且由于水泥和石灰处治机理的差异,两者的影响规律有所不同。采用水泥处治,在相同水泥掺量条件下,水泥土的强度和模量随土中黏粒含量的增加和塑性指数增大而降低。如果采用石灰处治,则在石灰掺量相同的情况下,石灰土的强度和模量随土中黏粒含量的增加和塑性指数增大而增加,如图4-5所示(图中石灰掺量为8%)。

土中的有机质和盐分严重影响水泥处治的效果,所以有机质含量大和含盐量大的土一般不适合水泥处治。相对而言,含10%~30%粉粒和黏粒的砂土,采用单一水泥处治的效果最好;而对于液限大于45%、塑性指数大于20的土,用单一水泥处治往往不经济。石灰则适宜于处治黏质土,而不适宜处治塑性指数较小(≤10)的低塑性土。对于塑性指数过小(≤4)的土,即使掺加很高剂量(如12%)的石灰,也难以达到良好的处治效果。有些地区为了利用此类土,可以采用水泥处治,或者水泥石灰综合稳定。单一石灰处治需要的剂量过高时,可以采用石灰粉煤灰稳定(二灰处治)。适用于石灰处治的细粒土均适宜于二灰处治,而且土的塑性指数越大,二灰处治的效果越明显。

2)结合料类型和掺量

不同的无机结合料适宜于不同的路基土处治;对同一种路基土,结合料类型不同、掺量不同,处治土的性能也不同。如表4-3为上海地区一黏质土经不同掺量的石灰和水泥—石灰处治后的7d无侧限抗压强度;图4-6则是一种石灰稳定黏质土的强度与生石灰粉掺量之间的关系。因此,在实际应用中,应当根据路基土的土质条件和湿度状况,通过试验选择合适的结合料,并合理确定掺量。

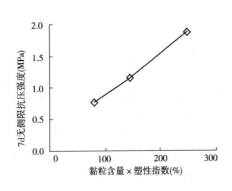

图4-5 黏粒含量和塑性指数

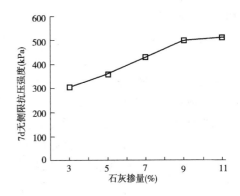

图4-6 黏质土强度与石灰掺量之间的关系

对细粒土路基,石灰稳定土的强度随石灰掺量的增加而增长,但超过一定掺量后,强度反而有下降趋势,生石灰粉的最佳掺量在5%~8%;水泥稳定土的强度随水泥掺量的增加而增长,不存在最佳水泥掺量,考虑经济合理性,通用硅酸盐水泥的一般掺量为4%~6%;水泥石灰综合稳定时,结合料总掺量为7%~10%,其中水泥不少于2.5%;石灰粉煤灰稳定时,二灰总掺量一般为10%~20%,石灰与粉煤灰的质量比采用1:5~1:3为宜。

不同结合料及其掺量条件下处治土的强度　　表4-3

处治土	质量分数(%)			7d 无侧限抗压强度(MPa)
	素黏土	生石灰粉	水泥	
A	93.0	7.0	0	0.20
B	93.5	4.0	2.5	0.36
C	92.5	5.0	2.5	0.31
D	92.5	4.0	3.5	0.42
E	91.5	6.0	2.5	0.34
F	91.5	5.0	3.5	0.35
G	90.5	6.0	3.5	0.38

3）养生与龄期

处治土的室内养生可以在标准条件下，也可以在饱水条件下进行，但在不同养生条件下其强度增长规律有所不同。标准养生条件对各种处治土均适用，而石灰土和粉煤灰石灰土不适宜在饱水条件下养生。

无机结合料处治土的强度和模量一般均随龄期而增长，如图4-7所示。石灰土和二灰土的初期强度和模量低，但随龄期有相当长时间的增长；而水泥土和水泥石灰土的初期强度模量较高，但随龄期增长缓慢，增幅相对较小。这一规律对处治土路基也基本相同，如图4-8为同一黏质土的石灰土路基和水泥石灰土路基顶面实测弯沉代表值与龄期的关系。

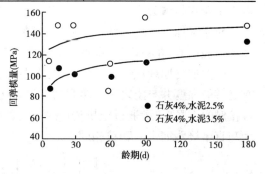

图4-7　处治土回弹模量与龄期的关系

4）湿度条件

与水泥处治相比，石灰处治对湿度要求较高，尤其是低剂量的石灰土，往往在过湿环境下难以硬结，强度形成困难，所以石灰土路基不应在饱和或过湿状况下使用。石灰土有一定的水稳性和抗冻性，加入适量水泥后（成为水泥石灰土），其水稳性得到提高。图4-9是不同饱和度条件下石灰土路基和水泥石灰土路基顶面的实测回弹模量。两种处治土路基的回弹模量都随湿度（饱和度）增大而下降，但水泥石灰土路基回弹模量的下降幅度要小些，因而对地下水位高、平衡湿度大的细粒土具有相对更强的适应性。

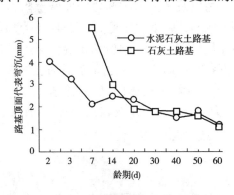

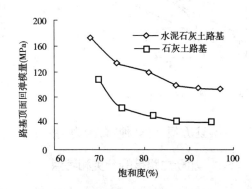

图4-8　处治土路基顶面弯沉与龄期的关系　　图4-9　路基回弹模量与饱和度的关系

此外,干湿循环也会导致路基处治土使用性能的衰变。有试验表明,石灰土和水泥石灰土在经过 15 次干湿循环后,其回弹模量可分别减小 27% 和 13%,减幅不容忽视。

4.3 路基加筋

4.3.1 路基加筋机理

路基土具有一定的抗压强度和抗剪强度,但其抗拉强度几乎为零。在土中掺入或铺设抗拉强度较高的材料而形成的复合土体称为加筋土。加筋可以不同程度地提高路基的强度和抗变形能力。用于路基加筋的材料种类众多,早期主要是竹片、金属条带等;而现代加筋材料则以土工合成材料为主,包括土工织物、土工网、土工条带、土工格栅、土工格室等。

对路基加筋机理的解释主要有:摩擦加筋理论、准黏聚力理论、均质等代材料理论和弹塑性层板理论等,相对而言,前两种理论得到较为广泛的认可。

摩擦加筋原理认为,土与筋带之间的摩擦力企图阻止筋带拉出[图 4-10a)],只要筋带具有足够的强度并与土之间产生足够的摩擦力,加筋土体即可保持稳定;对于筋带间未与筋带直接接触的土颗粒,则通过土拱传递摩擦力的作用[图 4-10b)],此时中间土颗粒的受力可以认为与直接接触筋带的颗粒相同。

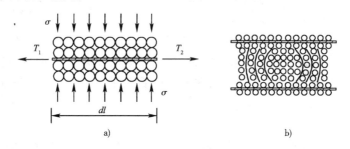

图 4-10 摩擦加筋原理
a)土颗粒和筋带之间的摩擦;b)筋带之间土拱作用

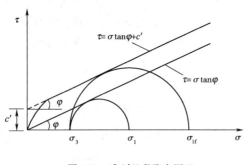

图 4-11 准(似)黏聚力原理

准黏聚力理论认为,加筋土结构可以看做是各向异性的复合材料。常用拉筋的模量远大于填土的模量,两者共同作用,填土的抗剪力、拉筋的抗拉力以及填土与拉筋之间的摩擦阻力使得加筋土的整体强度明显提高。图 4-11 为加筋砂样和无加筋砂样的三轴剪切试验结果。砂样的内摩擦角在加筋前后不变,加筋后强度的提高主要源于新的复合土体的某种"黏聚力"。这种"黏聚力"砂土本身并没有,而是砂土加筋后的结果。为表述方便,将这种"黏聚力"称为"准黏聚力"或"似黏聚力"。

4.3.2 加筋土路基的分类和特点

根据加筋层位及加筋目的的不同,可将加筋土路基分为路床加筋、路堤加筋、结合部加筋和加筋土挡墙等四大类。加筋土挡墙在第 8 章介绍,其他三类的特点如下。

1）路床加筋

路床加筋是筋材铺设在路床部分，始于20世纪80年代，国外使用较多，主要用于粒料层与软弱路基间的隔离，如图4-12所示。在交通荷载反复作用下，软弱路基上的基层粒料易嵌入路基内；而路基中的细颗粒受到超静孔隙水压力作用渗入基层，从而降低基层的抗剪强度。置于粒料基层和路基界面的土工合成材料可以阻止基层粒料和路基细颗粒的混杂，起隔离作用，维护基层的强度和路面结构稳定。同时，通过基层与路基界面加筋，可以提高路面抵抗永久变形的能力，即加筋后的路面在相同交通荷载作用下的车辙量比未加筋的情况要小，如图4-13所示。

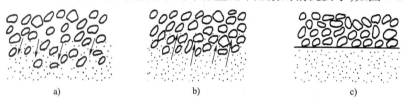

图4-12 隔离示意图

a) 基层粒料嵌入路基；b) 路基细颗粒渗入粒料；c) 加筋隔离

2）路堤加筋

路堤加筋的筋材铺设在路床以下原地面以上的上、下路堤范围内。路堤加筋形式包括：路堤边坡加筋、路堤堤身加筋和路堤基底加筋三种，如图4-14～4-16所示。

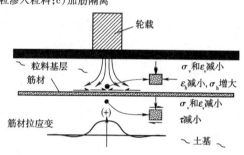

图4-13 路床加筋机理示意

在路堤边坡及堤身中布设多层加筋材料后，一旦边坡达到极限平衡状态，筋材的抗拉强度将得到发挥，被动区通过筋材对主动区施加拉应力，从而提高抗滑弯矩，增强边坡的稳定性。加筋土路堤对填料的要求可适当放宽一些；另外，路堤加筋可以收缩边坡，节约用地。因而，加筋土路堤对于损坏路基修复、用地受限的道路拓宽等情形具有明显优势。

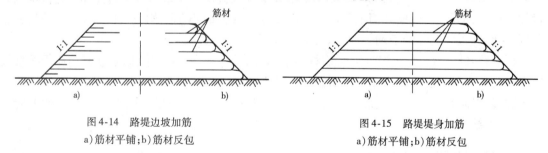

图4-14 路堤边坡加筋　　　　　　　图4-15 路堤堤身加筋
a) 筋材平铺；b) 筋材反包　　　　　a) 筋材平铺；b) 筋材反包

软土地基上的路堤基底加筋主要通过在路堤底面铺设抗拉强度较高、延伸率较低、刚度较大的土工合成材料，并与砂石等形成加筋垫层，以保持基底完整连续。在荷载作用下，筋材处于受拉状态，在产生拉伸应力的同时，对土体产生一种类似于侧向约束的压力作用，使加筋垫层及上部地基具有较高的抗剪强度和变形模量。通过约束软土的侧向变形，可以改善上部软土地基的位移场和应力场，使应力分布更加均匀，从而提高路堤的稳定性，减小不均匀沉降。

3）结合部加筋

结合部加筋的筋材铺设在路基结合部，包括填挖结合部加筋和新老路基结合部加筋，如图4-17、图4-18所示。其主要目的是控制路基结合部的不协调变形。

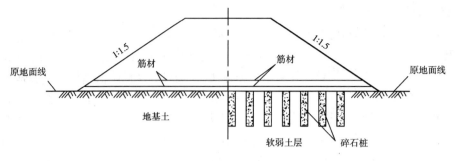

图4-16 路堤基底加筋

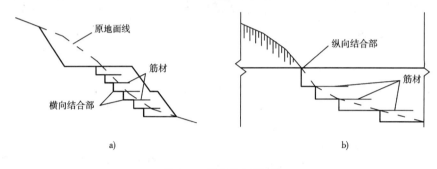

图4-17 填挖结合部加筋
a)横断面;b)纵断面

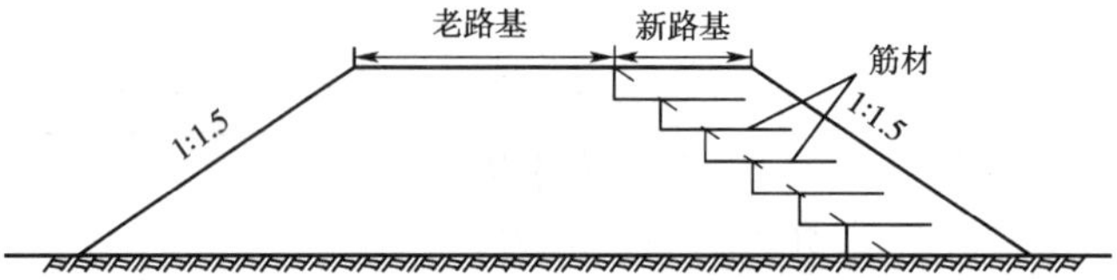

图4-18 新老路基结合部加筋

在山区公路建设中常常遇到半填半挖或纵向填挖结合的路基,其病害主要由填挖结合部两侧的不均匀沉降甚至是填挖结合面的稳定性不足所引起。在路基填挖结合部一定范围内布设加筋材料,可以在纵、横断面上形成支承刚度逐渐过渡的路基结构,扩展不均匀沉降的分布范围,使路基顶面沉降趋于均匀,路基稳定性得到提高。

新老路基结合部加筋主要通过筋材与填料之间的摩擦、嵌锁作用,以及筋材的应力扩散效应来改善整个路基系统的力学性能,增强路基的稳定性和抗变形能力,并限制土体的侧向位移,控制新老路基的不协调变形及其分布。新老路基结合部加筋还可以消除结合部的剪应力集中,改善结合部路面的受力状况。

4.3.3 路基加筋设计参数

路基加筋的设计参数主要包括筋材自身的设计参数和筋土界面参数。

1)筋材设计参数

为保证不被拉断,加筋材料应具有足够的抗拉强度,而且设计中还必须考虑铺设损伤、老化、生物损伤、蠕变等因素对筋材强度的影响。筋材的设计抗拉强度可按下式计算。

$$T_{\text{allow}} = \frac{T_{\text{ult}}}{RF_{ID} \cdot RF_{CR} \cdot RF_{CD} \cdot RF_{BD}} \tag{4-2}$$

式中:T_{allow}——筋料的设计抗拉强度(kN/m);

T_{ult}——筋料的极限抗拉强度(kN/m);

RF_{ID}——铺设损伤折减系数;

RF_{CR}——材料蠕变折减系数;

RF_{CD}——化学物质损害折减系数;

RF_{BD}——生物损害折减系数。

筋材强度折减系数的影响因素较为复杂。如蠕变折减系数受筋材种类、温度、损伤、荷载水平及侧限条件等因素的影响;铺设损伤折减系数与筋料种类、格栅的肋间距、联结形式等因素有关。因此,各项折减系数宜通过室内或现场试验确定,无条件时则可按相关规范进行取值。美国联邦公路局(FHWA)1997年出版的《加筋土挡墙和加筋土边坡设计与施工指南》中,综合考虑蠕变、铺设损伤和耐久性的筋材强度折减系数RF可取为7.0,远远大于我国现行规范的参考取值。

土工织物易受尖硬突出物刺破或顶破。为免受施工损坏,保证其强度的发挥,所选用的土工织物除了应具有足够的抗拉强度外,还应具有较高的刺破强度、顶破强度和握持强度。

2)筋土界面参数

筋土界面参数主要有筋土界面强度(界面黏聚力、界面摩擦角)和似摩擦系数两种形式。两种筋土界面参数计算公式分别为:

$$\tau_{sg} = c_{sg} + \sigma_n \tan\varphi_{sg} \tag{4-3}$$

$$f' = \frac{T_f}{2\sigma_n BL} \tag{4-4}$$

式中:τ_{sg}——筋土界面剪切强度(kPa);

c_{sg}——筋材与填料的界面黏聚力(kPa);

σ_n——界面法向应力(kPa);

φ_{sg}——筋材与填料的界面摩擦角(°);

f'——筋土似摩擦系数;

T_f——在σ_n作用下筋材的最大抗拔力(kN/m);

B、L——筋材的宽度和长度(m)。

不同的加筋材料与不同的填料构成了复杂多变的筋土界面,因而其摩擦性质迥异,界面参数取值变化很大,如表4-4所示。筋土界面参数宜通过拉拔试验或直剪试验确定。

筋土界面参数推荐取值　　　　表4-4

界面情况		界面黏聚力c_{sg}(kPa)	界面摩擦角φ_{sg}(°)	似摩擦系数f'
黏土	土工织物	15~25	10~30	0.2~0.4
	土工带	20~40	30~42	0.25~0.5
	钢塑复合筋带	32~323.5	12~30	0.2~0.3
砂土	土工织物	0	12~33	0.15~0.4
	土工格栅	0	22~42	0.25~0.55
	土工带	0	22~42	0.25~0.55
	钢塑复合筋带	50~110	12~38	0.35~0.5
碎石土	土工织物	0	22~30	0.4~0.5
	土工格栅	0	22~37	0.25~0.4
	钢塑复合筋带	170~182	12~18	0.4~0.6

小 结

充分压实可以有效提高路基的强度和抗变形能力,增强其水稳定性,减小体积变化。路基应在最佳含水率附近压实,以获得最佳的路用性能。路基的压实效果还与土质和压实功有关,而且压实功的大小会影响最佳含水率值的大小。路基压实标准的制定既考虑了路基工作状态的特点,也考虑了铺面对路基变形的控制要求,应根据道路等级和路基层位进行取值。对于模量不足、水稳性不良的细粒土路基,可以通过无机结合料等进行处治以提高其路用性能。不同的处治材料具有不同的处治机理,而且其处治效果还与细粒土的颗粒组成、塑性指数和含水率等密切相关,应当根据实际的土质条件和湿度状况,借鉴同类工程经验,通过试验分析确定处治材料及其掺量。加筋是可有效提高路基的强度和抗变形能力。路基加筋应根据加筋的层位和目的进行设计,并综合考虑铺设损伤、材料蠕变、耐久性等因素的影响,合理选取筋材和筋土界面设计参数。

习 题

4-1 简述路基压实的工程意义和主要影响因素。

4-2 简述路基压实标准制订的原理。

4-3 分析水泥、石灰、粉煤灰等无机结合料处治细粒土路基的机理,并以石灰土为例,分析其水稳定性。

4-4 阐述路基加筋的基本原理。

4-5 影响加筋材料长期性能的因素有哪些?

5 一般路基设计

5.1 一般路基设计内容

一般路基是指在工程地质和水文地质均良好的地段修筑的填方高度和挖方深度不大的路基。通常,一般路基可以根据沿线的地形、地质情况,直接选用典型横断面图或参照现行规范的规定进行设计,不必作个别论证和验算。而对于高填、深挖路基,或者工程地质、水文地质等条件特殊的路基,应进行个别设计和验算。

一般路基的设计内容包括:
(1)结合路线几何设计要求和当地地形条件选择路基断面形式。
(2)选择路基填料和压实度。
(3)确定路基边坡形状和坡度。
(4)路基排水设计。
(5)路基防护与加固设计。

另外,在满足承载力要求的地基上修筑路堤,原地表(即基底表层)仍应按要求适当处理并碾压密实,以保证路堤稳定,减小路基沉降变形。

地基顶面的草根、树根、作物或其他植物腐烂后易形成滑动面或产生较大沉陷,填筑路堤前应予清除。冬季施工前,顶面的雪、冰或冻土必须予以清除,以免地基与路堤之间的接触面因含水率高或碾压不实而形成软弱面。

地基顶面存在滞水,特别是路堤经过水田、洼地或者沟、塘、河、浜等水体时,应根据积水水深和水下淤泥层的厚度,采取排水疏干、挖除淤泥、抛石挤淤、抛填片石或砂砾石等处理措施。

地面为斜坡,且坡度陡于1:5时,应设置宽度不小于2m的台阶,以防止路堤沿斜坡下滑。地面坡度陡于1:2.5时,应根据第六章的滑动稳定验算方法进行稳定性分析;当滑动稳定不满足要求时,应采取改善基底条件、设置支挡结构或抗滑桩等措施。

在土质地段,高速公路、一级公路和二级公路路堤基底的压实度(重型)不应小于90%,三级和四级公路不应小于85%;当路床底面低于原地表时,应适当超挖地基表层并选用优质填料分层回填压实。

5.2 路基断面设计

5.2.1 路基宽度

路基宽度为路基顶面两侧外缘之间的距离,其值因道路等级和设计要求的不同而异,一般包括行车道和路肩的宽度,以及中央分隔带、路缘带、变速车道、爬坡车道、紧急停车带等所占用的宽度(图5-1)。各级公路路基宽度按《公路工程技术标准》(JTG B01—2003)的规定进行设计,如表 5-1 所示。

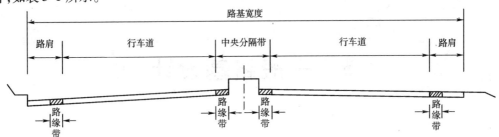

图 5-1 公路路基宽度示意图

各级公路路基宽度 表 5-1

公路等级		高速公路、一级公路								
设计车速(km/h)		120			100			80		60
车道数		8	6	4	8	6	4	6	4	4
路基宽度(m)	一般值	45.00	34.50	28.00	44.00	33.50	26.00	32.00	24.50	23.00
	最小值	42.00	—	26.00	41.00	—	24.50	—	21.50	20.00

公路等级		二级公路、三级公路、四级公路					
设计车速(km/h)		80	60	40	30	20	
车道数		2	2	2	2	2	1
路基宽度(m)	一般值	12.00	10.00	8.50	7.50	6.50	4.50
	最小值	10.00	8.50	—	—	—	—

注:"一般值"为正常情况下的采用值,"最小值"为条件受限制时可采用的值;八车道高速公路"一般值"为设置左侧硬路肩、内侧车道采用 3.50m 时的宽度,"最小值"为不设置左侧硬路肩、内侧车道采用 3.75m 时的宽度。

5.2.2 路基高度

路基高度通常是指路基设计高程与原地面高程之差。路基设计高程为路基边缘高程;在设置超高、加宽地段,则为设置超高、加宽前的路基边缘高程;设有中央分隔带的高速公路、一级公路,其设计高程为中央分隔带的外侧边缘高程。改扩建公路的路基设计高程可与新建公路相同,也可采用路中线高程。

路基高度是在路线纵断面设计时,综合考虑道路纵坡要求、路基稳定性和工程经济等因素确定的。从路基强度和稳定性要求出发,路基上部土层应处于干燥或中湿状态。因此,应当根据路基临界高度,结合道路沿线的具体条件以及路基排水、防护措施的设计确定路堤的最小填土高度。当路基高度不能满足最小填土高度要求时,应采取相应的处治措施,如加强排水、提高填料品质、设置外来材料改善层等,以防止或减轻地表积水和地下水浸入路基,降低路基工作区的强度和抗变形能力。

沿河及浸水路堤的路基高度应根据设计洪水频率(表 5-2)确定设计水位,再加上壅水高度和波浪浸袭高度,以及 0.5m 的安全高度。

路基设计洪水频率 表 5-2

公路等级	高速公路	一级公路	二级公路	三级公路	四级公路
设计洪水频率(1/年)	1/100	1/100	1/50	1/25	视具体情况而定

5.3 路基填料选择

填筑路基的理想填料为水稳定性好、压缩性小、便于施工压实,且料源充足、运距较短的土石材料。填料选择时,一方面要分析填料的性质是否适宜,另一方面也要考虑料源和经济性。

路线设计一般以填挖平衡为原则。为了保护耕地,路基工程应尽量利用路堑挖方或附属工程的弃方作为填料;或者将取土坑布置在荒地、空地或劣地上。从山坡上取土时,应考虑取土处边坡的稳定性,不得因取土造成边坡失稳,出现水土流失现象,危及路基和其他建筑物的安全。

采用细粒土填筑路基时,填料最小强度应符合表5-3的规定。因料源限制而被迫使用强度不符合要求的细粒土时,应进行处治,并通过试验合理确定处治措施。强膨胀土、泥炭、淤泥、有机质土、冻土(含冰的土)、易溶盐超过允许含量的土,以及液限大于50%、塑性指数大于26的细粒土不得直接用于填筑路基。浸水部分的路堤和冰冻地区的路床不应直接采用粉质土填筑。当采用细砂、粉砂作填料时,应分析振动液化的可能和影响。

采用石料修筑路堤时,应对石料性质进行评估。根据单轴饱和抗压强度,可将石料分为硬质岩石、中硬岩石和软质岩,如表5-4。用于路基填筑的石料最大粒径应小于摊铺层厚的2/3。易溶性岩石、膨胀性岩石、崩解性岩石、盐化岩石等均不得用于路基填筑。

路基填料最小强度要求 表5-3

项目分类	路床顶面以下深度(m)	填料最小强度(CBR)(%)		
		快速路、主干路	次干路	支路
路堤	0~0.3	8	6	5
	0.3~0.8	5	4	3
	0.8~1.5	4	3	3
	>1.5	3	2	2
零填及路堑	0~0.3	8	6	5
	0.3~0.8	5	4	3

注:当路基填料的CBR值达不到表列要求时,可掺石灰或其他稳定材料进行处治。

岩石分类表 表5-4

类型	单轴饱和抗压强度(MPa)	代表性岩石
硬质岩石	≥60	1. 花岗岩、闪长岩、玄武岩等岩浆岩类; 2. 硅质、铁质胶结的砾岩和砂岩、石灰岩、白云岩等沉积岩类;
中硬岩石	30~60	3. 片麻岩、石英岩、大理岩、板岩、片岩等变质岩类
软质岩石	5~30	1. 凝灰岩等喷出岩类; 2. 泥砾岩、泥质砂岩、泥质页岩、泥岩等沉积岩类; 3. 云母片岩或千枚岩等变质岩类

5.4 路基边坡设计

路基边坡设计包括边坡形状选择和边坡坡度确定两方面。

路基边坡的形状主要有直线形、折线形和台阶形三种形式,如图 5-2 所示。直线形是最为常用的一种边坡形式,适用于填方不高的路堤,或者挖方不大且岩土质良好、均匀的路堑。边坡较高,或路堑边坡由多层性质差异较大的岩土组成时,可采用折线形,但应避免在变坡点出现坡面的冲刷破坏。台阶形边坡通过在每隔一定高度处或岩土层分界处设置平台,以增加边坡的稳定性,减少坡面冲刷,并可拦挡上边坡剥落下坠的小石(土)块。

路基边坡坡度是指边坡垂直高度与水平深度之比值,通常路堤以 $1:m$、路堑以 $1:n$ 表示其坡率。边坡坡度的大小,取决于边坡坡体的岩土性质、构造、破碎程度,以及边坡高度和水文地质条件等因素。一般路基的边坡坡度,可根据多年来的工程经验和相关设计规范推荐的数值确定;高填深挖路基的边坡坡度,应进一步通过稳定性分析进行个别设计。

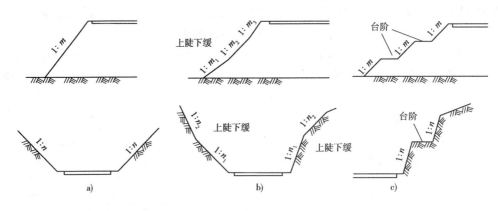

图 5-2　路基边坡形式
a)直线形;b)折线形;c)台阶形

5.4.1　路堤边坡

当地质条件良好,边坡高度不大于 20m 时,填土路堤的边坡坡率不宜大于表 5-5 所列的规定值。易风化岩石与软质岩石用作填料时,可按土质路堤边坡设计;其他填石路堤边坡的坡率不宜大于表 5-6 所列的规定值。沿河或其他浸水路堤的边坡坡率,在设计水位以下视填料情况可在 1:1.75 ~ 1:2.0 之间选择;在常水位以下部分可采用 1:2.0 ~ 1:3.0;如用填料的渗水性、水稳性较好,可采用相对较陡的边坡。

填土路堤边坡坡率　　　　　　　　　　　　　　　　　表 5-5

填料类别	边坡坡率	
	上部高度($H \leq 8m$)	下部高度($H \leq 12m$)
细粒土	1:1.5	1:1.75
粗粒土	1:1.5	1:1.75
巨粒土	1:1.3	1:1.5

填石路堤边坡坡率　　　　　　　　　　　　　　　　　表 5-6

填石料种类	边坡坡率	
	上部高度($H \leq 8m$)	下部高度($H \leq 12m$)
硬质岩石	1:1.1	1:1.3
中硬岩石	1:1.3	1:1.5
软质岩石	1:1.5	1:1.7

5.4.2 路堑边坡

影响路堑边坡稳定的因素较为复杂,除了挖方深度和边坡岩土体的性质之外,岩体的构造特征、风化和破碎程度、土体的成因类型、地表水和地下水情况、坡面朝向,以及沿线气候条件等都会影响路堑边坡的稳定性,在边坡设计中必须综合考虑。

土质(包括粗粒土)路堑边坡的坡率应根据边坡高度、土的密实度、水文地质情况、土质成因及生成时代等因素进行确定;当挖方高度小于20m时,可参照表5-7取值。岩质路堑边坡的坡率应根据工程地质与水文地质条件,综合考虑岩性、边坡高度、岩体结构、结构面产状、风化程度和地貌形态、施工方法等因素,并结合自然和人工稳定边坡的调查进行确定;当挖方高度小于30m且无外倾软弱结构面时,边坡坡率可按表5-8取值。

土质路堑边坡坡率　　　　表5-7

土 的 类 别		边坡坡率
黏土、粉质黏土、塑性指数大于3的粉土		1:1 ~ 1:1.5
中密以上的中砂、粗砂、砾砂		1:1.5 ~ 1:1.75
漂石土、块石土、卵石土、碎石土、圆砾土、角砾土	胶结和密实	1:0.5 ~ 1:1.25
	中密	1:1.25 ~ 1:1.5

岩质路堑边坡坡率　　　　表5-8

边坡岩体类型	风化程度	边坡坡率	
		$H < 15m$	$15m \leq H < 30m$
Ⅰ	未风化、微风化	1:0.1 ~ 1:0.3	1:0.1 ~ 1:0.3
	弱风化	1:0.1 ~ 1:0.3	1:0.3 ~ 1:0.5
Ⅱ	未风化、微风化	1:0.1 ~ 1:0.3	1:0.3 ~ 1:0.5
	弱风化	1:0.3 ~ 1:0.5	1:0.5 ~ 1:0.75
Ⅲ	未风化、微风化	1:0.3 ~ 1:0.5	
	弱风化	1:0.5 ~ 1:0.75	
Ⅳ	弱风化	1:0.5 ~ 1:1	
	强风化	1:0.75 ~ 1:1	

注:①有可靠的资料和经验时,可不受本表限制;
②岩体类型按表5-9进行确定;
③Ⅳ类强风化包括各类风化程度的极软岩。

岩质边坡的岩体分类　　　　表5-9

边坡岩体类型	判 定 条 件			
	岩体完整程度	结构面结合程度	结构面产状	直立边坡自稳能力
Ⅰ	完整	结构面结合良好或一般	外倾结构面或外倾不同结构面的组合线倾角 >75° 或 <35°	30m高边坡长期稳定,偶有掉块
Ⅱ	完整	结构面结合良好或一般	外倾结构面或外倾不同结构面的组合线倾角 35° ~ 75°	15m高的边坡稳定,15 ~ 30m高的边坡欠稳定
	完整	结构面结合差	外倾结构面或外倾不同结构面的组合线倾角 >75° 或 <35°	
	较完整	结构面结合良好或一般或差	外倾结构面或外倾不同结构面的组合线倾角 <35°,有内倾结构面	边坡出现局部塌落

续上表

边坡岩体类型	判定条件			直立边坡自稳能力
	岩体完整程度	结构面结合程度	结构面产状	
Ⅲ	完整	结构面结合差	外倾结构面或外倾不同结构面的组合线倾角35°~75°	8m高的边坡稳定,15m高的边坡欠稳定
	较完整	结构面结合良好或一般	外倾结构面或外倾不同结构面的组合线倾角35°~75°	
	较完整	结构面结合差	外倾结构面或外倾不同结构面的组合线倾角>75°或<35°	
	较完整（碎裂镶嵌）	结构面结合良好或一般	结构面无明显规律	
Ⅳ	较完整	结构面结合差或很差	外倾结构面以层面为主,倾角多为35°~75°	8m高的边坡不稳定
	不完整（散体、碎裂）	碎块间结合很差		

注：①边坡岩体分类中未含由软弱结构面控制的边坡和倾倒崩塌型破坏的边坡；
②Ⅰ类岩体为软岩、较软岩时，应降为Ⅱ类岩体；
③当地下水发育时，Ⅱ、Ⅲ类岩体可视具体情况降低一档；
④强风化岩和极软岩可划为Ⅳ类岩体；
⑤表中外倾结构面系指倾向与坡向的夹角小于30°的结构面；
⑥岩体完整程度按表5-10确定。

岩体完整程度划分　　　　　　　　表5-10

岩体完整程度	结构面发育程度	结构类型	完整性系数 K_v
完整	结构面1~2组，以构造节理或层面为主，密闭型	巨块状整体结构	>0.75
较完整	结构面2~3组，以构造节理或层面为主，裂隙多呈密闭型，部分为微张型，少有充填物	块状结构、层状结构、镶嵌碎裂结构	0.35~0.75
不完整	结构面大于3组，在断层附近受构造作用影响较大，裂隙以张开型为主，多有充填物，厚度较大	碎裂状结构、散体结构	<0.35

注：①完整性系数 $K_v=(V_R/V_P)^2$，V_R 为弹性纵波在岩体中的传播速度，V_P 为弹性纵波在岩块中的传播速度；
②镶嵌碎裂结构为碎裂结构中碎块较大且相互咬合、稳定性相对较好的一种结构。

5.5 路基排水设计

5.5.1 路基排水系统及其布设原则

1）路基排水的目的和要求

水是影响路基性能最为重要的环境因素，路基的失稳和各种变形绝大多数是由地表水和地下水的冲刷、渗入或浸湿引起的。为了保证路基的稳定性，提高路基的抗变形能力，必须采取相应的排水措施。路基排水的根本目的就是消除或减轻地表水和地下水的危害，使路基湿度状况处于干燥或工程容许的范围内。

根据路基湿度来源的不同，影响路基性能的水主要分为地表水和地下水两大类。地表水包括大气降水(雨和雪)以及海、河、湖、塘、沟、渠、水库等水,而地下水则包括上层滞水、潜水和层间水。因此,路基排水工程可分为地表排水和地下排水。

地表水的冲刷可以引起路基变形,导致水毁和路基整体失稳。地表水和地下水的渗透或浸湿可以软化路基,降低其强度和抗变形能力,甚至引起路基冻胀、翻浆、边坡滑塌或整体破坏。而路基排水工程,尤其是地表排水,是一项简便、经济、收效显著的技术措施,因此路基的设计、施工、养护和病害处治应充分重视排水工程。

不同阶段路基排水工程的重点有所不同,但根本任务都是控制路基湿度,保证路基具有足够的模量和强度。路基设计阶段,必须考虑将影响路基稳定的地表水拦截或排除在路基以外,防止地表水的滞积、漫流或下渗,同时考虑通过隔断、疏干、降低等方式消除或减小地下水对路基的影响。路基施工阶段,应根据现场的实际情况和需要,校核全线路基排水系统的合理性和完备性,考虑设置临时性排水措施的必要性和方式,以保证路基土石方在正常条件下施工作业。路基养护期间,应定期检查、及时维修各类排水设施,以保证路基排水设施正常使用。必要时,可根据实际情况进一步改善路基的排水条件和排水能力。

2)路基排水系统布设的原则

路基排水系统是为防止和控制路基受水浸害而布设的拦截、引排地表水及地下水的设施系统。路基排水系统布设的目的,是拦截路基上方的地表水和地下水,汇集路基范围内的地表水,导引至顺畅的排水通道,并通过桥涵等将其宣泄到路基下方。路基排水系统的布设应遵循以下原则:

(1)路基排水系统应全面规划、合理布局、因地制宜、综合治理、经济适用,充分利用当地有利地形、自然水系及各类既有水利设施,形成拦、截、汇、蓄、引、宣、排、送为一体,地表设施与地下设施相结合的防排水系统。

(2)排水系统布设前,必须进行充分调研,查明当地的水文条件和沿线的水源状况、水文地质条件及其对路基的危害程度。按轻重缓急、分段设计原则,布设不同的排水设施。重点路段要考虑路基排水与桥涵布置相结合,地表排水与地下排水相结合,各种沟渠的平面布置与竖向布置相结合。特别是对于水文地质和工程地质条件复杂或者已产生严重路基病害的路段,排水设施布设还应与路基防护加固工程相结合,进行特殊设计。

(3)排水系统布设不应产生与工农业生产、人民生活用水之间的矛盾。各种沟渠的设置与连接尽量不占或少占农田,注意与农田水利的配合。路基边沟不宜用作农田灌溉的渠道;两者必须合并使用时,应加大边沟断面,并适当加固以防水流危害路基。各类排水沟管排放的水流不得直接引入饮用水水源,也不宜直接排入养殖池或农田。

(4)路基排水要注意环境保护,尽量不破坏天然水系,不轻易合并自然沟溪和改变水流性质,防止沿线水土流失和路基水毁。对于重点路段和土质松软、纵坡较陡路段的排水沟渠,应采取必要的防护与加固措施。同时,路基排水工程应考虑排水设施与自然环境的协调,实现排水功能和路域景观的统一。

(5)路基排水系统布设与设施设计应根据道路的等级、当地的气候和水文地质条件,以防为主,防排结合,尽量选择有利地质条件布设各类沟渠,减少排水设施的防护与加固工程。在考虑一定耐久性的同时,就地取材,降低后期养护难度和成本。

5.5.2 路基地表排水设施设计

路基地表排水的任务是有效防止和及时排除地表径流,常用设施包括边沟、截水沟、排水沟、跌水与急流槽等,必要时可设置倒虹吸、渡水槽及蒸发池等。各类地表排水设施的沟(槽)顶面应高出设计水位0.1~0.2m。地表排水设施的设计应根据当地的经验确定设计参数,计算容许流量和容许流速,确保各种沟渠的断面形状和尺寸满足排泄设计流量的要求,不产生冲刷和淤积。地表排水沟渠宜短不宜长,以使水流不过于汇集,做到及时疏散、就近分流。

1)边沟

设置在挖方路基的路肩外侧或低路堤的坡脚外侧,用以汇集和排除路基范围内以及流向路基的少量地表水,多与路中线平行。

边沟的流量不大,一般不需要进行水文水力计算,而是依据沿线的具体条件和经验确定横断面形式和尺寸。边沟紧靠路基,通常不允许其他排水沟渠的水流引入,也不与其他人工沟渠合并使用。

边沟不宜过长,除特殊情况外,连续长度不宜超过500m。同时,尽可能利用有利地形,采取相应措施,使沟内水流分段就近排至路旁自然水沟或低洼地带,必要时可设置涵洞,将边沟水宣泄到路基下方一侧。

边沟的纵坡应结合路线纵坡、地形、土质、出水口位置等情况选定,尽可能与路线纵坡坡度保持一致。当路线纵坡坡度小于沟底最小纵坡坡度时,边沟应采用沟底最小纵坡坡度并缩短边沟出水口的间距。对于平坡路段,边沟纵坡一般不小于0.5%,特殊情况容许采用0.3%,但边沟出水口间距宜缩短。边沟出水口附近,以及排水困难段,如回头曲线和路基超高较大的平曲线处,边沟应进行特殊设计。

边沟的横断面形式有梯形、矩形、三角形及流线形等,如图5-3所示。一般采用梯形边沟,沟底宽与深度为0.4~0.6m,干旱地区可取低限甚至更小,但不宜小于0.3m;水量集中或地势偏低的路段,取高限或更大一些;内侧坡度通常为1:1.0~1:1.5,外侧坡度与挖方边坡坡度相同。石方路段的边坡多采用矩形断面,其内侧边坡直立,坡面应采用浆砌片石防护,外侧边坡坡度与挖方边坡坡度相同。少雨、浅挖地段的土质边沟可采用三角形横断面,其内侧边坡坡度宜采用1:2~1:3,外侧边坡坡度与挖方边坡坡度相同。三角形边坡的水流条件较差,流量较大时沟深应适当加大。流线形边沟,是将路堤横断面的边角修圆滑,美观大方,与环境相协调,适用于少雨或积雪地区的路基。

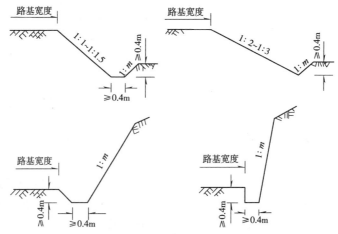

图5-3 边沟的横断面形式示意图

边沟可采用浆砌片石、混凝土预制块等作防护。尤其在出水口附近,水流冲刷比较严重,应慎重布置并采取相应措施。

边沟水不应滞留在沟内,出水口设置时要确保水流不致危害路基。当边沟水流向路堤坡脚外时,如果边坡坡度较大、路堤较高,则应根据出水口的具体条件,设置急流槽或跌水等,将水延伸引出路基范围之外,以免边沟水冲刷填方坡脚,影响路基稳定。

边沟水流流向桥涵进水口时,为避免冲刷,应作适当处治,如在涵洞进口设置窨井,如图5-4所示。此外还应根据地形等条件,在桥涵进口前或在其他水流落差较大处,设置急流槽与跌水等构造物,将水流引入桥涵或其他指定地点。

边沟水流流至回头曲线处,一般边沟水较满,且流速较大,此时宜顺着边沟方向沿山坡设置排水沟,将水引至路基范围以外的自然沟,或设置急流槽、涵洞等构造物,将水引下山坡或路基另一侧,以免对回头曲线路段形成冲刷。

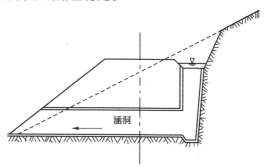

图5-4 边沟水流流入涵洞前的窨井剖面图(单级跌水)

2)截水沟

截水沟也称天沟,一般设置在挖方路基边坡坡顶以外,或山坡路堤上方的适当位置,用以拦截并排除路基上方流向路基的地表径流,保证挖方边坡和填方坡脚不受流水冲刷。截水沟走向一般与路中线平行。降水量较少或者坡面坚硬、边坡较低等冲刷影响不大的路段,可以不设截水沟;而对于降水量较多且暴雨频率较高、山坡覆盖层比较松软、路基边坡较高、水土流失比较严重的地段,应设置截水沟,必要时可设置两道或多道截水沟。

截水沟的横断面一般为梯形,断面尺寸应保证地表水流的迅速排除,沟底纵坡应大于0.5%,以防止滞流。沟坡坡度因岩土条件而定,一般为1:1.0~1:1.5,如图5-5a)所示。沟底宽度b不小于0.5m,沟深h按设计流量而定,一般不应小于0.5m。当山坡覆盖土层较薄($<1.5m$)且不稳定时,可将沟底设置在基岩上[图5-5b)],以截除土层与基岩面之间的地下水,保证沟身稳定。

挖方边坡上方的截水沟如图5-6所示。截水沟离挖方路基坡顶的距离一般应大于5.0m,土质不良地段,应酌情增大。截水沟下方一侧,可堆置截水沟挖出的土方,要求做成顶面向沟倾斜2%的土台。

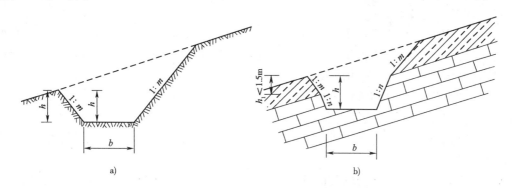

图5-5 截水沟的横断面图

山坡填方路段可能遭到上方水流的破坏作用时必须设截水沟,以拦截山坡水流,保护路堤,如图5-7所示。截水沟与坡脚之间不小于2.0m,并可利用开挖截水沟的土在路堤和截水沟之间修成向沟倾斜2%的土台,确保路堤坡脚不受水害。

截水沟的走向应尽量与绝大多数地面水流方向垂直,以提高截水效能和缩短沟的长度。截水沟内的水流,就近引入自然沟内排出,一般应避免排入边沟。截水沟的出水口应与其他排水设施平顺地衔接,必要时配以急流槽或涵洞等泄水构造物将水流引入路基下方。截水沟的长度不宜超过500m。

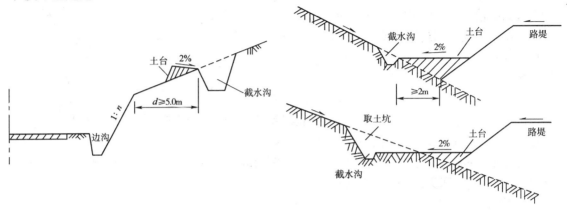

图5-6 挖方路段截水沟示意图　　图5-7 山坡填方路段截水沟示意图

3）排水沟

排水沟主要用于引水,将边沟、截水沟、取土坑、边坡和路基附近积水引至桥涵或路基范围以外的洼池或天然河流。

排水沟的纵坡应合适,既要保证水流畅通不致淤积,又不致流速太大而产生冲刷。为此宜通过水文水力计算确定。一般情况下,可取0.5%~1.0%,特殊情况下不小于0.3%,也不宜大于3%。

排水沟的横断面一般采用梯形。用于边沟、截水沟及取土坑出水口的排水沟,横断面尺寸根据设计流量确定,底宽与深度不宜小于0.5m。排水沟边坡因地质条件而异,一般土质排水沟的边坡坡度为1:1~1:1.5。

排水沟的位置可根据需要并结合当地地形条件而定,离路基尽可能远些,距路基坡脚不宜小于2m,平面上力求直接,需要转弯时亦应尽量圆顺,做成弧形,其半径不宜小于10~20m,连续长度宜短,一般不超过500m。

4）跌水与急流槽

跌水与急流槽主要用于需要排水而且高差较大、距离较短或坡度陡峻的地段,是路基地表排水沟渠的特殊形式。跌水是引导上游沟渠的水安全地自由跌落入下游沟渠的阶梯式构筑物,水流以瀑布形式通过,其作用主要是降低流速和消减流水的能量。

跌水分为单级跌水和多级跌水,以砌石和混凝土居多。单级跌水适用于排水沟渠连接处,因水位落差较大,需要消能或改变水流方向。落差在5m以上时,一般采用多级跌水。

跌水的基本构造由三部分组成:进水口、跌水槽和出水口。其中跌水槽又由跌水墙、平台、消力池三部分组成。

一般情况下,若地质条件良好,地下水位较低,设计流量小于$1.0~2.0m^3/s$,跌水墙高度最大不超过2.0m。常用的简易多级跌水,墙高一般为0.4~0.5m,多级跌水的各级台阶高度可以不同。跌水墙采用浆砌片石或混凝土结构,墙基埋深为水深的1.0~1.2倍,并不小于1.0m;冰冻地区应深入冻结线以下,石砌墙厚0.25~0.30m。消力池用于消除因落差产生的水流动能,要求坚固稳定,底部设1%~2%的纵坡,底厚0.35~0.40m,壁高至少应比计算水深大0.2m,壁厚与跌水墙厚度相近。消力池末端设消力槛,槛高依计算而定,要求低于池内水深,底部预留泄水孔,在水流中断时排除池内积水。如图5-8所示。

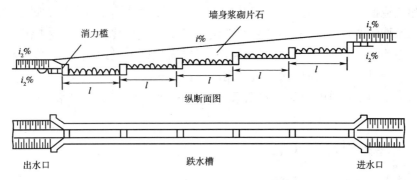

图5-8 固定底宽多级跌水结构示意图

急流槽是在陡坡或深沟地段设置的坡度较陡、水流不离开槽底的沟槽,其作用主要是在很短的距离内、水面落差很大的情况下进行排水。

急流槽的纵坡比跌水的平均纵坡更陡,结构的坚固稳定性要求更高,是山区公路回头曲线沟通上下线路基排水的一种常见排水设施。急流槽也用于涵洞的进出水口,或在特殊情况下用于将水流由截水沟引向边沟。

急流槽的构造可分为进水口、槽身和出水口三个部分,如图5-9所示。

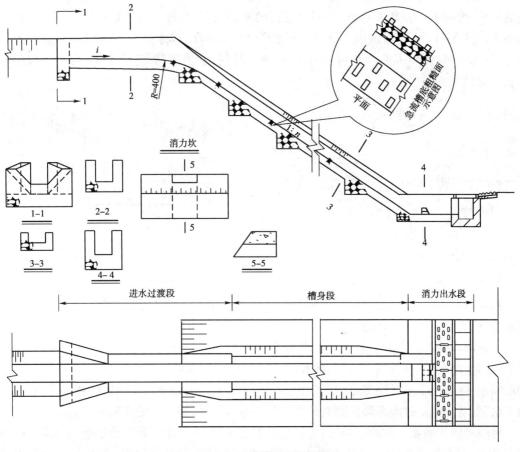

图5-9 急流槽结构示意图

急流槽的基础必须稳固,端部及槽身每隔2～5m在槽底设耳墙埋入地面以下,以防止滑动。急流槽很长时,应分段砌筑,每段长度一般为5～10m,预留伸缩缝,并用防水材料填缝。

跌水和急流槽应在满足排水需要和保证工程质量的前提下,力求构造简单,经济实用。确定跌水和急流槽的位置、类型和尺寸要因地制宜,结合地形、地质、当地材料和施工条件,进行综合考虑。必要时可考虑改移路线或涵洞位置,以简化或不设此类构造物。路基排水的跌水和简易急流槽可以不作水力计算,而按常用的构造形式设置。傍山路线遇有岩石山沟,有的相当于天然急流槽,应予利用。跌水和急流槽的设计可采取增加槽底粗糙度的措施,以减缓流速。

5.5.3 路基地下排水设施设计

当路基或者边坡土体受上层滞水、潜水或者承压水等地下水浸蚀而危及其稳定性或显著降低路基模量时,应设置相应的地下排水设施,用于拦截、汇集和排出地下水,降低地下水位。地下排水设施主要有:明沟、暗沟、渗沟和渗井。由于地下排水设施主要以渗流的方式汇集水流,所以与地表排水设施相比,排水量不大,但施工要求较高,且养护困难。

1) 明沟

对于路基及边坡土体中的上层滞水或埋藏很浅的潜水和承压水,可设置兼排地表水和地下水的明沟。明沟通常设于道路两侧,是一种集边沟和渗沟排水作用于一体的综合性路基排水方式,常用断面形式为梯形和矩形。梯形断面明沟如图5-10所示,一般适用于排除埋藏很浅的潜水、埋深1~2m的承压水,而且所通过的地层稳定,能够进行一定深度的明挖。矩形断面明沟如图5-11所示,通常用于处理地下水埋藏相对较深,或地质不良、水沟边坡容易滑塌的地方,其深度可达3m左右。明沟适用性强,施工简便,养护容易,造价低廉,是排出浅层地下水较好的措施。

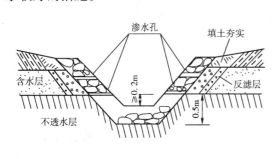

图5-10 浆砌片石梯形断面明沟

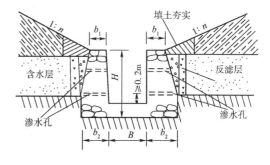

图5-11 浆砌片石矩形断面明沟

2) 暗沟

暗沟相对于明沟而言,是设在地面以下引导地下水流,或是拦截层间水、降低地下水位的排水设施,主要有两种构造形式。

一种暗沟是在沟内分层填以大小不同的粒料,利用其渗透性将地下水汇集于沟内,并沿沟排泄到指定地点。这种构造形式也称盲沟。盲沟可设于斜坡路基的上方,用于拦截流向路基的层间水,防止地下水对路基稳定的危害。盲沟也常用于高地下水位地区的路基两侧,以降低地下水位,防止路基过湿而降低路基的强度和模量,以及可能产生的冻胀和翻浆。

另一种暗沟则是一种地下沟渠,无渗水和汇水作用,主要用于处理泉眼等。当路基范围内遇有泉眼,泉水外涌而路线不能绕避时,可在泉眼与出口之间开挖沟槽,修建暗沟,将泉水导引到排水沟,或排泄到指定地点,如图 5-12 所示。这类暗沟的断面尺寸依据泉眼的出水量和同类工程经验确定,沟底纵坡一般不小于 1%。如出口处为边沟,暗沟底应高出边沟最高水位 20cm 以上,不允许出现倒灌现象。暗沟顶可铺筑一层碎(卵)石,上填砂砾。

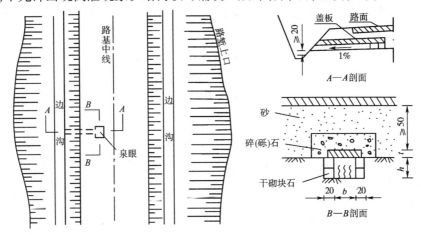

图 5-12 疏导路基泉水的暗沟构造图(尺寸单位:cm)

3)渗沟

渗沟是采用渗透方式将地下水汇集于沟内,并通过沟底通道将水排到指定地点的地下排水设施,其作用是降低地下水位或者拦截地下水位。

渗沟一般应用于地下水埋藏较深处。渗沟内用大颗粒透水材料(碎石、砾石等)填充,以保证有足够的孔隙率。考虑到排水孔隙容易被流水携带的细粒土所淤塞而失去排水功能,通常在渗沟迎水面增设一层反滤层。反滤层的材料有集料、土工布及无砂混凝土。

渗沟按构造不同,分为三种形式:填石渗沟(也称为盲沟式渗沟)、管式渗沟和洞式渗沟,如图 5-13 所示。三种形式均由排水层(石缝或管、洞)、反滤层和封闭层所组成。

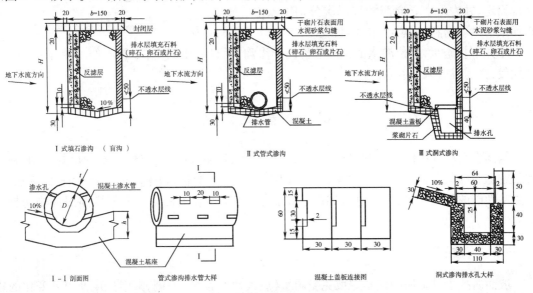

图 5-13 渗沟构造图(尺寸单位:cm)

填石渗沟一般用于流量不大,排水距离不长的地段,是目前公路常用的一种渗沟。设计时应考虑淤塞失效问题。由于排水层阻力较大,其纵坡不应小于 1%,一般可采用 5%。

管式渗沟设于地下引水较长的地段,但渗沟过长时,应加设横向泄水管,将纵向渗沟内的水流迅速地分段排除。沟底纵坡取决于设计流速,最大流速应考虑到水管的构造及其使用寿命,且不致冲毁管下垫层材料,一般不大于1.0m/s。为避免淤积,沟底最小纵坡为0.5%。渗沟底部埋设的管道,一般为混凝土预制管或聚氯乙烯(PVC)管,管壁上半部应留渗水孔,渗水孔交错排列。

洞式渗沟一般用于地下水流量较大或石料比较丰富的地区,其下部结构相当于顶部可以渗水的涵洞。洞口大小依设计流量而定,洞身一般要求埋入不透水层中,必要时在两侧和底部增设隔水层,以改善排水性能。沟底最小纵坡为0.5%,有条件时适当采用较大的纵坡,以利排水。

渗沟尽可能与地下水流向相垂直,以拦截更多的地下水。设计时应首先考虑能否使用明槽式,以便随时检查排水情况。同时,应根据土层含水率、地理位置和各种类型结构的排水能力,作适当的技术经济比较,择优选用。

4)渗井

渗井的作用是汇集浅层地下水,通过竖井使其穿过不透水层引入更深的透水层中,以降低上层的地下水位甚至全部予以排除。因此,在采用渗井排水设施前应探明路基下层是否存在透水层,能否通过渗井汇集并排走上层地下水。图5-14为圆形渗井的结构与布置图。渗井上部为集水结构,下部为排水结构。

渗井的平面布置、孔径和渗水量按水力计算确定,一般为直径1.0~1.5m的圆柱形,也可采用边长为1.0~1.5 m的方形。井深视地层构造情况而定,井内由中心向四周按层次分别填入由粗而细的砂石材料,粗料渗水,细料反滤。

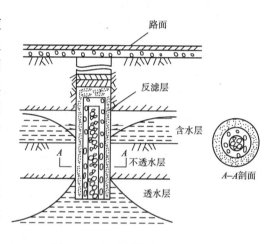

图5-14 圆形渗井的结构与布置图

渗井不易施工,单位渗水面积的造价高于渗沟,而且易于淤塞,养护不便。设计应进行分析比较,必需且有条件时选用。

5.6 路基防护设计

暴露在自然界中的路基和路基边坡长期承受水、日照、冻融等自然因素的反复作用,强度和稳定随之降低。在路基稳定性满足要求的前提下,为了预防和减少各种自然因素的影响,确保路基性能的长期有效,需要进行路基防护,包括路基边坡坡面防护和浸水路堤冲刷防护两大类。

5.6.1 坡面防护

坡面防护主要是保护路基边坡免受雨水(或其他地表水)冲刷,减轻湿度及温度变化的影响,防止和延缓软弱岩石的表层风化、破碎及剥蚀演变进程,从而保障路基边坡的长期稳定。坡面防护在一定程度上还可同时美化路基,实现道路与自然环境的协调。坡面防护设施不承受外力作用,因此要求边坡岩土体整体稳定。简易防护的边坡高度与坡度不宜过大,土质边坡坡度一般不陡于1:1～1:1.5。地面水的径流速度不宜超过2.0m/s,且不宜集中汇流。雨水集中或汇水面积较大时,应有排水措施相配合,比如在挖方边坡顶部设截水沟,在高填方的路肩边缘设拦水埝等。

常用的坡面防护设施分为植物防护和工程防护两类。植物防护主要依靠植物根茎与土壤间的附着力及根茎间的相互缠绕来稳定坡面。工程防护主要通过水泥、砂(砾)或石料在坡体表面形成坚硬的铺砌层或封闭层,以防边坡受自然因素作用而形成冲刷、剥落、坍塌或滑溜。相对于工程防护,植物防护可以在坡面防护的同时有利于道路绿化。

1) 植物防护

对于坡高不大、比较平缓的土质边坡或严重风化的岩质边坡,植物防护是一种简易有效的防护措施。其方法主要有植草、铺草皮和植树等,必要时亦可采用土工合成材料植被网草皮、湿法喷播和客土喷播等方法。

植草防护适用于坡面表土稳定、冲刷轻微,且宜于草类生长的土质路堤或路堑边坡,一般要求边坡缓于1:1.25、坡高在6m以内。经常浸水或长期浸水的路堤边坡,草类不易生长,故不宜采用植草防护。已扎根于坡面的植草防护可容许径流速度不超过0.6m/s的短时冲刷。不宜植草的坡面可以铺设5～10cm厚、与原坡面结合稳定的种植土层。用于植草防护的草种以根系发达、茎秆低矮、枝叶茂盛、生命力强、多年生长者为宜,不宜采用喜水草种。常用的有白茅草、毛鸭嘴、鱼肩草、果圆、雀稗、鼠尾草、小冠花等。比较好的方式是采用几种草籽混合播种,使之形成良好的覆盖层。

铺草皮防护较植草防护收效快,可用于较高较陡(边坡缓于1:1)的土质边坡、严重风化的岩质边坡和成岩作用差的软岩边坡,亦可用于流速小于1.8m/s的季节性冲刷的沿河路堤防护。铺草皮需预先备料,切成整齐形状(草皮两端斜切成平行四边形),然后移铺在坡面上。块状草皮的尺寸一般为20cm×25cm、25cm×40cm或30cm×50cm;带状草皮一般宽25cm、长200～300cm;草皮厚度根据根深确定,通常为6～10cm,干旱地区可增加到15cm。常用铺设方法有平铺草皮、平铺叠置草皮、方格式草皮及卵(片)石方格草皮等,如图5-15所示。

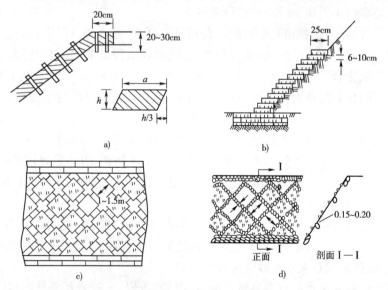

图5-15 铺草皮防护示意图
a) 平铺草皮;b) 平铺叠置草皮;c) 方格式草皮;d) 卵(片)石方格草皮

植树防护适用于各种土质边坡和风化极严重的岩质边坡,最好用在1:1.5或更缓的边坡上。用于堤岸边的河滩上,可降低流速,促使泥沙淤积,以防止水流冲刷路堤。多排林带若与水流方向斜交,则可起到改变水流方向的作用。沙漠与雪害地区,防林带还可阻沙防雪。树种应选根系发达、枝叶茂盛、能迅速生长的低矮灌木,不宜采用不利于边坡稳定的乔木。植树的形式可选用带形或连续式,如图5-16所示。

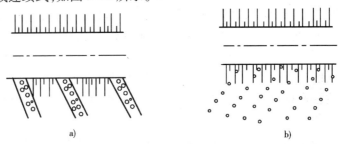

图5-16 植树防护形式
a)带式植树;b)连续式植树

土工合成材料植被网草皮适用于砂类土、土夹石及风化岩石,且坡率小于1:0.75的边坡防护。土工合成材料植被网既克服了植物生长初期易被雨水冲刷的缺陷,又可以在植物成长以后,其发达的根系与土工合成材料及边坡浅表土形成牢固的加筋复合整体,防护效果显著。其种类包括拉伸网草皮、固定草种布或网格固定撒种等。拉伸网草皮是在土工网或土工垫等土工合成材料上铺设3~5cm的种植土层,经过播种、养护后形成的人工草皮。固定草种布(可称植生带)是在土工织物纺织时将草种固定于土工织物中,然后到现场铺筑以促使草皮生长的一种土工合成材料草皮制品。固定网格撒种是先将土工网(或土工格室)固定于需防护的边坡上,然后撒播草种形成草皮的一种边坡防护方法。

湿法喷播是一种以水为载体的机械化植被建植技术,采用喷播机施工,种子在较短时间内萌芽、生长成株、覆盖坡面,达到迅速绿化、稳固坡面的目的。适用于土质边坡、土夹石边坡、严重风化岩石且坡率小于1:0.5的路堑和路堤边坡。

客土喷播是将客土(提供植物生育的基盘材料)、纤维(基盘辅助材料)、侵蚀防止剂、缓效肥料和种子按一定比例,充分混合后喷射到坡面,使植物获得必要的生长基础,达到快速绿化的目的。适用于风化岩石、土壤较少的软岩、养分较少的土壤、硬质土壤、植物立地条件差的高大陡坡面和受侵蚀显著的坡面。当边坡陡于1:1时,宜设置挂网或混凝土框架。

2)工程防护

当不宜使用植物防护或考虑就地取材时,采用砂石、水泥、石灰等材料进行工程防护是常用的坡面防护形式。工程防护的主要问题是与周围环境不协调,道路景观效果差,因此必须加强细部设计,注意与自然环境甚至当地人文环境的融合。工程防护的主要形式包括勾缝、抹面、捶面、喷浆及喷射混凝土、石砌护坡和护面墙等。

勾缝适用于比较坚硬、不宜风化但节理裂缝多而细的岩质边坡,其目的是防止坡面水流入缝隙而引起边坡病害。当局部存在较大、较深的缝隙或洞穴且可能进一步扩大,影响边坡稳定时,可以采用水泥砂浆或石灰水泥砂浆进行灌注。

抹面适用于各种易风化的岩质路堑边坡,如泥岩、页岩、千枚岩及泥质板岩。当喷浆或其他措施难以阻止边坡进一步风化时,可以采用水泥石灰砂浆,或夹有沥青与纸筋的石灰炉渣浆料,对边坡进行抹面。抹面的总厚度至少为3cm,可为4~5cm。抹面不能担负荷载,亦不能承受土压力,故要求边坡表层必须是稳定的。抹面前,应清理坡面风化层、浮土与松动碎块,填坑补洞,洒水浸湿;抹面后,应拍浆、抹平和养生。抹面工程使用年限一般为8~10年,应经常检查维修,发现开裂或脱落时,应及时修补。

捶面适用于易受冲刷的土质边坡或易受风化剥落的岩质边坡,坡度不宜陡于1:0.5。当地石料缺乏而炉渣来源丰富时,也可采用捶面。捶面厚10~15cm,一般采用等厚截面;如边坡较高,可采用上薄下厚截面。常用的捶面材料有水泥炉渣混合土,石灰炉渣三合、四合土。捶面工程使用年限为10~15年。

喷浆或喷射混凝土适用于坡率小于1:0.5、坚硬易风化但尚未遭受严重风化的岩质边坡,所形成的坡面保护层可防止边坡的进一步风化、剥落及零星掉块。喷浆或喷射混凝土亦可用于高而陡的边坡,尤其是上部岩层破碎而下部岩层完整的边坡,以及需要大面积防护且较为集中的边坡。对成岩作用差的黏土岩边坡,不宜采用喷浆或喷射混凝土防护。所应用的边坡应当地下水不发育、无渗水;在涌水路段,必须挖泄水孔或水平泄水孔进行彻底处理,使喷射面内侧无水回流。水泥砂浆喷浆厚度不宜小于5cm,喷射混凝土的厚度不宜小于8cm。

石砌护坡主要是干砌片石护坡和浆砌片石护坡,石料缺乏地区也可采用水泥混凝土预制块护坡。干砌片石适用于坡度缓于1:1.25的土(石)边坡,亦可用于防止流速不大于2.0~4.0m/s的小股水流冲刷。当流速较大、水流集中或边坡较陡时,除考虑砂浆勾缝外,一般选用浆砌片石护坡。浆砌片石也可用于坡率小于1:1的易风化岩石和土质边坡。干砌片石有单层铺砌、双层铺砌和编格内铺石等几种形式(图5-17);单层厚度一般为0.25~0.30m,双层的上层为0.20~0.35cm,下层为0.10~0.20cm。浆砌片石亦可是单层或双层,总厚度为0.3~0.5m。为防止不均匀沉降及胀缩引起过大的内应力,浆砌片石需每隔10~20m设置伸缩缝,同时应每隔2~3m交错设置泄水孔。

护面墙由浆砌片石组成,用以防护坡度较陡的土质边坡或易风化剥落、节理发育的岩质路堑边坡,避免进一步风化而出现坍塌和剥落,如图5-18。护面墙除自重外,不担负其他荷载,亦不承受墙后的土压力,因此所防护的边坡应符合稳定性要求。护面墙有实体护面墙、窗孔式护面墙、拱式护面墙及肋式护面墙等形式。实体护面墙用于一般土质及破碎岩石边坡;窗孔式护面墙适用于边坡缓于1:0.75,窗孔内可采用捶面或干砌片石;拱式护面墙通常用于下部边坡岩层较完整而上部边坡需要防护的情形;肋式护面墙一般用于岩层较完整且坡度较陡的边坡。护面墙的厚度、宽度根据墙高、边坡坡度,按表5-11确定。护面墙较高时应分级修筑,每6~10m高为一级并设不小于1m宽的平台;墙背每4~6m高设置一耳墙(错台),耳墙宽度根据边坡坡度确定,一般为0.5~1.0m。伸缩缝和泄水孔布置要求与浆砌片石护坡相同。

护面墙厚度参考表 表5-11

护面墙高度(m)	路堑边坡坡率	护面墙厚度(m)	
		顶宽 b	底宽 d
≤2	1:0.5	0.40	0.40
≤6	>1:0.5	0.40	$0.40 + H/10$
$6 < H ≤ 10$	1:0.5~1:0.75	0.40	$0.40 + H/20$
$10 < H < 15$	1:0.75~1:1	0.60	$0.60 + H/20$

5.6.2 冲刷防护

冲刷防护主要针对沿河、滨海、河滩及水泽区等浸水路堤,亦包括桥头引道和路基边旁堤岸等。此类路堤和堤岸常年或季节性浸水,受水流冲刷、波浪拍击和淘洗,造成路基浸湿、坡脚掏空,或水位骤降时路基内细粒填料流失,致使路基失稳,边坡坍塌。所以浸水路堤和堤岸的冲刷防护主要针对水流的破坏作用,具有防水、固堤的双重功效。

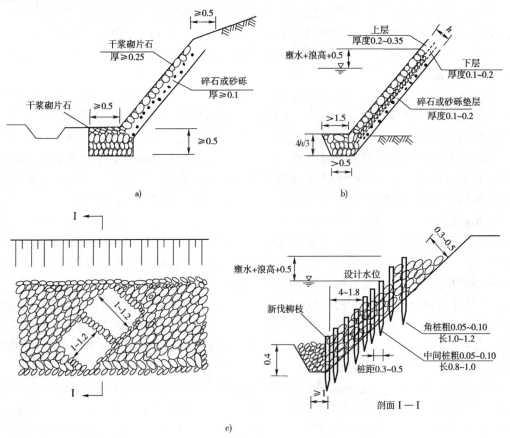

图 5-17 片石护面示意图(尺寸单位:m)
a)单层铺砌;b)双层铺砌;c)编格内铺石

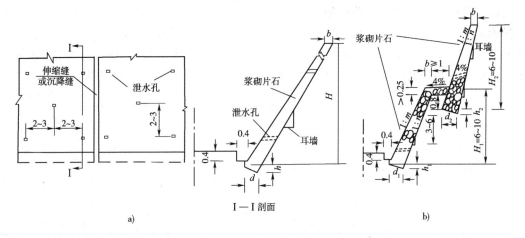

图 5-18 护面墙(尺寸单位:m)
a)单级;b)双级

冲刷防护有直接和间接两大类。直接防护是指直接对浸水路堤和堤岸采取防护措施,以抵抗水流的冲刷和淘刷;特点是对水流性质干扰少,因而对防护路段的上下游及对岸的影响甚微,但要求防护措施本身具有足够的强度和稳定性,可以认为是一种被动式的措施。间接防护是指利用导治结构物的导流或阻流作用,改变水流方向或减小流速,避免或减缓水流对路基的直接破坏作用,必要时亦可疏浚河床、改变河道,具有主动防护的性质。总体而言,冲刷防护设计时,应充分掌握流水运动规律,因势利导,防治结合,综合防护。

1) 直接防护措施

直接防护措施主要包括植物防护、石砌防护、抛石与石笼防护,必要时可采用浸水挡土墙。其中,植物防护与石砌防护与坡面防护所属基本类同,但用作冲刷防护时,往往洪水流急,水位变迁不定,水流速度较大,所以相应的要求更高。盛产石料的地区,当水流速度达到或超过 3.0m/s、植树防护与石砌防护无效时,可采用抛石防护。当水流达到或超过 5.0m/s 时,应选用石笼防护;或者就地取材,用竹笼或梢料防护;必要时采用土工织物软体沉排护坡。在峡谷急流、水流冲刷严重的地段,常常需要设置浸水挡土墙。

抛石防护,类似在坡脚处设置护脚,亦称抛石垛,如图 5-19 所示。抛石不受气候条件限制,路基沉实以前均可施工,季节性浸水或长期浸水均可用。抛石垛的边坡坡度,不应陡于抛石浸水后的天然休止角。抛石的关键是石料粒径的选择,应视水深与流速而定,一般为 15~50cm;流速越大,所选石料粒径应越大。

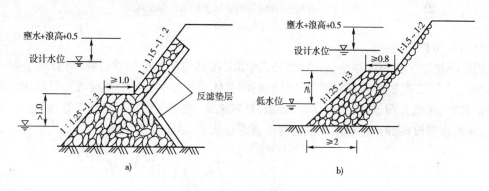

图 5-19 抛石防护示意图(单位:m)
a)新堤石垛;b)旧堤石垛

石笼防护是用铁丝编织成框架,内填石料,设在坡脚处,以防急流和大风浪破坏路堤或堤岸,也可用来加固河床、防止淘刷的防护方法。铁丝框架可以是箱形、圆形、扁形或柱形,如图 5-20 所示。笼内填石的粒径,一般为 5~20cm,不宜小于 4.0cm;外层应用棱角突出的大石块,内层可用较小石料填充。石笼在坡脚处用于防止冲刷淘底时,应平铺并与坡脚线垂直,并且在堤岸一端固定,另一端不必固定,淘刷后可以向下沉落贴于底面[图 5-21a)];用于防止堤岸边坡冲刷时,则垒码平铺成梯形[图 5-21b)]。单个石笼的大小,以不被流速较快的水流冲动为宜。

梢料防护是将树枝和芦柴等去除细枝和叶絮,扎成柴束,其上用直径 8~10cm 木杆横向压紧,再用直径 6~10cm 木桩固定于边坡上。土工织物软体沉排是在土工织物上压以块石或预制混凝土块体,一般适用于水下工程及预计可能发生冲刷的河床和路堤坡面上,主要有单片垫和双片垫两种形式。

浸水挡土墙抵抗水流作用的能力较强,容许流速可达 5~8m/s(甚至 8m/s 以上),可同时承受路基侧向土压力作用。其稳定性验算详见第八章。同样是墙形的圬工砌体,如果不受或少受路基侧向土压力,亦可称之为驳坎。

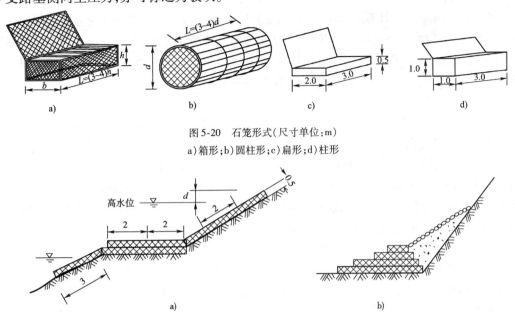

图 5-20 石笼形式(尺寸单位:m)
a)箱形;b)圆柱形;c)扁形;d)柱形

图 5-21 石笼垒码和平铺防护示意图(尺寸单位:m)
a)平铺;b)垒码

2)间接防护措施

用作间接防护措施的导治结构物主要是设坝,按其与河道的相对位置,可分为丁坝、顺坝或格坝。图 5-22 是桥梁附近设置导治结构物的总体布置示例。导治结构物的布置,应综合考虑河道宽窄、水流方向、地质条件、防护要求、材料来源、施工条件和工程经济等,避免河床过度压缩,或因水流改向和水位提高而危及对岸或附近水利、建筑及堤岸等。

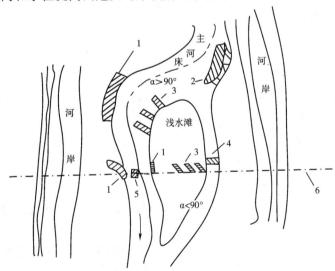

图 5-22 导流结构物综合布置图例
1-顺坝;2-格坝;3-丁坝;4-拦水坝;5-桥墩;6-路中线

顺坝亦称导流坝,大致与堤岸平行,主要作用为导流、束水、调整流水曲度、改善流态。格坝在平面上成网格状,设于顺坝与堤岸之间,防止高水位时水流溢入,冲刷坝内岸坡和坡脚,并促进格间的淤积。丁坝亦称挑水坝,大致与堤岸垂直或斜交,将水流挑离堤岸,束河归槽,改善流态。

导治结构物的布置直接影响间接防护措施的成败。布置恰当能收到预期效果,布置不当反而恶化水流,造成道路水毁。其关键在于合理设计导治线,使之符合预定的河轴线和河岸线要求,并合理选择导治水位,确保导治结构物功效的发挥。导治线与导治水位应依据水流以及河床、地形、地质、水流对上下堤岸的影响等因素,通过综合分析和设计计算确定。

小 结

一般路基设计必须符合相关技术要求,并根据实际工程条件确定各项内容和指标。原地表的正确处理有利于路基稳定,减小路基变形。路基高度既要符合路线几何设计的要求,也要符合路基湿度状况和抗变形能力的要求。路基填料的选择以填挖平衡为原则,在兼顾料源和经济性的基础上,填料性质必须满足相应道路等级和层位的要求,否则须采取处治措施。路基边坡形状应根据填挖形式、边坡高度和边坡岩土体性质等合理选取;边坡坡度以边坡稳定为基础,综合考虑影响路堤边坡和路堑边坡稳定性的各项因素,参照有关规范和当地成功经验相应确定。路基排水是保证路基稳定、提高路基抗变形能力的一项简便、有效而又经济的工程措施;排水系统布设和排水设施设计应当根据道路工程的具体情况,实现拦截、汇集、引导、疏干或宣泄等目的。路基防护是保障路基长期性能和长期稳定、防治路基病害的重要措施;设计中应根据实际工程条件合理选择植物防护或工程防护,并注重两者的结合,尽可能实现与路域环境及道路景观相协调。

习 题

5-1 什么是一般路基?一般路基的设计内容有哪些?
5-2 为什么浸水部分的路堤与冰冻地区的路床不宜直接采用粉质土填筑?
5-3 边坡设计是路堑工程的核心,其设计中应该考虑哪些因素?
5-4 简述路基排水的主要目的和工程意义。
5-5 路基地表排水和地下排水的设施分别有哪些?各自的适用条件是什么?
5-6 路基坡面防护主要有哪些类型?简述其相应的适用条件。

6 路基变形分析与稳定性验算

6.1 路基变形组成与分析方法

路基在工程荷载作用下的变形包括弹性变形（可恢复变形）和塑性变形（永久变形）两大类。路基弹性变形可以由行车荷载作用下的路基路面结构分析进行计算，并通过路面结构和路基回弹模量进行控制。路基永久变形不可恢复，因而会引起路面的附加结构应力，影响路面结构性能。路基永久变形主要由地基沉降变形、路基自身压缩变形和行车荷载引起的累积塑性变形三部分组成。三种永久变形的成因机理不同，分析计算的方法也不同。

6.1.1 地基沉降变形

地基沉降变形的计算内容包括两个方面：一是（最终）总沉降变形量；二是沉降变形的历时过程。地基沉降变形的历时特征可参考《土质学与土力学》等相关教材，按固结理论（如太沙基一维固结理论）进行分析。关于地基总沉降变形的计算，应用最为广泛的是分层总和法；另外，还可以考虑不同变形阶段进行沉降计算。两种方法简述如下：

1) 分层总和法

分层总和法假定地基土为一线弹性体，在外荷载作用下的变形只发生在有限深度范围内（该深度范围的土层称为压缩层）。将压缩层厚度内的地基土分层，分别求出各分层的自重应力和附加应力，然后利用土的应力—应变关系求出各分层的变形量，通过各分层变形量的求和即可得到地基的总沉降量。

首先，计算各分层的平均自重应力 p_{i1}、平均自重应力和平均附加应力之和 p_{i2}；根据该土层的 e-p 曲线，分别查出与 p_{i1}、p_{i2} 对应的孔隙比 e_{1i}、e_{2i}；由式(6-1)计算该分层的压缩变形量 ΔS_i：

$$\Delta S_i = \frac{e_{1i} - e_{2i}}{1 + e_{1i}} h_i \tag{6-1}$$

式中：h_i——第 i 分层的厚度。

最后，将压缩层厚度范围内各分层的压缩变形量求和，得到地基的最终总沉降量 S：

$$S = \sum_{i=1}^{n} \Delta S_i = \sum_{i=1}^{n} \frac{e_{1i} - e_{2i}}{1 + e_{1i}} h_i \tag{6-2}$$

关于地基压缩层厚度（即沉降计算深度），一般以附加应力与自重应力之比为 0.1~0.2 的深度为限值；对于软土等高压缩性土，通常取 0.1。

2) 考虑不同变形阶段的计算方法

该方法假定，地基土在外荷载作用下的沉降变形经历三个阶段，分别形成三种沉降变形，包括瞬时变形 S_d、（主）固结变形 S_c 和次固结变形 S_s，如图 6-1 所示。地基的总沉降量 S 可表述为：

$$S = S_d + S_c + S_s \tag{6-3}$$

瞬时变形是在施加荷载后瞬时(或很短时间内)发生的。在加载瞬间,土中孔隙水来不及排除,尤其对饱和黏质土而言,孔隙体积没有变化,即土不产生体积变化。因此,瞬时变形本质上是在没有体积变形的条件下产生的,主要是剪应变引起的侧向挤出,即形状变形。大比例尺的室内试验及现场实测表明,可以采用弹性理论公式(6-4)计算瞬时变形 S_d。

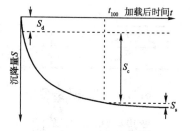

图6-1 地基沉降变形的三个阶段

$$S_d = \frac{pb(1-\mu)}{E}\omega \tag{6-4}$$

式中:p——路堤底面平均压力(kPa);
b——路堤底面宽度(m);
μ——地基土的泊松比,由于该阶段体积变形为零,故可取0.5;
E——地基弹性模量(MPa);
ω——沉降影响系数。

固结沉降变形是在荷载作用下,孔隙水逐渐排出,超静孔隙水压力消散并转化成有效应力,土体逐渐压密而产生的体积压缩变形,可用分层总和法计算。

次固结变形是土中超静孔隙水压力完全消散,土体主固结结束以后发生的变形。一般认为这是在恒定压力作用下,土中的结合水以黏滞流动的形态缓慢移动,造成水膜厚度发生相应变化,使土骨架产生蠕变所致。其变形可由式(6-5)计算。

$$S_s = \sum_{i=1}^{n} \frac{h_i}{1+e_{1i}} C_{\alpha i} \lg \frac{t_2}{t_1} \tag{6-5}$$

式中:$C_{\alpha i}$——第 i 分层土的次固结系数;
t_1——主固结完成的时间(s);
t_2——次固结完成的时间(s)。

实际上,这三种变形并不能截然分开,只是某个阶段以一种沉降变形为主而已。不同的土,三种变形的相对大小及经历时间也不同。例如,干净的粗砂地基沉降可以认为是在荷载施加后瞬间发生的,包括瞬时变形和固结变形,两者很难分开,次固结变形很不明显;而饱和软黏土以(主)固结变形为主,瞬时变形占最终变形总量的比例较小,次固结变形与(主)固结变形相比大多并不重要,但对于有机质含量较高的软黏土,次固结变形则相对可观。

3)沉降系数

一方面,分层总和法计算的沉降变形只是固结变形,而地基沉降变形还包括瞬时变形和次固结变形;另一方面,分层总和法采用弹性理论计算地基竖向应力、利用单向压缩曲线计算变形,均与地基的实际受力与变形状态有出入,而且各计算参数的试验条件和确定方法又显著影响到计算结果。因此,采用分层总和法计算地基总沉降变形时,需要对结果进行合理修正,以更加符合实际。相应的修正系数称为沉降系数,定义如式(6-6),主要通过不同工程对象的沉降实测数据与计算值的对比分析确定。

$$S = m_s S_c \tag{6-6}$$

式中:m_s——沉降系数;
S_c——计算总沉降量(m)。

沉降系数的影响因素诸多,包括荷载的分布、地基土的应力历史、地基处理方法、路基填土速率、地质条件等。其中,地质条件的影响最为显著,经验取值如表6-1所列。

沉降系数 m_s 经验取值   表6-1

压缩模量(MPa)	$E_s \leq 4$	$4 < E_s \leq 7$	$7 < E_s \leq 15$	$15 < E_s \leq 20$	$E_s > 20$
m_s	1.8~1.1	1.1~0.8	0.8~0.4	0.4~0.2	0.2

6.1.2 路堤压缩变形

路堤较高时,在填土自重荷载作用下产生的压缩变形往往不可忽视,而且填料不良、压实度不足、干湿变化频繁等情况会增大路堤的压缩变形量,进而加剧对路面结构的危害。

与地基沉降变形计算仅考虑外荷载产生的附加应力不同,在路堤压缩变形分析中,路基填方既是承重压缩体,又是导致压缩变形的荷载。就上、下两层填方而言,上层填方是荷载,下层填方就是承重压缩体。路基填筑是一个分层逐级加载过程,各分层填土既可能是荷载,也可能是受压层。若不考虑固结和蠕变的影响,即变形在加载瞬间完成,则逐级加载中,下部结构的自重和变形不影响上部结构的变形;如果是一次加载,则任一点的位移都是路堤全部自重荷载作用的结果。因此,压缩变形沿竖向的分布规律,一次加载堤顶最大,而逐级加载则在(1/3~1/2)堤高处最大,如图6-2所示。图6-3为某土坝逐级填筑的实测压缩变形分布规律。

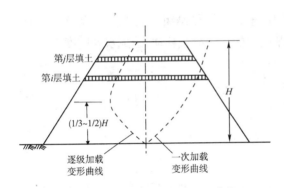

图6-2 一次加载与逐级加载的变形曲线

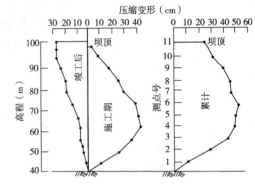

图6-3 某土坝实测压缩变形曲线

实际工程中可根据逐级加载的特点,采用改进的分层总和法来估算路堤某深度处的压缩变形量及堤身总压缩变形量,如式(6-7)和式(6-8)。

$$S_i = \sum_{j=i}^{m} \Delta S_{ij} = \sum_{j=i}^{m} \frac{\Delta \sigma_{ij}}{E_{sij}} h_i \quad (6-7)$$

$$S = \sum_{i=1}^{m} S_i \quad (6-8)$$

式中:S_i——第 i 层填土的总压缩变形量;

S——堤身总压缩变形量;

ΔS_{ij}——第 j 层填土作用下第 i 层填土发生的压缩变形量;

$\Delta \sigma_{ij}$——第 j 层填土在第 i 层填土中产生的应力增量;

E_{sij}——填筑到第 j 层时,i 层土中的压缩模量;

h_i——第 i 层填土的厚度。

采用该方法进行变形分析时,需要确定上覆填土在下卧土层中产生的应力增量,以及在此应力级位下的土体压缩模量,由此又引出诸多假设和简化方法。

实际上,施工期间完成的路堤压缩变形并不影响路面性能,因此路基工程更为关心的是工后压缩变形。但对于非饱和填土路基,尤其是粗粒土和巨粒土路基,至今尚无较为成熟的理论方法计算路堤工后压缩变形。相对可行的是基于工程类比的经验预估法,即通过对已有同类工程实测数据的分析,回归建立路堤工后压缩变形与填土高度,或者与填土高度和变形模量的关系式,并由此预估新建路基的工后压缩变形。

6.1.3 累积塑性变形

路基是一种非线性弹塑性体,在行车荷载反复作用下,其回弹变形在卸载后可以恢复,而塑性变形则残留下来并不断累积。塑性变形的累积最终会导致如图6-4所示的两种不同结果:一种是路基土被逐渐压密,土颗粒之间进一步靠拢,每一次加载产生的塑性变形增量越来越小,直至稳定;另一种则是随着加载次数的增加,土体产生剪切变形,并逐步发展形成整体剪切破坏。

行车荷载作用下路基的累积塑性变形主要取决于土的性质(类型)和状态(湿度、密实度及结构状态)、重复荷载应力水平的大小,以及荷载的持续时间和频率等。通常以应力比[式(6-9)]来综合反映应力水平和土体性质的影响。当路基荷载应力比超过某一临界值时,即可能出现过量塑性变形甚至引起剪切破坏。

$$r_c = \sigma_d / q_u \tag{6-9}$$

式中:r_c——应力比;

σ_d——行车荷载在路基中产生的动偏应力(kPa),$\sigma_d = \sigma_1 - \sigma_3$;

q_u——路基土的无侧限抗压强度(kPa)。

通常情况下,行车荷载通过路面结构充分扩散后,在良好的压实路基内产生的累积塑性变形可不予考虑。许多国家正是通过控制路基顶面竖向压应变来控制塑性变形的累积。但是,当路基压实不充分,或者含水率过高时,行车荷载产生的累积塑性变形将不可忽略,如图6-5。另外,湿软地基上的低路基,行车荷载可能传递至下卧湿软土层,并产生显著的累积塑性变形。

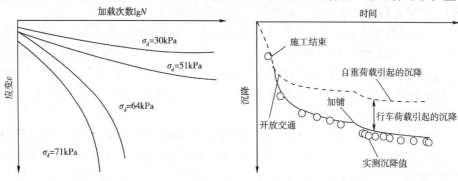

图6-4 累积塑性变形的发展趋势　　图6-5 行车荷载对地基沉降变形的影响

路基累积塑性变形的实用计算方法是建立塑性应变与荷载作用次数的关系,再根据路基应力水平的分析,采用分层总和法进行计算。

塑性应变与荷载作用次数之间的关系以经验公式为主。其中,Monismith提出的动力方程采用简单指数模型拟合软黏土的塑性应变与荷载循环次数的关系,应用最为广泛,如式(6-10)。为了克服其参数物理意义不够明确、取值范围较大的缺陷,Li和Selig提出了参数A的计算方法[式(6-11)],并总结了不同土质参数a、m、b的取值范围,如表6-2。Chai和Miura在分析荷载对地基沉降影响时,进一步考虑初始静偏应力的影响,改进提出了累积塑性应变计算公式[式(6-12)],更适合于自然沉积黏质土地基的累积塑性变形分析。

$$\varepsilon_p = AN^b \tag{6-10}$$

$$A = a\left(\frac{q_d}{q_f}\right)^m \tag{6-11}$$

$$\varepsilon_p = a\left(\frac{q_d}{q_f}\right)^m\left(1 + \frac{q_s}{q_f}\right)^n N^b \tag{6-12}$$

式中：ε_p——累积塑性应变(%)；

　　　N——荷载作用次数；

　　　A、b——材料参数，综合反映了土的应力状态、土的物理状态和土的类型等因素的影响；

　　　a、m——材料参数；

　　　q_d——行车荷载引起的动偏应力(kPa)；

　　　q_f——静力破坏偏应力(kPa)；

　　　q_s——初始静偏应力(kPa)。

式(6-10)、式(6-11)预估参数取值表　　　　表6-2

土质类型	a	b	m
CH	1.2	0.18	2.4
CL	1.1	0.16	2.0
MH	0.84	0.13	2.0
ML	0.64	0.10	1.7

6.2 路基稳定性分析基本方法

对于深路堑、高路堤、沿河路堤、软土地基和陡斜坡地基上的路堤等可能存在稳定性问题的特殊路基，必须进行稳定性分析。路基稳定性分析的重点是边坡的滑动稳定。

路基稳定性分析的方法众多，大致可分为两大类：力学分析法和工程地质(类比)法。工程地质法主要以长期的生产积累和大量的资料调查为基础，根据所要设计路基的岩土体条件及其所处状态，将影响路基稳定的关键因素作类比，参照条件类似的既有稳定路基，分析确定路基设计高度和边坡坡度。力学分析法主要包括以极限平衡理论为基础的条分法和以弹(塑)性理论为基础的数值分析法。

条分法由瑞典人 Petterson 在1916年提出，20世纪30~40年代经过 Fellenius 和 Taylor 等人的不断改进，至1954年 Janbu 提出了普遍条分法的基本原理，1955年 Bishop 明确了土坡稳定安全系数，使该方法成为工程界目前仍在普遍采用的方法。但是，由于条分法所基于的极限平衡理论无法考虑路基土自身的应力—应变关系和实际工作状态，所以在路基边坡稳定性分析中，不能等效滑动体的应力分布和变形，所得到的土条之间的内力和土条底部的反力也均不能代表边坡在实际工作状态下的真实内力和反力。工程界是用一种极限塑性平衡状态来近似模拟路基实际的极限状态，需要结合长期积累的计算经验和工程经验，对路基的稳定性作出合理的评价和设计。极限平衡法仍然是路基稳定性分析最为经典的方法。

为了克服极限平衡法的不足，人们提出了以有限元法为代表的各种数值分析法。有限元法是将路基边坡离散成有限个单元体，或者说是用有限个单元体所构成的离散化结构代替原来的连续体结构，通过计算各单元体的应力和变形来分析整个路基边坡的稳定。与极限平衡法不同，有限元法等数值分析法是以岩土体本构关系(弹性的、弹塑性的，或者黏弹塑性的)为基础,需要同时考虑单元体力的平衡、变形协调和破坏准则。数值分析法在明确路基边坡整体稳定性的同时,还可以得到坡体的应力场和位移场。由于路基岩土体应力-应变本构关系的复杂性和边界条件的多样性,路基稳定性的数值分析相当复杂。随着计算机的普及和计算能力的增强,使得复杂而精细的计算已不再是数值分析的障碍。而数值分析的可靠性和精准度主要取决于对各项分析条件的把握和各岩土参数的精度。

6.2.1 极限塑性平衡

路基出现坍塌、滑坡或滑移等失稳现象,常常表现为岩土体失去力学平衡而沿某一破坏面的剪切滑动,比较符合极限塑性平衡的概念。即假设一破坏面(滑动面),并将破坏面上的岩土体看作本身无变形的刚塑性体,当沿此破坏面的剪应力 τ 达到其所能提供的抗剪强度时,岩土体处于极限塑性平衡状态。可用式(6-13)表示。

$$\tau = \frac{S}{F_s} \tag{6-13}$$

式中:S——抗剪强度;

F_s——安全系数。

按 Mohr-Coulumb 理论,抗剪强度 S 可表示为

$$S = c + \sigma_n \tan\varphi \tag{6-14}$$

式中:c——黏聚力;

φ——内摩阻角;

σ_n——法向应力。

上述极限塑性平衡问题可以用静力学理论求解。例如,图 6-6 所示为最简单的平面破坏问题。填土自重为 W,沿斜面下滑。假设下滑面为一平面,作用在下滑面上的法向力为 N,可提供的抗剪强度为 T。按式(6-13)和式(6-14)的定义,T 可用下式表示:

$$T = \frac{C + N\tan\varphi}{F_s} \tag{6-15}$$

式中:C——总黏聚力,为单位黏聚力 c 同下滑面面积的乘积。

式(6-15)有三个未知量:安全系数 F_s、法向力 N 的大小和作用点。按静力学可建立三个平衡方程:法向力之和为零、切向力之和为零,以及对任一点的弯矩之和为零。利用此三个方程,可以求解三个未知量,是一个静定问题。

然而,除了上述最简单的情况外,绝大多数路基稳定问题是超静定的。例如,图 6-7 所示是有两个破坏面的填土下滑问题。它有五个未知量:安全系数 F_s,法向力 N_1 的大小和作用点,法向力 N_2 的大小和作用点;但只能建立三个平衡方程。

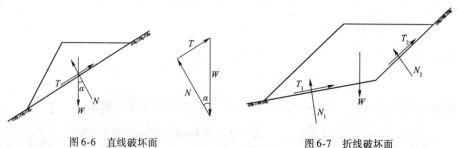

图 6-6　直线破坏面　　　　　　　　图 6-7　折线破坏面

图 6-8a)所示为一任意破坏面。按条分法的思路,将破坏面上的土体划分为 n 个土条。

任取第 i 土条为自由体,则作用于此土条上的力如图 6-8b)所示。对于 n 个土条可列出 $3n$ 个平衡方程;而未知量分别为安全系数 F_s(1 个)、作用在土条底面的法向力 N(n 个)、作用在土条侧面的切向力 V($n-1$ 个)、作用在土条侧面的法向力 E($n-1$ 个)及其作用点的竖向位置 h($n-1$ 个),总计 $(4n-2)$ 个。因此,属于 $(n-2)$ 次超静定。

为了能够求解这类超静定问题,需要对作用在土条界面上的力作出某些假设。不同的假设,引出了不同的条分法。

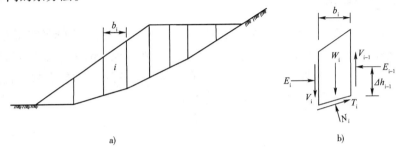

图 6-8 条分法

6.2.2 Fellenius 法

该法是由瑞典工程师 Fellenius 首先提出的方法。假设破坏面为圆弧,将圆弧上的滑动土体划分为 n 个竖向土条,不考虑作用在土条两侧的力,如图 6-9 所示。

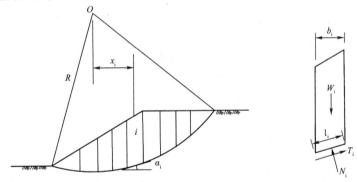

图 6-9 Fellenius 法

由土体总的力矩平衡条件,也即各土条对圆心 O 点的力矩之和等于零,可得到:

$$\sum_{i=1}^{n} T_i R = \sum_{i=1}^{n} W_i X_i \tag{6-16}$$

式中:W_i——i 土条的自重;

X_i——W_i 对圆心的力臂,$X_i = R\sin\alpha_i$;

R——圆弧半径;

T_i——可提供的剪切强度。

由式(6-15)可知:

$$T_i = \frac{c_i l_i + N_i \tan\varphi}{F_s} \tag{6-17}$$

将式(6-17)代入式(6-16),可得到土体沿破坏面下滑的安全系数为:

$$F_s = \frac{\sum_{i}^{n} (c_i l_i + N_i \tan\varphi)}{\sum_{i} W_i \sin\alpha_i} \tag{6-18}$$

由法向力平衡条件可得到：

$$N_i = W_i \cos\alpha_i \quad (6-19)$$

代入式(6-18)，则可得到安全系数 F_s 为：

$$F_s = \frac{\sum_{i=1}^{n}(c_i l_i + W_i \cos\alpha_i \tan\varphi)}{\sum_{i=1}^{n} W_i \sin\alpha_i} \quad (6-20)$$

此方法由于没有考虑土条间作用力的影响，所得到的安全系数 F_s 偏小(偏于保守)，计算的误差为10%~20%。但此方法计算简单，故得到广泛应用。

6.2.3 简化 Bishop 法

英国的 Bishop 将土条间的作用力简化为水平推力 E_i，但忽略其作用点的位置和竖向剪力(摩擦力)V_i 的影响。于是，作用在 i 土条上的力如图6-10所示。

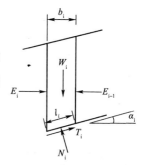

图6-10 简化 Bishop 法

由竖向力平衡条件，可得：

$$N_i \cos\alpha_i + T_i \sin\alpha_i - W_i = 0 \quad (6-21)$$

将式(6-17)代入式(6-21)，可得：

$$N_i = \frac{W_i - (c_i l_i \sin\alpha_i)/F_s}{\cos\alpha_i + (\sin\alpha_i \tan\varphi)/F_s} = \frac{W_i - (c_i l_i \sin\alpha_i)/F_s}{m_i} \quad (6-22)$$

式中：$m_i = \cos\alpha_i + (\sin\alpha_i \tan\varphi)/F_s$。

将上式代入式(6-18)，可得到土体沿破坏面下滑的安全系数 F_s 为：

$$F_s = \frac{\sum_{i=1}^{n}\left(\frac{c_i l_i \cos\alpha_i + W_i \tan\varphi}{m_i}\right)}{\sum_{i=1}^{n} W_i \sin\alpha_i} \quad (6-23)$$

由于式(6-23)等式左右均包含安全系数 F_s，所以需要采用迭代法求解。一般情况下，迭代时收敛较快。简化 Bishop 法所得到的安全系数比 Fellenius 法的结果略大，其误差一般在2%~7%。

例6-1 现有一高路堤，见图6-11，顶宽8.5m，高20m，路堤上部8m内的边坡坡率为1:1.5，下部12m内的边坡坡率为1:1.75。填料的密度 $\gamma = 18.7 \text{kN/m}^3$，黏聚力 $c = 38.5 \text{kPa}$，内摩擦角 $\varphi = 15°$。车辆荷载的换算土柱高为0.82m。要求的安全系数为1.35，请验算该路堤的稳定性。

解：

(1) 按 Fellenius 法

对于以 O_1 点为圆心的圆弧滑动面，按式(6-20)进行稳定性分析的计算过程列于表6-3。分析结果为：

$$F_{s1} = (2\,103.04 + 1\,642.05)/2\,949.84 = 1.27$$

在 O_1 点附近另找5个圆弧滑动面的圆心位置。按上述相同方法分别计算得到各个滑动面的安全系数 $F_{s2} = 1.57, F_{s3} = 1.46, F_{s4} = 1.55, F_{s5} = 1.60, F_{s6} = 1.68$。比较6个圆心对应滑动面的安全系数，$O_1$ 点的为最小，故取它作为该边坡的稳定安全系数。$F_{s1} = 1.27 < 1.35$，故该路堤边坡是不稳定的。

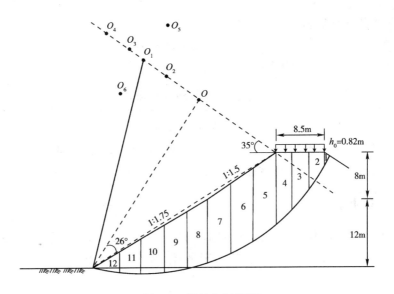

图 6-11 圆弧法求解示图

按 Fellenius 法验算边坡稳定性　　　　　　　　　　　　表 6-3

土条号	土条宽 b_i(m)	土条高 h_i(m)	土条重力 W_i(kN)	x_i (m)	$\sin\alpha_i$	$W_i\sin\alpha_i$ (kN)	$W_i\cos\alpha_i$ (kN)	$W_i\cos\alpha_i\tan\varphi$ (kN)	$c_i l_i$ (kN)
1	1.33	1.61	40.04	35.75	0.948	37.94	12.80	3.43	160.17
2	3	5.83	327.06	32.75	0.868	283.89	162.40	43.52	232.61
3	3	9.31	522.01	29.75	0.788	411.60	321.06	86.03	187.79
4	3	12.34	691.99	26.75	0.709	490.61	488.01	130.76	163.78
5	4	12.93	967.16	22.75	0.603	583.17	771.57	206.74	193.04
6	4	12.73	951.83	18.75	0.497	473.01	825.98	221.32	177.46
7	4	11.90	889.75	14.75	0.391	347.83	818.94	219.43	167.32
8	4	10.73	802.23	10.75	0.285	228.57	768.98	206.05	160.66
9	4	9.27	693.40	6.75	0.179	124.05	682.21	182.80	156.53
10	4	7.38	551.65	2.75	0.073	40.21	550.18	147.42	154.41
11	4	5.05	377.74	-1.25	-0.033	-12.51	377.53	101.16	154.08
12	5	3.78	353.43	-6.25	-0.166	-58.55	348.55	93.39	195.20
Σ						2 949.84		1 642.05	2 103.04

（2）按简化 Bishop 法

由上述分析可知，O_1 点为最危险滑动圆弧的圆心位置。以 O_1 点为圆心，按简化 Bishop 方法分析该点的安全系数。先假设 $F_{s1}=1.32$，由式（6-23）进行稳定性分析的计算过程列于表 6-4，得 $F_{s1}=1.330$；再假设 $F_{s1}=1.33$，由式（6-23）算得 $F_{s1}=1.331$，两者基本相符。故 O_1 点的安全系数为 1.33，小于 1.35，边坡不稳定。同 Fellenius 法的分析结果（$F_{s1}=1.27$）相比，简化 Bishop 法的安全系数分析结果略大。

按简化 Bishop 验算边坡稳定性　　　　表 6-4

土条号	$W_i\sin\alpha_i$ (kN)	$c_i l_i\cos\alpha_i$	$W_i\tan\varphi$ (kN)	m_i $K=1.18$	m_i $K=1.19$	$(c_i l_i\cos\alpha_i + W_i\tan\varphi)/m_i$ $K=1.18$	$(c_i l_i\cos\alpha_i + W_i\tan\varphi)/m_i$ $K=1.19$
1	37.94	51.205	10.73	0.512 0	0.510 6	120.96	121.30
2	283.89	115.5	87.64	0.672 7	0.671 4	301.95	302.55
3	411.60	115.5	139.87	0.775 1	0.773 9	329.47	329.98
4	490.61	115.5	185.42	0.849 1	0.848 1	354.38	354.83
5	583.17	154	259.15	0.920 2	0.919 2	449.00	449.45
6	473.01	154	255.04	0.968 7	0.967 9	422.28	422.61
7	347.83	154	238.41	0.999 8	0.999 2	392.50	392.73
8	228.57	154	214.96	1.016 4	1.016 0	363.01	363.16
9	124.05	154	185.79	1.020 2	1.019 9	333.07	333.16
10	40.21	154	147.81	1.012 1	1.012 0	298.20	298.23
11	-12.51	154	101.22	0.992 7	0.992 8	257.09	257.07
12	-58.55	192.5	94.70	0.952 6	0.952 8	301.51	301.43
Σ	2 949.84					3 923.40	3 926.50

6.2.4　Janbu 条分法

在实际工程中常常会遇到非圆弧滑动面的路基稳定问题。如路基下存在软弱夹层、路基填筑在陡斜坡上或位于倾斜岩层上，滑动面受这些夹层、斜坡或硬斜岩层的影响而呈非圆弧、非规整的形状。对于这类路基，按圆弧滑动面分析其稳定性是不合适的。Janbu 条分法就是由 Janbu 提出的非圆弧普遍条分法。

如图 6-12a) 所示，其滑动面为 $ABCD$。将滑动土体分成若干竖向土条，其中任一土条 i 上的作用力如图 6-12b) 所示。分析可知，其受力情况也是超静定问题。为此，Janbu 在求解时给出了两个假定条件：第一个假定与 Bishop 法相同，认为滑动面上的切向力 T_i 达到滑动面上土体所能发挥的抗剪强度 τ_{fi}，即 $T_i = \tau_{fi} l_i = (N_i\tan\varphi_i + c_i l_i)/F_s$；第二个假定是给出了土条两侧法向力 E 的作用点位置。分析表明，E 的作用点位置对稳定安全系数的影响较小，因而通常可以假定其作用在土条底面以上 1/3 高度处。

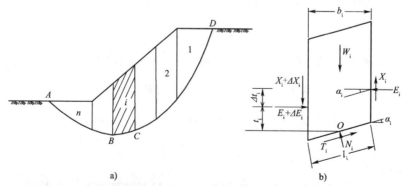

图 6-12　Janbu 非圆弧滑动面计算图

根据图 6-12a) 所示土条 i 在竖向及水平向的静力平衡条件，求得土条的水平法向力增量 ΔE_i 的表达式，然后由 $\sum E_i = 0$ 推导得稳定安全系数 F 的表达式。

由 $\sum F_y = 0$ 得：

$$W_i + (X_i + \Delta X_i) - X_i - N_i\cos\alpha_i - T_i\sin\alpha_i = 0$$

$$N_i = \frac{(W_i + \Delta X_i)}{\cos\alpha_i} - T_i\tan\alpha_i \tag{6-24}$$

由 $\sum F_x = 0$ 得：

$$E_i - (E_i + \Delta E_i) + N_i\sin\alpha_i - T_i\cos\alpha_i = 0$$

$$\Delta E_i = N_i\sin\alpha_i - T_i\cos\alpha_i \tag{6-25}$$

式中符号意义如图6-12b)所示。

将式(6-24)代入式(6-25)得：

$$\Delta E_i = (W_i + \Delta X_i)\tan\alpha_i - T_i\sec\alpha_i \tag{6-26}$$

根据 Janbu 的第一个假设条件知，

$$T_i = \frac{1}{F_s}(N_i\tan\varphi_i + c_i l_i) \tag{6-27}$$

联解公式(6-24)及式(6-27)，得：

$$T_i = \frac{1}{F_s}[(W_i + \Delta X_i)\tan\varphi_i + c_i b_i]\frac{1}{m_{\alpha i}\cos\alpha_i} \tag{6-28}$$

式中：$m_{\alpha i} = \cos\alpha_i + \frac{1}{F_s}\tan\varphi_i\sin\alpha_i$；

b_i——土条 i 的宽度，$b_i = l_i\cos\alpha_i$。

将式(6-28)代入式(6-26)得：

$$\Delta E_i = (W_i + \Delta X_i)\tan\alpha_i - \frac{1}{F_s}[(W_i + \Delta X_i)\tan\varphi_i + c_i b_i]\frac{1}{m_{\alpha i}\cos\alpha_i} = B_i - \frac{A_i}{F_s} \tag{6-29}$$

式中，

$$A_i = [(W_i + \Delta X_i)\tan\varphi_i + c_i b_i]\frac{1}{m_{\alpha i}\cos\alpha_i} \tag{6-30}$$

$$B_i = (W_i + \Delta X_i)\tan\alpha_i \tag{6-31}$$

对整个土坡而言，ΔE_i 均为内力。若滑动土体上无水平外力作用，则 $\sum\Delta E_i = 0$，故

$$\sum\Delta E_i = \sum B_i - \frac{1}{F_s}\sum A_i = 0 \tag{6-32}$$

由此求得土坡稳定安全系数 K 的表达式。

$$F_s = \frac{\sum A_i}{\sum B_i} \tag{6-33}$$

再根据力矩平衡条件求 ΔX_i 值。土条上各作用力对滑动面中点 O 取矩，由 $\sum M_o = 0$ 得：

$$X_i b_i + \frac{1}{2}\Delta X_i b_i + E_i\Delta t_i - \Delta E_i t_i = 0 \tag{6-34}$$

如果土条宽度 b_i 很小，则高级微量 $\Delta X_i b_i$ 可略去，上式可以表达为：

$$X_i = \Delta E_i \frac{t_i}{b_i} - E_i\tan\alpha_i \tag{6-35}$$

式中，E_i 是土条 i 一侧各土条的 ΔE_i 之和，即 $E_i = E_1 + \sum_{i=1}^{i-1}\Delta E_i$，其中 $E_1 = 0$，故得：

$$\Delta X_i = X_{i+1} - X_i \tag{6-36}$$

因此，若已知 ΔE_i 和 E_i 值，即可按式(6-35)及式(6-36)求得 ΔX_i 的值。

式(6-33)是安全系数 F_s 的隐函数(因为 $m_{\alpha i}$ 和 ΔE_i 都是 F_s 的函数),用以求解稳定安全系数时,需用迭代法计算。Janbu 法通常用来校核一些形状比较特殊的滑裂面,故不必假定很多滑裂面。迭代计算虽比较复杂和繁琐,但根据经验,一般 3~4 轮迭代计算即可满足要求。

6.2.5 传递系数法

传递系数法也称不平衡推力法。假设各土条间推力 P_i(即水平力 E_i 和竖向力 V_i 的合力)的作用方向平行于上侧土条滑动面的倾角,如图 6-13 所示。

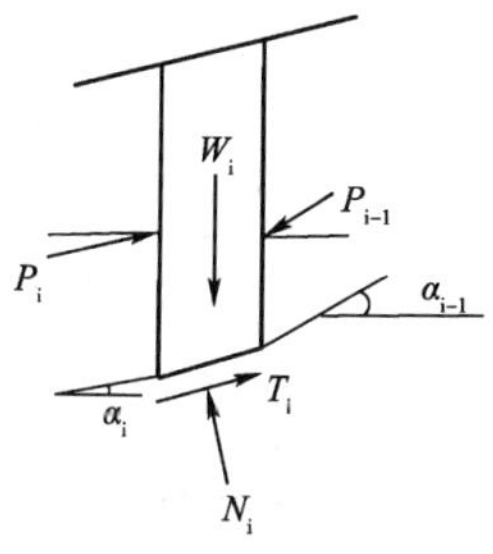

由土条滑动面上切向力平衡条件可得:

$$P_i = W_i\sin\alpha_i + P_{i-1}\cos(\alpha_{i-1} - \alpha_i) - T_i \qquad (6\text{-}37)$$

将式(6-17)代入上式的 T_i,则

$$P_i = W_i\sin\alpha_i + P_{i-1}\cos(\alpha_{i-1} - \alpha_i) - \frac{c_i l_i + N_i\tan\varphi}{F_s} \qquad (6\text{-}38)$$

再由土条滑动面上法向力平衡条件可得:

$$N_i = W_i\cos\alpha_i + P_{i-1}\sin(\alpha_{i-1} - \alpha_i) \qquad (6\text{-}39)$$

图 6-13 传递系数法

将式(6-39)代入式(6-38),则

$$P_i = W_i\sin\alpha_i + P_{i-1}\psi_{i-1} - \frac{1}{F_s}(c_i l_i + W_i\cos\alpha_i\tan\varphi) \qquad (6\text{-}40)$$

式中,

$$\psi_{i-1} = \cos(\alpha_{i-1} - \alpha_i) - \frac{1}{F_s}\sin(\alpha_{i-1} - \alpha_i)\tan\varphi \qquad (6\text{-}41)$$

式(6-40)等号右侧第一项为土条的下滑力,第二项为上侧土条传下来的剩余下滑力,第三项为该土条的抗滑力。由于式(6-40)包含两项未知量,分析时只能采用试算法。即先假设一个 F_s 值,自上侧到下侧逐条计算各土条的剩余下滑力。如果某土条的剩余下滑力为负值,则取作零(也即不计入下一土条的计算中)。若最后一块土条的剩余下滑力 P_n 不等于零,则需重新假设安全系数 F_s,再行计算,直到 $P_n = 0$ 为止。此时的 F_s 值即为所求的安全系数。

传递系数法适用于破坏面为任意形状的情况,如陡斜坡上的路堤、顺层滑动体等。实际应用时,往往不必求算安全系数,而是按规定要求的路基稳定性安全系数值,算出最后一块土条的 P_n。若 $P_n \le 0$,则表示路基稳定;若 $P_n > 0$,则表示路基不稳定,需采取支挡结构等抗滑措施,而 P_n 即为作用在支挡结构物上的推力。

例 6-2 有一陡斜坡路堤如图 6-14 所示。已知填料密度 $\gamma = 18.5\text{kN/m}^3$,内摩擦角 $\varphi = 20°$,黏聚力 c 不计,车辆荷载的换算土柱高为 1.0m,要求的安全系数为 1.30。请验算该路堤的稳定性。

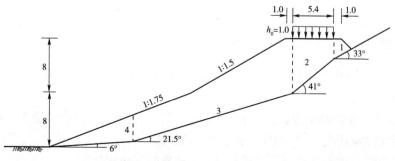

图 6-14 传递系数法求解图示(尺寸单位:m)

解:按路堤边坡和堤底地面的形状,将路堤填料划分为 4 块。按式(6-40)进行分析的计算过程列于表 6-5。由计算结果可知最后一块土条的剩余下滑力 $p_4 = 354.06$ kN。路堤不稳定,须采取措施予以支挡。

按传递系数法验算边坡稳定性　　表 6-5

i	面积 A_i (m²)	$W_i = \gamma A_i$ (kN)	α_i (°)	$\alpha_{i-1} - \alpha_i$ (°)	$W_i \sin\alpha_i$ (kN)	$W_i \cos\alpha_i \tan\varphi/F$ (kN)	$P_{i-1}\cos(\alpha_{i-1}-\alpha_i)$ (kN)	$P_{i-1}\sin(\alpha_{i-1}-\alpha_i)$ $\tan\varphi/F$ (kN)	P_i (kN)
1	5.67	104.90	33	—	57.13	25.62	—	—	31.69
2	30.54+5.4	664.89	41	−8	436.21	146.11	31.38	−1.28	322.76
3	102.36	1 893.66	21.5	19.5	694.03	513.02	304.25	31.37	453.89
4	14.02	259.37	6	15.5	27.11	75.11	437.38	35.32	354.06

上述几种条分法,由于对土条间作用力的假设不同,所得到的分析结果(稳定与否和安全系数值)也有所不同。一般情况下,Fellenius 法因完全忽略了土条之间的作用力,得到的安全系数最小;简化 Bishop 法因考虑了土条间的水平推力,得到的安全系数要大些;传递系数法因同时考虑了土条间的水平力和竖向力,其安全系数值是这几种条分法中最大的。

6.3　路基稳定性验算

路基稳定性分析的对象可以是路堤,包括路堤堤身的稳定性、路堤和地基的整体稳定性、路堤沿斜坡地基或软弱层滑动的稳定性、路基填挖间滑动的稳定性等;也可以是路堑,主要是挖方高边坡。不同的对象,路基稳定性验算的基本方法和参数有所差异,应准确判断,合理选取。

路基稳定性验算的主要步骤包括:

(1)选择若干可能的破坏面形状及位置;

(2)选取合适的路基稳定性分析方法;

(3)对其中一个可能破坏面进行下滑岩土体的条块划分;

(4)选择并确定抗剪强度参数;

(5)分析并计算作用在土条上的各项力;

(6)计算该可能破坏面的安全系数;

(7)分别计算其他可能破坏面的安全系数;

(8)确定安全系数最小者为最危险破坏面,将其安全系数值与要求的安全系数值作比较,以判断路基的稳定性。

6.3.1　可能破坏面的形状和位置确定

路基破坏面的形状主要取决于路堤的填料类型和地基条件、路堑边坡的岩土体特性、破碎程度及结构面状况。

均质黏质土填筑的高路堤,其滑塌破坏面为一曲面,近似为圆弧形滑动面。路堤堤身最危险破坏面圆弧的圆心位于一条辅助线附近,其位置可按 4.5H 法确定(H 为路堤填土高),如图 6-15 所示。首先,与坡面和坡顶分别成 β_1 和 β_2 夹角的直线相交于 O 点;再确定距坡脚 4.5H

远和 H 深的 D 点;联结 O 点和 D 点得辅助线,最危险破坏面的圆心在 DO 线的延线附近。夹角 β_1 和 β_2 与边坡坡度有关,如表6-6。

β_1 和 β_2 数值   表6-6

边坡坡度	1:0.58(60°)	1:1.0(45°)	1:1.5(33°41′)	1:2.0(26°34′)	1:3.0(18°26′)	1:4.0(14°03′)
β_1(°)	29	28	26	25	25	25
β_2(°)	40	37	35	35	35	36

由砂、砾石、碎石等透水性材料填筑的高路堤,边坡滑塌的破坏面形状近似于平面,可以按直线形破坏面验算其边坡稳定性。

软弱地基上的路堤,其破坏面也接近于圆弧。而且,当软土层较薄,深度不大于路堤高度时,其破坏面圆弧的下限常切于软土层底部(亦即下卧硬土层顶部);当软土层较深时,破坏面圆弧的下限常位于 1.0~1.5 倍路堤高度范围内。

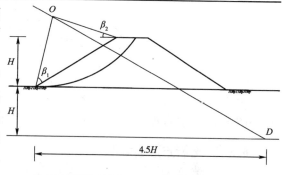

图6-15 寻找最危险破坏面圆心位置的4.5H法

陡斜坡上的路堤除堤身稳定性外,更多的是沿斜坡面滑动。填挖间的滑动也常常沿填挖交界面发生。存在软弱层的路基上边坡或下边坡坡体,或者结构面发育的岩质路堑边坡坡体,一般产生沿软弱层或结构面的滑坡。这几类路基失稳的破坏面位置基本是已知的,破坏面形状大多为直线或折线形。

6.3.2 车辆荷载当量换算

路基承受的荷载包括路基路面自重荷载和车辆荷载。路基稳定性分析中必须考虑车辆荷载的作用。具体方法是将车辆按最不利情况考虑,并将车辆的设计荷载换算成与路基填料相同重度的当量土柱高 h_0。可按下式计算:

$$h_0 = \frac{NQ}{\gamma BL_0} \tag{6-42}$$

式中:N——横向分布的车辆数,即横断面上的车道数;

Q——每辆车的重力(kN),按《公路工程技术标准》(JTG B01—2003)的规定取550kN;

γ——路基填料的重度(kN/m³);

L_0——车辆前后轮轴距(m),12.8m;

B——横断面上最外侧两车道车辆轮胎最外缘之间的总距离(m,按下式计算:

$$B = Nb + (N-1)m + d$$

式中:b——后轮轮距,取1.8m;

m——相邻两辆车后轮的中心间距,取1.3m;

d——轮胎着地宽度,取0.6m。

6.3.3 条块划分与自重计算

条分法竖向划分土条。条块划分的总原则,一是每块土条滑动方向不变;二是每块土条在滑动面上的抗剪强度指标不变,即滑动面在同一个土层(或地层)中。条块划分的方法,首先是将破坏面的折点和土层(或地层)变化处作为条块的界限;然后将形状复杂的条块划分成相对简单的形状,以方便自重计算;最后根据精度要求,酌情内插细划。如图 6-16 所示。

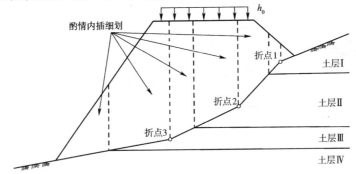

图 6-16 条块划分方法示意

土条自重力的计算应当包括路面荷载和车辆荷载。当土条由多层土层或地层构成时,因各层的重度不同,自重力应分层计算后进行累加。

6.3.4 分析方法选择

路基的稳定性分析,根据潜在破坏面附近岩土体的饱和状态、荷载变化、排水条件,以及稳定性分析期(施工期稳定、运营早期稳定或者长期稳定)的不同,可选择总应力法或有效应力法。

总应力法采用不排水抗剪强度进行稳定性分析,也称作 S_u 分析。根据不排水抗剪强度与破坏时的有效应力无关这一假定,在总应力法分析中的剪切破坏面上,孔隙水压力都取为零;而且由于不排水抗剪强度是按加载前的初始状况确定的,所以不需要确定破坏时的有效应力。不排水抗剪强度通常用于分析路基施工期间或施工末期的稳定性。如果剪切破坏面上的土是饱和的,内摩擦角可以假设为零,称作 $\varphi=0$ 分析;如果是部分饱和或非饱和的,则应进行不排水 c_u 和 φ_u 分析。

有效应力法采用排水抗剪强度进行稳定性分析,也称作 c'、φ' 分析。有效应力法与总应力法的主要区别是前者需要知道孔隙水压力,而后者不需要。排水抗剪强度通常用于分析路基的中、长期稳定性。用有效应力法分析路基的长期稳定时,孔隙水压力按地下水处于平衡状况的条件确定;分析路基运营中期的稳定性时,需要估算孔隙水压力。

道路工程中,在饱和地基上填筑的路堤,最危险的是填筑后期或末期的短期稳定性,应选择总应力法分析。因为这种工况条件下,饱和地基土的孔隙水压力随填土加载而升高,在填筑后期或末期达到最大,地基也最易失稳;而后孔隙水压力逐渐消散,有效应力随时间而增长,路基的稳定性逐步提高。对于挖方边坡,相对危险的是其长期稳定性(施工期间的失稳多为卸荷破坏),宜选用有效应力法分析。因为挖方边坡坡体中的孔隙水压力由于开挖卸载而降低,但随着道路的长期运营,坡体中的孔隙水压力因大气降水、地下渗流的补给而增加,有效应力随之减小,边坡稳定性不断下降。对于部分通过黏土层、部分通过透水层的破坏面,黏土部分的破坏面按 $\varphi=0$ 或 c_u、φ_u 法分析,取孔隙水压力为零;不透水土层部分的破坏面则采用 c'、φ' 法分析,并选取相应的孔隙水压力。

6.3.5 抗剪强度参数

路基稳定性分析的误差主要源于分析方法的选择和强度参数的取值。实际上,因抗剪强度试验条件与工程条件的偏差,以及强度参数取值不当所引起的误差,要比不同分析方法引起的误差大得多。因此,抗剪强度参数的合理取值对于路基稳定性分析至关重要。土的抗剪强度参数可通过原位测试或室内试验确定。

原位测试测定土的抗剪强度可以避免钻孔取土对土的扰动以及卸荷时土样回弹对试验结果的影响,是一种较为有效的勘察手段,应用广泛。原位测试主要有两类,一类可以直接测定土的抗剪强度,如十字板剪切试验;另一类为综合性指标,如静力触探试验和标准贯入试验等,是对抗剪强度参数的间接测定,要通过试验在测定结果与抗剪强度参数之间建立一定的相关关系;再利用所建立的关系,将原位测试结果换算成抗剪强度参数值。这些经验关系通常有一定的适用条件,包括使用的指标范围和适用的地区或土质条件。

室内试验测定土的抗剪强度参数包括直剪试验、三轴压缩试验或者无侧限压缩试验等。直剪试验是最基本的测试方法。由于直剪仪无法做到任意控制土样是否排水的要求,故通过控制剪切速度来近似解决,分为快剪、固结快剪和慢剪三种方法。

三轴压缩试验可用于确定总抗剪强度参数和有效抗剪强度参数。测定非饱和土的抗剪强度参数时,可以用两个试件,一个试件做不排水三轴压缩试验,另一个试件做不排水无侧限压缩试验。依据两个试件的试验结果,绘制摩尔圆和包络线可得到总黏聚力 c_u 和内摩擦角 φ_u。总抗剪强度的特点通常为黏聚力 c_u 大而内摩擦角 φ_u 小。如果试件为完全饱和,则摩尔包络线接近水平,即 φ_u 接近于零。有效抗剪强度参数可通过固结排水试验或者固结不排水试验得到,其特点通常是有效黏聚力 c' 小而有效内摩擦角 φ' 大。

抗剪强度参数应当根据路基的土性、实际所处的状态和控制稳定的时期,选择合适的试验方法进行确定。路堤填土强度参数的试验方法、指标和适用条件如表 6-7;地基土强度参数的室内试验方法一般以固结快剪或三轴固结不排水剪试验为宜。

路堤填土的强度指标及其试验方法 表 6-7

控制稳定的时期	土类	试验方法	采用的强度指标	试样初始状态	备注
施工期	渗透系数小于 10^{-7} cm/s	直剪快剪	c_u、φ_u	填筑含水率和填筑密度。当难以获得填筑含水率和填筑密度,或进行初步稳定分析时,密度采用要求达到的密度,含水率按击实曲线上要求密度对应的较大含水率	用于路堤填筑期间的稳定性分析
施工期	任何渗透系数	三轴不排水剪			
运营期	渗透系数小于 10^{-7} cm/s	直剪固结快剪	c_{cu}、φ_{cu}	同上	用于新建路堤的稳定性分析
运营期	任何渗透系数	三轴固结不排水剪			
运营期	渗透系数小于 10^{-7} cm/s	直剪快剪	c_u、φ_{cu}	同上,但要预先饱和	用于新建边坡的浅层稳定性分析
运营期	任何渗透系数	三轴不排水剪			
运营期	渗透系数小于 10^{-7} cm/s	直剪快剪	c_u、φ_u	取路堤原状土	用于已建路堤的稳定性分析

6.3.6 浸水路堤稳定性分析

浸水路堤除了承受自重和行车荷载作用外,还受到水浮力和渗透动水压力的作用。水的浮力取决于浸水深度,渗透动水压力则因水的落差(坡降)而异。渗透性强的砂类土路堤,动水压力较小;黏质土路堤经人工压实后,透水性差,动水压力亦不大。介于两者之间的土质路堤,如含细粒土砂或中液限细粒土等,浸水时的边坡稳定性较差。由遇水膨胀、易溶或严重风化的岩土填筑的浸水路堤,其稳定性更差。

浸水路堤的边坡稳定性验算,通常亦假设滑动面为圆弧,最危险的滑动面通过坡脚,圆心位置的确定与条分法相似。稳定性计算方法有多种,常用的有假想摩擦角法、悬浮法和条分法等。

1) 假想摩擦角法

假想摩擦角法的基本思路是适当改变填料的内摩擦角,利用非浸水时的常用方法进行浸水时的路堤稳定性计算。该法计算简单,适用于全浸水路堤,可用于粗略估算稳定性。

路堤浸水时,抗剪强度有所降低。式(6-14)的抗剪强度 S 则表示为 S_B,其中很重要的原因是浮力作用下重力减小,Q 降为 Q_B。假设 Q 降为 Q_B 对抗剪强度的影响相当于 φ 减小为 φ_B。于是,如果其他条件不变,浸水后土体总强度有两种数值相等而形式不同的表达,即

$$S_B = Q_B \cdot \tan\varphi + cL = Q \cdot \tan\varphi_B + cL$$

得到

$$\tan\varphi_B = \frac{Q_B}{Q}\tan\varphi = \frac{\gamma_B}{\gamma}\tan\varphi \tag{6-43}$$

以 $\tan\varphi_B$ 代替 $\tan\varphi$ 值,代入式(6-20)即可求得稳定系数。

2) 悬浮法

悬浮法的基本思路是假想用水的浮力作用间接抵消动水压力对边坡的不利影响。即,在计算抗滑力矩中,考虑浮力的影响,抗滑力矩减小;而在计算滑动力矩中,不考虑浮力作用,滑动力矩没有减小。该法亦较粗略,适用于方案比较时的稳定性估算。

根据式(6-20),得到

$$F_s = \frac{\sum_{i=1}^{n}(c_i l_i + W'_i \cos\alpha_i \tan\varphi)}{\sum_{i=1}^{n} W_i \sin\alpha_i} \tag{6-44}$$

式中:W'_i——i 土条的自重减去土条受到的浮力(kN),按下式计算

$$W'_i = W_i - \gamma_w h_{iw} b_i$$

式中:γ_w——水的重度(kN/m³);

h_{iw}——土条浸水部分高度(m),如图6-17所示。

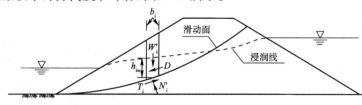

图6-17 浸水路堤稳定性分析

3)条分法

浸水路堤条分法的基本原理和计算步骤与非浸水情况下的条分法相同,但土条按浸润线以下和以上分为浸水与非浸水两部分。浸水部分直接计入浸水后的浮力和动水压力作用,同时考虑土条浸水后抗剪强度的降低。这样显然比上述两种方法更符合实际情况,适用于比较精确的计算。

根据式(6-20),在考虑动水压力后,验算公式可以写为:

$$F_s = \frac{\sum_{i=1}^{n}(c_i l_i + W_i \cos\alpha_i \tan\varphi_i)}{\sum_{i=1}^{n} W_i \sin\alpha_i + D(d/R)} \tag{6-45}$$

式中:c_i——土条 i 的黏聚力(kPa),在浸润线以上取压实后的快剪试验值,浸润线以下取压实后的饱和快剪试验值;

φ_i——土条 i 的内摩阳角(°),在浸润线以上取压实后的快剪试验值,浸润线以下取压实后的饱和快剪试验值;

W_i——土条 i 的自重(kN),计算时土体重度在浸润线以上取天然重度,浸润线以下取浮重度;

d——动水压力的力臂(m);

R——滑动面圆弧半径(m);

D——动水压力(kN),按式(6-46)计算:

$$D = \gamma_w \cdot I \cdot A \tag{6-46}$$

式中:I——渗流的平均水力坡降;

A——浸润线与滑动面之间的土体面积(m²)。

6.3.7 地震力的考虑

地震波分为竖向和水平向两种。通常情况下,竖向地震力对路基稳定性的影响要比水平向地震力小得多,分析中可略去不计。在路基稳定性验算中,一般将地震的水平向动力作用等效为静力的水平地震惯性力 Q,并将其作用于土体(或土条)的重心,按下式计算:

$$Q = C_H K_H W \tag{6-47}$$

式中:W——土体重力(kN);

K_H——水平地震系数;

C_H——综合影响系数,表征结构物的实际地震反应与最大水平地震惯性力作用之间的差异,对一般路基结构取 0.25。

如图6-18,由于各土条的重心作用了水平地震惯性力 Q_i,依据力矩平衡式,可将式(6-20)改写为下述形式:

$$F_s = \frac{\sum_{i=1}^{n}(c_i l_i + W_i \cos\alpha_i \tan\varphi)}{\sum_{i=1}^{n}(W_i \sin\alpha_i + Q_i d_i/R)} \tag{6-48}$$

式中:d_i——i 土条的重心到圆心的力臂。

6.3.8 安全系数

用力学分析法验算路基的稳定性,通常需要设置一个安全系数 F_s,以提高验算的可靠性和安全性。F_s 的设置及要求的大小主要出于两方面的考虑：一方面是所用设计方法对实际的把握程度。因为验算的力学模型和分析条件不太可能与工程实际完全一致，往往存在一些差异，比如破坏面形状和位置的偏差，地下水等自然因素的影响，边界条件的概化，岩土体分层、构造和性质的变异性，取样的代表性，抗剪强度参数测定条件和取值的合理性等。为了考虑这些差异，或者说对实际的把握度所带来的风险，

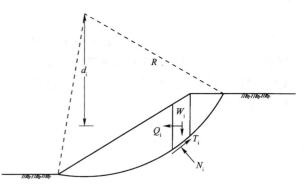

图 6-18 路基稳定性分析中地震力的考虑

要求设置安全系数。另一方面则是可以承担风险的大小，也即后果的严重程度。一般而言，设计失败所造成的后果影响越严重，可以承担的风险越小，要求的安全系数越大。不同情况下填方路基稳定性验算所要求的安全系数如表 6-8。

填方路基稳定安全系数   表 6-8

验算内容	计算方法	地基情况	计算采用的地基平均固结度及强度指标	F_s
填方路基稳定性	简化 Bishop 法		按表 6-8 确定	1.35
填方路基和地基的整体稳定性	简化 Bishop 法	地基土渗透性差、排水条件不好	取 $U=0$，地基土采用直剪固结快剪或三轴固结不排水剪指标，路堤填土按表 6-8 确定	1.20
			按实际固结度，采用直剪固结快剪或三轴固结不排水剪指标，路堤填土按表 6-8 确定	1.40
		地基土渗透性好、排水条件良好	取 $U=1$，采用直剪固结快剪或三轴固结不排水剪指标，路堤填土按表 6-8 确定	1.45
			取 $U=1$，地基土采用快剪指标，路堤填土按表 6-8 确定	1.35
填方路基沿斜坡地基或软弱层滑动的稳定性	传递系数法		采用直剪快剪或三轴不排水剪指标，路堤填土按表 6-8 确定	1.30

6.4 失稳路基的整治措施

设计中可能对路基的工程地质和水文地质条件掌握不够充分，设计计算的方法和参数不能真实反映实际情况，岩土性质和自然因素的考虑与实际相差较大；或者施工中可能方案不够科学，施工措施不当，工艺控制不符合标准；或者路基运营过程中的荷载和自然条件明显超出设计预想。这些因素的存在常常导致路基出现开裂、坍塌、滑移或滑坡等病害。

对于存在稳定隐患或已经失稳的路基，必须进行详细的现场调查，包括地形、地质、水文、气候等自然条件，以及运营荷载条件、边坡变化历史、裂缝、变形和破坏面等情况。必要时应进行现场勘察，以查明现状和历史，分析路基失稳的原因，有针对性地提出失稳路基的整治措施。整治措施主要有减滑（如削坡、减载、排水等）和抗滑（如挡土墙、抗滑桩等）两大类。

6.4.1 削坡或减载

通常情况下，破坏面上部的土体施加下滑力，而破坏面下部的土体提供抗滑力。因此，当

失稳坡体不大时,可直接通过清方、削坡、减除边坡上部荷载等措施加以整治。对路堤边坡失稳的削坡、减载方法主要有三种:直接清方减缓边坡、改为台阶形边坡、削缓边坡上部并将土方填于坡脚,如图6-19所示。

对路堑边坡削坡减载时,不仅不过多地切割坡体下部的支撑部分,而且在可能的情况下,应将削方堆填于边坡下部,以起支撑、抗滑作用,如图6-20所示。

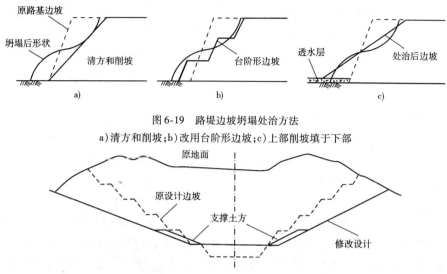

图6-19 路堤边坡坍塌处治方法
a)清方和削坡;b)改用台阶形边坡;c)上部削坡填于下部

图6-20 路堑边坡坍塌处治方案

6.4.2 排水

造成路基失稳的原因众多,而水常常是路基失稳的诱因,有时甚至是路基失稳的直接原因之一。因为水的存在可以增加潜在失稳坡体的重力,减小滑动面上的法向有效应力,削弱滑动面上的抗剪强度指标;有渗流时,水会增加下滑力,可以对坡脚产生浸蚀和潜蚀作用。因此,排水是提高路基稳定性,也是整治失稳路基的重要措施。

大多数路基失稳都与水有关,所以对失稳路基的处治首先应考虑排水,包括地表排水和地下排水。实施中,地表排水应在滑动体后缘的稳定地层上设置环形截水沟,拦截并排除所有进入失稳区的地表径流;对于有明显开裂变形的滑动体,应封填处治失稳区内所有张开的裂缝,并排除失稳区内所有的积水,以免地表水渗入。对于存在地下水危害的情况,应根据滑动面状况和所在区域的地下水特征,设置地下排水系统,选用渗沟、仰斜式排水孔甚至排水隧洞等设施,以拦截和排除地下水,减小或消除其对路基稳定的影响。

6.4.3 支挡结构

对于出现失稳征兆的路基边坡,可以在潜在滑动体下部设置石垛、抗滑挡土墙、抗滑桩预应力锚杆(或锚索)等支挡结构物,以增加抗滑力,提高路基的稳定性。

抗滑挡土墙应设置在滑动体的前缘,有时需要与排水、减载、锚固等措施联合使用。抗滑挡土墙的结构按第八章进行设计和验算,其高度和基础埋深必须防止滑动体从挡土墙顶上滑出或者沿基底以下土层滑移。

抗滑桩应设置在嵌岩段地基强度较高、滑动体厚度较薄的范围,一般以单排布置为主,必要时可与明洞、排桩等措施联合使用。抗滑桩的设计应保证滑动体不越过桩顶、不从桩间滑动,也不会在桩下地层中形成新的滑动面。抗滑桩桩身按受弯构件设计。

预应力锚杆(索)的锚固段必须设置在滑动面以下的稳定地层中,锚固形式通常根据边坡岩土体类型、工程地质与水文地质条件、锚固承载力大小、锚固材料和长度、施工工艺等因素确定。预应力锚杆(索)的坡面结构主要有格子(框架)梁、地梁和单锚墩等形式。格子(框架)梁适用于地下水丰富、风化较严重的岩质边坡、软岩质边坡或土质边坡;对多雨地区,其梁宜做成截流沟形式。地梁主要适用于软硬岩层相间的边坡或土质边坡,而单锚墩一般适用于硬质岩、块状或整体性好的岩质边坡。锚固措施的失效往往是由于水的浸入,导致结构面强度降低、阻滑力减小所造成的。因此,锚固工程的设计和实施必须首先解决排水问题。

小　　结

路基整体稳定、变形小是道路工程的两大基本目标。路基永久变形包括地基沉降变形、路堤压缩变形和累积塑性变形。三种变形的成因机理不同,表现形态不同,对路面结构和驾乘舒适性的影响也不同。路基设计中,应根据实际的工程条件,采用合适的方法,计算分析相应的永久变形,并明确主导变形及其控制指标。以极限平衡理论为基础的各种条分法是路基稳定性分析最为经典的基本方法。不同的条分法对土条间作用力的假设不同,所得到的安全系数有所差异,分析时应根据路基边坡的实际条件正确选择,并合理确定要求的最小安全系数。但相对于分析方法,对分析结果影响更为显著的是抗剪强度参数。虽然分析方法在理论上日趋完善,但分析结果可靠与否,关键还是对破坏面形状和位置的把握以及对抗剪强度参数的准确取值。

习　　题

6-1　试分析"桥头跳车"产生的机理和处治途径。

6-2　在软土地基上修筑零填路基或低路堤,可能出现怎样的工程问题?可以采取哪些处治措施?

6-3　比较分析 Fellenius 法、简化 Bishop 法、Janbu 法的异同。

6-4　从边坡稳定的角度分析路基防排水的重要性。

6-5　对于非滑带或不良地基上的简单岩土边坡工程,是否可以不设支挡结构,仅通过控制边坡高度和坡度的方法来实现稳定?为什么?

6-6　有一土质路堑,高 6.0m,边坡坡率 1:0.7,边坡土的重度 $\gamma = 16.80 \text{kN/m}^3$,黏聚力 $c = 29.5 \text{kPa}$,内摩擦角 $\varphi = 0$,要求的安全系数 $F_s = 1.20$。试采用简化 Bishop 法计算其稳定性。

7 特殊路基设计

7.1 软土地基上的路堤设计

在沿海、滨湖和江河三角洲地区修筑道路,常遇到近代沉积的高含水率和大孔隙的黏质土、粉质土、有机质土或泥炭土等软土层。软土按沉积环境分为河海沉积、湖泊沉积、江滩沉积和沼泽沉积等四类。软土的鉴别指标及其标准不同行业有所差异,通常可参照表7-1进行鉴别。

软土鉴别指标 表7-1

土类	天然含水率(%)	天然孔隙比	直剪内摩擦角(°)	十字板剪切强度(kPa)	压缩系数 $a_{0.1\sim0.2}$ (1/MPa)
黏质土、有机质土	≥35	≥液限	≥1.0	<5	<35	≥0.5
粉质土	≥30		≥0.9	<8		≥0.3

在软土地基上修筑路堤,需要考虑三方面的问题:
(1)软土地基承载能力低,能否保证路堤的稳定性。
(2)软土层压缩性高,固结变形完成时间长,所引起的路堤沉降是否影响路基路面的使用性能和正常运营。
(3)是否需要采取地基处理措施,以提高路堤稳定性,或减少沉降量和不均匀沉降,或加速固结。

对软土地基上的路堤进行沉降分析、稳定性验算,判断是否采取地基处理措施以及选择何种措施时,应当以完整、细致的地质勘察资料和必要的土工试验成果为依据,并重点考虑三方面的设计条件:
(1)地基条件,包括软土层的成因、分布、成层状态、排水条件,以及各土层的土性指标(物理特性、水理特性、强度特性和变形特性)等。
(2)道路条件,包括道路性质和等级、路堤形状和高度、设计车辆荷载、路面结构类型、容许工后沉降,以及要求的最小安全系数等。
(3)施工条件,包括沿线地形和环境、填料来源和性质、工程进度安排、可能的施工设备,以及用地限制等。

7.1.1 极限填土高度与稳定性分析

1)路堤极限填土高度

在天然地基上(即不作软土地基处理),用快速施工方法(即不控制填土速率)修筑路堤而不致其失稳所能达到的最大高度,称为路堤极限填土高度。当路堤的设计高度超过其极限填土高度时,必须进行地基加固处理,或合理控制填土速率,以保证路堤的安全填筑和正常使用。

软土地基上路堤的极限填土高度通常为3~5m。极限填土高度的大小主要取决于地基的特性(包括软土的性质和成层状态、是否存在硬壳层以及硬壳层的厚度和性质等)和填料的工程性质,可按稳定性分析结果确定。在施工条件允许的情况下,也可在现场通过填筑试验确定,这是确定路堤极限填土高度最可靠的方法。

由于极限填土高度大多是软土地基上路堤设计、施工的参考数据,通常可近似假设内摩擦角 $\varphi = 0$,分下列情形进行估算:

(1)均质薄层软土地基上的路堤极限填土高度

软土层较薄时,滑动面圆弧与软土层底面相切,极限填土高度 H_c 可按式(7-1)估算:

$$H_c = N_s \frac{C_k}{\gamma} \tag{7-1}$$

式中:H_c——极限填土高度(m);
　　　C_k——软土的快剪黏聚力(kPa);
　　　γ——填土的重度(kN/m³);
　　　N_s——稳定因数,与边坡坡角 β 和深度因素 n_d(式7-2)有关,可由图7-1查取。

$$n_d = \frac{H + d}{H} \tag{7-2}$$

式中:H——填土高度(m);
　　　d——软土厚度(m)。

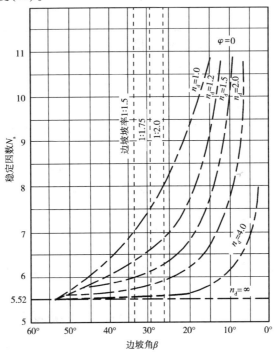

图7-1　稳定因数 N_s

因 n_d 与 H 有关,故需要用试算法。计算时先假设 H 值,计算 n_d,由此和边坡坡角 β 查图7-1得到 N_s,再按式(7-1)算得 H_c,直到计算得到的 H_c 与假设的 H 值相近为止。

(2)均质厚层软土地基上的路堤极限填土高度

软土层很厚(即 n_d 很大)时,滑动面切于软土层中,近似 $N_s = 5.52$,故可按式(7-3)估算 H_c:

$$H_c = 5.52 \frac{C_k}{\gamma} \tag{7-3}$$

由于大多数填土的重度为 17.5～19.5kN/m³，所以可近似取 $H_c = 0.3C_k$。

(3) 非均质软土地基上的路堤极限填土高度

非均质软土地基的土层较为复杂，其路堤极限填土高度需要用圆弧法计算确定，地基强度指标通过快剪试验测定。

(4) 硬壳层对路堤极限填土高度的影响

有的软土地基表层分布有硬壳层，这是因表层饱和土长期排水，或在日照辐射和风力的长期作用下孔隙水逐渐蒸发而固结形成的，所以大多具有结构性，其强度明显高于其下的软土层。当硬壳层厚度大于 1.5m 时，可考虑其应力扩散而提高地基承载力、减小地基沉降的作用。此时，路堤极限填土高度可按式(7-4)估算：

$$H_c = N_s \frac{C_k}{\gamma} + 0.5H_0 \tag{7-4}$$

式中：H_0——硬壳层厚度(m)。

2) 路堤稳定性分析

作为特殊路基，软土地基上的路堤较高时应进行稳定性分析，以确定路堤在填筑过程中和填筑完成后的稳定情况；选取合理的填土速率，设计相应的软土地基处理方案。

软土地基上的路堤稳定性分析通常采用 Fellenius 法，有条件时也可采用简化 Bishop 法或 Janbu 条分法。值得注意的是，软土地基上路堤的稳定性分析应考虑路堤施工过程中软土抗剪强度因固结而增长，以及高灵敏度软土抗剪强度因扰动而降低等情况。常用的方法有固结有效应力法和改进总强度法。

固结有效应力法的原理如图 7-2 所示。滑动力矩可由式(7-5)计算

$$M_s = \sum (T_I + T_{II})R = [\sum_A^B (W_{Ii} + W_{IIi})\sin\alpha_i + \sum_B^C W_{IIi}\sin\alpha_i]R \tag{7-5}$$

式中：M_s——滑动力矩；

W_{Ii}、W_{IIi}——分别为 i 土条在地基部分与填土部分的重力；

α_i——i 土条中心底面与水平面交角；

R——滑动面圆弧半径。

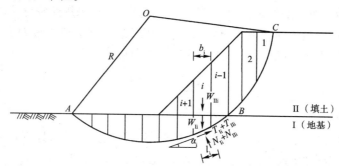

图 7-2 固结有效应力法计算示意图

在路堤荷载作用下，地基达到某一固结度时，其抗剪强度由两部分组成，一部分是未加载前的土层天然强度，另一部分则是路堤荷载作用下固结过程所增加的强度，即：

$$S_{iU} = S_i + \Delta S_i = (c_{qi}^I l_i + W_{Ii}\cos\alpha_i \tan\varphi_{qi}^I) + W_{IIi}\cos\alpha_i U_i \tan\varphi_{cqi} \tag{7-6}$$

式中:S_{iU}——土条 i 所在地基土达到某一固结度 U 时的抗剪强度;
S_i——土条 i 所在地基土的天然抗剪强度;
ΔS_i——土条 i 所在地基土固结过程增加的抗剪强度;
c_{qi}^{I}——土条 i 所在地基土的快剪黏聚力;
$\varphi_{qi}^{\mathrm{I}}$——土条 i 所在地基土的快剪内摩擦角;
U_i——土条 i 所在地基的固结度;
φ_{cqi}——土条 i 所在地基土的固结快剪内摩擦角。

再考虑路堤填土提供的抗滑力矩,总的抗滑力矩即为:

$$M_r = \sum_A^B [(c_{qi}^{\mathrm{I}} l_i + W_{\mathrm{II}i} \cos\alpha_i \tan\varphi_{qi}^{\mathrm{I}}) + W_{\mathrm{III}i} \cos\alpha_i U_i \tan\varphi_{cqi}] R$$
$$+ \sum_B^C (c_{qi}^{\mathrm{II}} l_i + W_{\mathrm{III}i} \cos\alpha_i \tan\varphi_{qi}^{\mathrm{II}}) R \tag{7-7}$$

式中:c_{qi}^{II}——土条 i 所在路基土的快剪黏聚力;
$\varphi_{qi}^{\mathrm{II}}$——土条 i 所在路基土的快剪内摩擦角。

最终得到安全系数 F 为:

$$F = \frac{\sum_A^B [c_{qi}^{\mathrm{I}} l_i + W_{\mathrm{II}i} \cos\alpha_i \tan\varphi_{qi}^{\mathrm{I}} + W_{\mathrm{III}i} \cos\alpha_i U_i \tan\varphi_{cqi}] + \sum_B^C (c_{qi}^{\mathrm{II}} l_i + W_{\mathrm{III}i} \cos\alpha_i \tan\varphi_{qi}^{\mathrm{II}})}{\sum_A^B (W_{\mathrm{II}i} + W_{\mathrm{III}i}) \sin\alpha_i + \sum_B^C W_{\mathrm{III}i} \sin\alpha_i} \tag{7-8}$$

在式(7-6)中,$\tan\varphi_{cqi}$ 表示地基固结过程中,强度随路堤附加有效固结应力增长的速率,因而可以采用固结快剪指标 φ_{cq},由此计算的安全系数考虑了固结作用,但属于瞬时破坏的情况。计算中亦可采用有效抗剪指标 φ',但此时的安全系数考虑了固结且破坏是缓慢发生的(即滑裂时由剪切引起的孔隙水压力能够消散)。用有效抗剪指标比用固结快剪指标得到的安全系数会大一些。

鉴于软土抗剪强度随地基固结而增大,路堤的填筑可分阶段施工。路堤填筑到一定高度,其稳定性安全系数达到预定的下限值后,放置一段时间,使软土地基通过固结而增加其剪切强度,达到能支撑下一阶段填土的重力;而后,进行下一阶段的路堤填筑,当安全系数达到预定下限值后再放置一段时间;重复多次,填到设计高度为止,如图 7-3。分阶段填筑路堤可以更好地保证施工期间软土地基的稳定,也可以提高路堤的稳定高度。

在软土层初始剪切强度太低,不足以保证路堤稳定时,可采用这种分阶段施工方法。但其工期很长,特别是在地基土固结很慢的情况下。同时,这种方法有一最大限度的填土高度,超出此高度,分阶段施工也不能保证路堤的稳定,仍需根据稳定性分析进行地基处理。

7.1.2 变形分析

1)沉降量计算

软土地基在路堤填土荷载作用下的沉降可按第六章的方法进行计算。路堤填土可视为梯形荷载,在软土地基深度 z 处产生的附加应力 Δp 按式(7-9)计算

$$\Delta p = I\gamma H \tag{7-9}$$

式中:γ——填土的重度(kN/m^3);
H——路堤高度(m);
I——影响系数,与路堤断面尺寸 a/z 和 b/z 有关,可由图 7-4 确定。

对各种路堤断面形状和计算点位置计算附加应力时,应用图 7-4 确定影响系数 I 的方法

如图 7-5 所示。

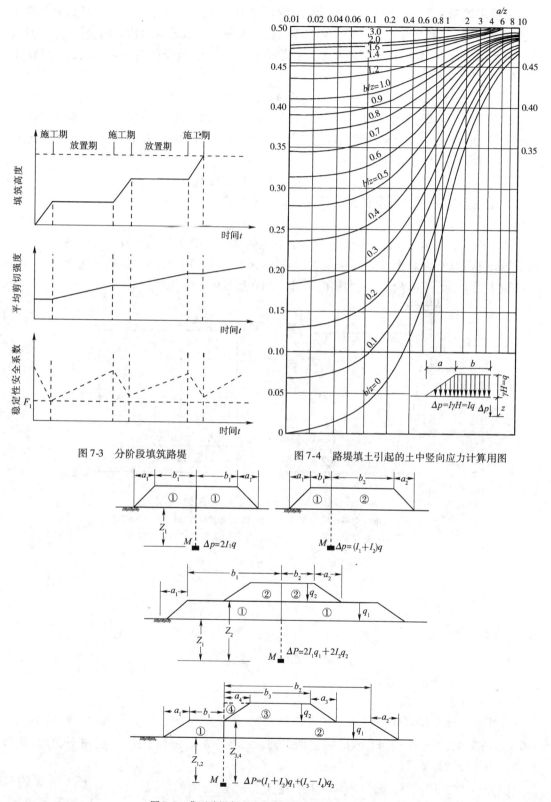

图 7-3 分阶段填筑路堤

图 7-4 路堤填土引起的土中竖向应力计算用图

图 7-5 典型路堤断面形状和计算点位置的 Δp 计算法

2)侧向位移计算

在路堤填筑初期,软土地基尚未固结或刚开始固结,路堤坡脚下的软土层近似处于静止侧向土压力状态,由填土附加应力所引起的侧向位移量不大。根据观测数据的统计,这一阶段坡脚下软土层土体的最大侧向位移量 y_{mr} 与路堤中心线处地基表面的沉降量 S_r 之间存在式(7-10)的线性关系:

$$y_{mr} = (0.18 \pm 0.09)S_r \tag{7-10}$$

在路堤填筑后期,软土地基已处于正常固结和不排水剪切沉降阶段,路堤坡脚下软土层的侧向位移量增长明显。根据观测数据的统计,软土地基中最大侧向位移的增量 Δy_{mu} 与地基表面沉降量的增量 ΔS_u 有以下相关关系:

$$\Delta y_{mu} = (0.91 \pm 0.20)\Delta S_u \tag{7-11}$$

因此,施工期间软土地基的最大侧向位移量 y_m 即为 y_{mr} 与 Δy_{mu} 之和。

$$y_m = y_{mr} + \Delta y_{mu} \tag{7-12}$$

施工期末软土地基土体侧向位移随深度的分布取决于软土层的有效应力状态。如果整个软土层处于正常固结状态,则竖向有效应力都达到先期固结压力,侧向位移随深度的分布如式(7-13)表述。如图 7-6 所示,最大侧向位移出现在层厚的 1/3 深度处。

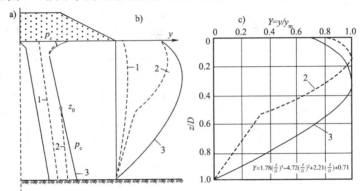

图 7-6 路堤坡脚下软土层侧向位移随深度的分布

a)路堤附加应力随深度分布;b)侧向位移随深度分布;c)Y-Z 分布曲线

1-初期超固结状态;2-部分软土为正常固结状态;3-正常固结状态

$$Y = \frac{y}{y_m} = 1.78Z^3 - 4.72Z^2 + 2.21Z + 0.71$$

$$Z = \frac{z}{D} \tag{7-13}$$

式中:y——z 深度处的侧向位移(cm);

y_m——按式(7-12)计算得到的最大侧向位移量(cm);

z——距地基表面的深度(m);

D——软土层厚度(m)。

如果软土地基仅部分土层处于正常固结状态,则下部超固结部分的侧向位移较小,如图 7-6。这种情况,可先按竖向有效应力达到先期固结压力的深度(图中 z_0 点)进行分界,然后,按两种条件分别计算:

(1)D = 软土层全厚,按式(7-10)计算 $y_m = y_{mr}$;

(2)$D = z_0$,按式(7-11)计算 $y_m = \Delta y_{mu}$。

再由式(7-13)计算得到分布曲线后,叠加可得整个软土层的侧向位移分布曲线,如图7-6c)中的线2所示。

施工结束后地基固结阶段的侧向位移量要比沉降量小得多,且边坡坡度越小,软土层越薄,路堤荷载在边坡坡脚下软土层中产生的剪切应力就越小,侧向位移量也越小。侧向位移随深度分布的规律,在工后阶段变化很小,图7-6中所示曲线仍然适用。

7.1.3 软土地基处理

当软土地基上的路堤稳定性验算不满足要求,或者路堤沉降、不均匀沉降过大,或者沉降速率过小而不满足工期要求时,需对软土地基进行处理。软土地基处理的方法很多,各种方法的工艺和机理不同,处理效果和造价不同,适用的条件和解决的问题也不同。道路工程中,根据所要解决问题的不同,软土地基处理可分为两大类:

(1)基于变形控制的软土地基处理,包括加速固结沉降、减小总沉降量和不均匀沉降等。为加速固结沉降,可采用排水固结法,如堆载预压、超载预压、真空预压、竖向排水(砂井或塑料排水板)和挤密砂桩等。为减小沉降量,可采用换填法和各类复合地基,如挤密砂桩、石灰桩、粉喷桩、水泥搅拌桩和预应力管桩等。

(2)基于稳定控制的软土地基处理,包括控制剪切滑移、阻止强度降低、促进强度增长、增加抗滑阻力等。可以采用换填土、反压护道,以及各类复合地基增加抗滑阻力,控制剪切滑移。各种加速固结沉降、减小沉降量的措施都可以促进软土层强度的增长。慢速或分期填筑路堤可以防止地基(有效)强度的降低,有利于路基稳定。

按机理,软土地基处理可分为浅层处理法、排水固结法、灌入固化法、加筋法、挤密置换法和轻质路堤法等类型。

软土地基处理根据实际条件和实际需要,可以采用一种方法,也可以采用两种或多种方法的组合,以发挥各自的优势,取得更好的处理效果。例如图7-7所示,路堤下为竖向排水井、边坡下采用挤密砂桩法和地表砂垫层的组合处理方法。

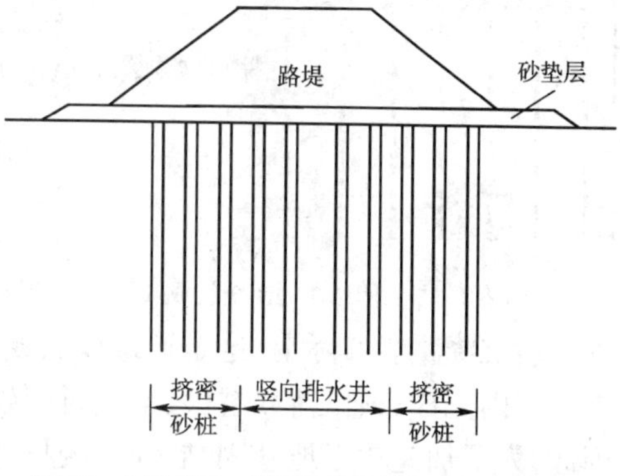

图7-7 竖向排水、挤密砂桩和砂垫层组合处理

1)浅层处理法

浅层处理法包括表层换填(置换)、砂(砾)垫层、浅层稳定和表层排水等方法。

(1)表层换填(置换)

用砂、砾、石等渗水性材料或强度较高的黏质土全部或部分置换软土的方法,称为换填(置换)法。根据软土层的埋置深度和现场施工条件,换填法可以是开挖换填,也可以是强制挤出置换。

开挖换填需要将路堤全宽范围内的软土层挖除,并置换以良好的填料。这种方法适用于软土层埋置较浅(3m以内)、工期紧张的情况。是全部开挖换填还是部分开挖换填,取决于处理后的路基稳定和沉降变形是否满足设计要求。

强制挤出置换一般利用路堤自重将软土从路堤下方向两侧或前方挤出,或者采用爆破挤淤的方法,将软土从路堤下方挤出。前一种方法必然导致路堤两侧和前方的地基隆起,后一种方法必然对周围产生爆破振动,两者对周围环境的影响都很大,因此,在选用前必须对其影响进行评估和判断。

(2) 砂(砾)垫层

在软土地基上铺筑一层 0.5~1.0m 的砂(砾)层,称作砂(砾)垫层。砂(砾)垫层与软土地基之间设置抗拉强度较高的土工合成材料(即路堤基底加筋),或采用土工合成材料包裹砂(砾)垫层时,其厚度可适当减薄。砂(砾)垫层既可作为排水固结法所需的水平向排水体,以排除软土层中的孔隙水;也可作为路堤的基底排水层,以排除路堤内的水分,疏干路堤。同时,砂(砾)垫层常被用于改善软土地基顶面机械化施工的作业条件,或者单独用作浅表薄层软土的地基处理措施。

(3) 反压护道

路堤填筑高度大于极限填土高度时,可在路堤两侧一定宽度范围内填筑一定高度的护道,称为反压护道。这种方法是利用反压护道的填土荷载增加抗滑力矩,以提高路堤的稳定性。反压护道占地多,填料用量大,既不经济,也不环保,一般情况下应慎用。

反压护道的高度通常取路堤高度的 1/3~1/2,并且不得超过由式(7-14)确定的最大高度。反压护道的宽度应根据滑动稳定分析结果确定。

$$H_e = \frac{H_c}{F} \tag{7-14}$$

式中:H_e——反压护道最大高度(m);

H_c——路堤极限填土高度(m);

F——安全系数。

2) 排水固结法

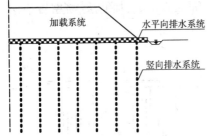

图 7-8 排水固结法的系统组成

排水固结法由加载系统和排水系统(竖向与水平向排水系统)组成,如图 7-8 所示。加载系统主要有堆载预压、超载预压、真空预压等;水平向排水系统通常是砂垫层或砂砾垫层;竖向排水系统主要有砂井(普通砂井或袋装砂井)、塑料排水板、轻型井点、排水深井等。

(1) 堆载预压法

堆载预压是在软土地基上预先填筑路堤或堆填其他荷载,促使地基固结、变形,从而提高地基承载力,减小路堤工后沉降量。实际上,这是通过预加载的方式,尽可能使路堤荷载作用下的地基沉降能够在施工期内完成;预压荷载越大,堆载时间越长,地基固结越快,预压期内完成的沉降量就越大。因此,为了加速软土地基固结沉降,较早地完成路堤荷载作用下的沉降量,从而减少铺面修筑后的工后沉降量,往往需要预压荷载超过设计的路堤荷载,即超载预压。

超载预压的原理如图 7-9 所示。在设计路堤荷载作用下,软土地基的沉降曲线为 $S_1(t)$;在超载作用下,软土地基的沉降曲线为 $S_2(t)$。到卸除超载部分的填土时(时间为 t_1),超载完成的沉降量要比设计路堤荷载完成的沉降量大 $\Delta S_{d1}[=S_2(t_1)-S_1(t_1)]$。铺筑铺面时(时间近似为 t_1),其沉降曲线因卸载而转为 $S'_1(t>t_1)$[如忽略卸载时的膨胀,则 $S'_1(t_1)=S_2(t_1)$]。于是,铺筑铺面后的工后沉降量将由 ΔS_{d1} 降为 ΔS_{d2}。

超载预压的主要目的是将工后沉降量控制在容许范围内。因此,实际应用中需要按容许工后沉降量、软土地基的沉降历时曲线和容许工期等设计所需的超载量和预压时间。但超载量必须控制在路堤稳定的最大荷载范围内。在所需超载量存在路堤稳定问题时,应结合竖向排水系统一起使用,或采用真空预压法。

（2）竖向排水法

软土地基深厚而渗透性小时，其自然固结一般很慢。加速固结的有效措施是在软土地基中设置竖向排水体，以缩短排水路径，加速排水固结。常用的竖向排水体主要是砂井和塑料排水板。塑料排水板是由芯体和滤套组成的复合体，或是由单种材料制成的多孔管道板带，其原理与砂井基本相同。

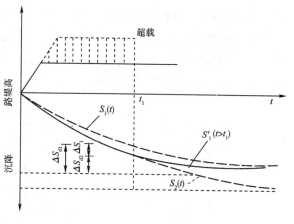

图 7-9 超载预压法

普通砂井通常采用管端密闭的套管法、射水法或螺旋钻法等方式施工；而袋装砂井作为一种预制的袋装小直径砂井，还可采用打入、振动等方式施工。与普通砂井相比，袋装砂井具有用料省、施工简便、进度快、更能适应地基变形等优点，但由于直径小、长径比大，并对渗流水的阻力即井阻影响较大，因而要求砂料有更高的渗透系数。砂井通常与堆载预压法、真空预压法等联合使用，作为排水固结法的竖向排水系统。砂井施工前，在软土地基表面铺设 0.5~1.0m 厚的砂垫层，作为水平向排水系统，两者组成完整的排水系统。竖向排水法对于均匀的厚黏土地基效果最好，地基中夹有砂层或泥炭质地层的效果较差。

砂井直径和间距主要取决于黏质土层的固结特性和工期要求。在一定荷载条件下，砂井间距越小，固结越快，砂井间距越大，固结越慢。但间距过小，施工时砂井周围土体受到扰动，不仅使地基土强度下降，沉降量增大，而且还会使土的固结系数降低。当然，为了加速土层的固结，缩小砂井间距要比增大砂井直径的效果好得多，所以通常采用"细而密"的方案。另一方面，砂井直径还与施工方法有关。采用套管法施工时，砂井直径不宜过小，否则易造成灌砂率不足、缩颈或砂井不连续等质量问题而影响排水效果。工程上常用的普通砂井直径为30~50cm；袋装砂井直径为7~12cm；塑料排水板一般宽10cm，厚数毫米，其排水效果相当于5cm直径的袋装砂井。

砂井等竖向排水体的深度主要取决于地层分布、地基中附加应力大小、道路对地基变形和稳定性的要求以及工期等因素。当软黏土层不厚时，竖向排水体应贯穿黏土层；当黏土层较厚但中间有透水层时，竖向排水体应尽可能深至透水层；当黏土层很厚又无透水层时，可按道路对地基变形及稳定性的要求来决定。对于以沉降控制的工程，如压缩层厚度不是很大，可打穿压缩层以减小预压荷载或缩短预压时间。对于以稳定性控制的工程，应通过圆弧滑动稳定性分析来确定竖向排水体的深度，以竖向排水体深度超过最危险滑动面深度为宜。

竖向排水系统在平面上可按三角形或者正方形布置，如图 7-10a)、图 7-10b) 所示。砂井地基的固结相当于具有不透水外表面和由砂井外周形成的内表面组成的圆柱体地基的三维固结，如图 7-10c)。黏土固结所需时间与最大排水距离的平方成正比，因而，设置砂井后，由于排水距离缩短，固结时间大为减少。砂井地基的三维固结可分为竖向固结和径向固结两部分；两者的固结度分别计算，而后叠加可得整个砂井地基的总固结度。

由于砂井的径向排水距离要比竖向排水距离小得多，故常忽略竖向排水，以径向固结度代替总固结度。砂井的直径和间距可在确定软土的径向固结系数 c_r（m²/s）和达到预定固结度所用的时间 t 后，利用图 7-11 进行设计。按图中流程得到的是不同砂井直径和有效（影响区）

直径 D_s 的组合。根据砂井布置方式,可由图 7-11 所列关系将有效直径 D_s 转换为砂井间距 l。

竖向排水系统设计时,先选择施工方法,假定竖向排水体的直径、间距和处理范围(深度和宽度),然后计算固结度,分析沉降和稳定性。若不能满足要求,则可缩短竖向排水体间距、增大砂井直径、调整处理范围或延长施工周期。

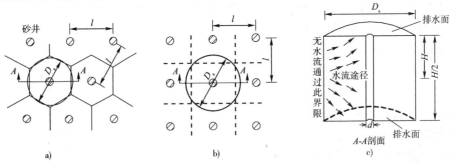

图 7-10 砂井的平面布置和固结原理

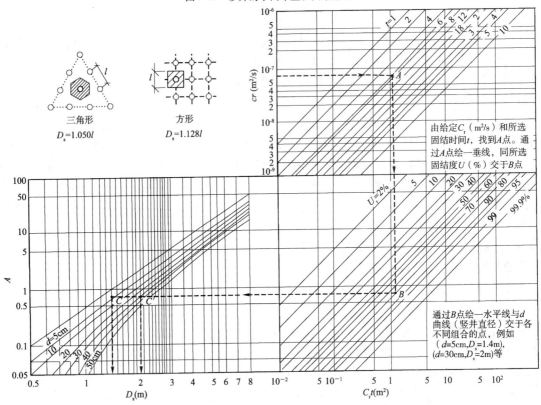

图 7-11 砂井直径和间距设计图

塑料排水板的设计方法基本等同于袋装砂井。与砂井相比,塑料排水板由于是工厂制作,具有质量指标较稳定、质量轻、运输方便、连续性好、施工简便、工效高、扰动小等优点。但施工时对周围土体的扰动,以及塑料排水板的井阻影响依然存在。

(3) 真空预压法

真空预压法是在软土地基中设置砂井或塑料排水板,然后在表面铺设砂垫层,其上覆盖不透气的密封膜与大气隔绝,通过埋设于砂垫层中带有滤水孔的分布管道,用真空装置进行抽气,从而在膜内外形成大气压差(即真空度),促使土中的孔隙水向砂井(或塑料排水板)渗流,孔隙水压力逐渐消散,土体得到固结。因此,真空预压加固地基的过程是在总应力不变的条件下,孔隙水压力降低、有效应力增加的过程。

真空预压的效果直接取决于密封膜内所能达到的真空度。目前,采用合理的施工工艺和设备,膜内真空度一般可维持在600mm汞柱以上,相当于80kPa的真空压力,此值可作为设计的最低膜内真空度。

真空预压和堆载预压虽然都是通过孔隙水压力减小而使有效应力增加,但两者的加固机理并不完全相同,由此引起的地基变形和稳定特性也不尽相同。真空预压过程中,有效应力增量是各向相等的,剪应力并不增大,因而不会引起土体的剪切破坏,也不必控制填土速率,可持续将真空度提高到最大值,从而缩短工期。由于真空预压地基的固结是在负压条件下进行的,所以预压过程中,周围地层产生指向预压区的侧向变形。但是,真空预压的膜内真空度会随深度显著衰减,实测衰减梯度为1.0~2.0kPa/m。

3)灌入固化法

灌入固化法包括深层搅拌法、高压旋喷注浆法、渗入注浆法、劈裂注浆法、压密注浆法等。道路工程中应用较多的是深层搅拌法。

深层搅拌法是将石灰、水泥或其他可以将土固化的材料,通过专门的机械在地基深部将软土和固化剂强制拌和形成的具有较高强度的竖向加固体,并与原地基一起形成复合地基。施工时分为湿法(浆液)搅拌桩和干法(粉体)搅拌桩两种。一般而言,深层搅拌法用于十字板抗剪强度不小于10kPa的软土比较适宜。

复合地基是由增强体(桩体)和基体(桩间土)共同承担工程荷载的人工地基,如图7-12所示。软土地基经搅拌桩、挤密桩、预制桩等增强体加固后的承载能力和压缩模量取决于增强体的置换率。置换率m可按式(7-15)计算:

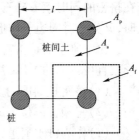

图7-12 复合地基示意图

$$m = \frac{A_p}{A_f} = \frac{A_p}{A_p + A_s} \tag{7-15}$$

式中:m——置换率;

A_f——复合地基的计算面积(m^2);

A_p——桩体的有效面积(m^2);

A_s——桩间土的计算面积(m^2)。

复合地基的承载力、抗剪强度和压缩模量可分别按式(7-16)、式(7-17)和式(7-18)近似计算。

$$P_f = mP_p + (1-m)P_s \tag{7-16}$$

$$\tau_f = m\tau_p + (1-m)\tau_s \tag{7-17}$$

$$E_f = mE_p + (1-m)E_s \tag{7-18}$$

式中:P_f——复合地基的承载力(kPa);

P_p——桩体的承载力(kPa);

P_s——桩间土的承载力(kPa);

τ_f——复合地基的抗剪强度(kPa);

τ_p——桩体的抗剪强度(kPa);

τ_s——桩间土的抗剪强度(kPa);

E_f——复合地基的压缩模量(MPa);
E_p——桩体的压缩模量(MPa);
E_s——桩间土的压缩模量(MPa)。

4)加筋法

加筋法包括土工合成材料加筋法、树根桩法等。土工合成材料加筋如第四章所述。为了提高路基的稳定性,减小沉降,一般要求加筋材料具备较高的抗拉强度(不小于50kN/m)和较小的延伸率(不大于10%)。广义上讲,土工合成材料加筋法是一种水平向增强体复合地基,实际工程中也常与竖直向增强体(通常为桩体)共同使用,形成"水平向增强体"和"竖直向增强体"相结合的联合复合地基,如在软土地区路基拓宽工程中得到很好应用的桩网法。树根桩法则是利用就地灌注的小直径灌注桩(直径为75~250mm),使之与软土地基形成复合地基。

5)挤密置换法

挤密置换法可细分为挤密法、置换法和挤密置换法,包括强夯法、振冲密实法、振冲置换法、挤密砂桩法、CFG桩、钢筋混凝土疏桩法等。

一般而言,仅采用强夯或振冲在土体中形成动应力,使地基土挤压密实的可称为挤密法;在挤密的同时填入碎石等置换体,则又具备置换的功效;而置换法在利用振冲器或沉桩机施工时,又势必对周边土体形成挤密作用。

比较典型的是挤密桩法。该法是用冲击或振动方法,将砂或碎石等粒料挤入软土地基内,形成直径较大的桩体,并同原地基一起形成复合地基。其主要作用包括:

(1)挤密桩周围的土体;
(2)置换桩体位置原有的软土,支撑大部分路堤荷载;
(3)作为排水通道,加速周围软土的固结;
(4)可以防止砂土地基的液化。

6)轻质路堤法

轻质路堤法通过降低路堤自重荷载来减小软土地基中附加应力,从而达到减小沉降变形、提高稳定性的目的,包括粉煤灰路堤、EPS(泡沫聚苯乙烯)路堤等。粉煤灰的重度是素土的70%左右,EPS的重度约为0.3 kN/m³。但后者造价较高,大量使用尚有困难,一般用于构造物附近、路基拓宽工程,或者特别软弱的地基上。同时,由于EPS材料的重度比水小,当路堤有可能受水浸泡时需进行抗浮稳定性验算。

7.1.4 现场监测

对于软土地基上的路基工程,鉴于其地质条件、荷载条件和施工条件的复杂性,以及设计方法的近似性和设计参数的变异性,需要在施工期间对软土地基的稳定、沉降变形和地基处理效果进行现场监测,以检验并及时修正施工方案。

现场监测的目的主要有:

(1)检验设计理论和设计参数的正确性,为动态设计提供资料;
(2)指导现场施工,确定和优化施工参数,为信息化施工提供依据;
(3)及时发现失稳先兆,分析原因,防止意外事故发生。

软土地基上路堤施工的现场监测项目涉及以下四个方面,具体应根据实际情况确定。有的项目可以在施工结束后继续进行监测,以系统积累数据。

(1)沉降,包括地表沉降量、地基深层沉降和地基分层沉降,相应的监测仪器分别为沉降板(或地表沉降仪)、深层沉降标和多点(分层)沉降仪;

(2)侧向位移,包括坡脚地表侧向位移和地基土体侧向位移,相应的监测仪器分别为位移边桩和测斜仪(管);

(3)应力,包括地基浅表及深层的土压力和孔隙水压力,相应的监测仪器分别为土压力盒和孔隙水压力计;

(4)地下水位,其监测仪器为地下水位管和地下水位观测仪。

可参照图7-13布置各项目的监测仪器。

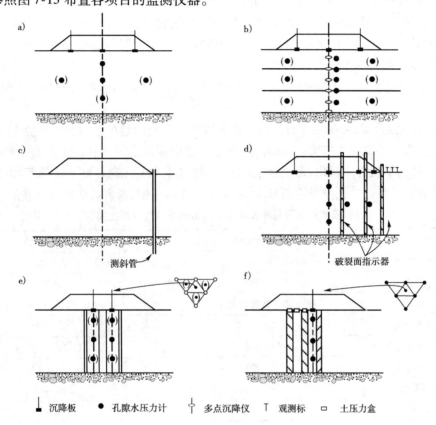

图7-13 量测仪器的布置

a)均质土层,控制沉降量和速率;b)多层软土,控制沉降量和速率;c)量测水平位移;d)观测路堤破坏;e)监测排水砂井的性能;f)对碎石桩或石灰桩的监测

7.2 冻土地区路基设计

7.2.1 冻土地区路基工程问题

温度在0℃以下,且含有冰的土(岩石)称为冻土。每年冬季冻结,夏季全部融化,冻结状态持续时间大于1个月的冻土称为季节性冻土。在天然条件下,地面以下保持3年或者3年以上冻结不融的冻土称为多年冻土。多年冻土按其状态可分为:

(1)坚硬冻土,土粒被冰牢固胶结,在荷载作用下,具有一定的脆性和不可压缩性。砂土和黏性土的温度低于一定数值时,便成坚硬冻土。

(2)塑性冻土,土粒被冰胶结,含有一定量的未冻水,在荷载作用下可以压缩,其温度比坚硬冻土高。

(3)松散冻土,土中含水率很少,没有被冰胶结的砂土和大块碎石土均属于此类。当冻土融化时,其力学性质基本上不会发生变化,也不会出现沉陷。

在我国的兴安岭和青藏高原的高寒地区分布有成片的多年冻土,天山、阿尔泰山及祁连山等地也有零星分布。兴安岭和青藏高原多年冻土地区的自然条件及冻土特征如表7-2。

季节性冻土地区的路基在冬季冻结过程中会在负温度梯度的影响下产生湿度积聚。土层温度降至0℃以下后,自由水、毛细水和弱结合水随温度降低而相继冻结,从而使土颗粒周围的水膜减薄,剩余大量自由表面能增加了土体的吸湿能力,促使水分由下部土层的高温处向上部的低温处迁移。负温度区的水分迁移一般发生在0℃~-3℃等温线之间。因此,季节性冻土地区的路基工程问题主要有两个方面:

(1)路基中积聚的水分冻结后体积增大,使路基冻胀,进而引起铺面开裂或其他结构物的损坏。

(2)春季气温升高,路基结构自上而下逐渐解冻。先行融解的水分积聚在路基上层,难以迅速排出,使路基湿度显著增大。过湿的路基土往往以泥浆的形式从冻胀开裂的铺面裂缝或水泥混凝土铺面的接缝中冒出,形成翻浆。或者,路基土中的冰融化成水后体积缩小,导致路基下沉;水分进一步通过孔隙等逐渐排出,使路基土固结压密,两者共同形成路基的融沉。

兴安岭和青藏高原多年冻土地区自然条件及冻土特征 表7-2

		兴安岭地区	青藏高原地区
自然条件	地理特点	高纬度	高海拔
	气候	寒温带	寒带
	植被	森林地带为主	荒漠、草原与草甸为主
	全年平均气温	-2~-7℃	-2~-7℃
	1月平均气温	-18~-31℃	-14.5~-17.4℃
	7月平均气温	16~22℃	6.5~8.1℃
	年最低气温	-33~-60℃	-34~-41℃
	年最高气温	32~37℃	23℃左右
	年平均气温差	46~53.5℃	23~26℃
	年降水量	400~600mm	<400mm
	年蒸发量	1 000mm	1 400~1 800mm
	积雪量	100~500mm	<100mm
	平均地温	0~-2.5℃	-1.0~-5℃
冻土特征	平面分布	以非整体冻土为主,边缘地带宽广	以整体冻土为主,边缘地带很窄
	剖面构造	以非衔接冻土为主	以衔接冻土为主
	上限深度	0.3~4.0m	1.2~4.0m
	冻、融深度	大多数一年内融化深度大于冻结深度	大多数一年内冻结深度大于融化深度
	稳定情况	不够稳定	比较稳定
	季节融冻过程	融化较快	融化较慢
	物理地质现象	沼泽、冰丘、冰椎多	厚层地下冰多,沼泽少,沼泽化湿地多

多年冻土地区的路基除了浅层产生与季节性冻土地区相近的冻胀、融沉和翻浆等病害外，还可能出现融冻泥流和滑塌、涎流冰和冻胀丘等工程问题。融冻泥流和滑塌多发生在有厚层地下冰分布的斜坡上，可以是工程施工等人为活动(如挖方取土)引起，也可以由自然因素(如河流浸蚀坡脚、气温升高)引起。由融冻泥流和滑塌形成的稀泥物质向下流动，可以加速路基的软化沉陷，掩埋道路，壅塞桥涵。涎流冰是水多次溢出地表冻结所形成的地面冰体；而冻胀丘则是指由路基土的差异冻胀作用所形成的丘状地表。冻胀丘在形成过程中产生巨大的隆胀力，使路基路面变形；涎流冰在冬季可以覆盖路面，中断交通，而在夏季常常造成路基的翻浆和沉陷。

7.2.2 多年冻土地区的路堤设计

多年冻土地区的路基设计，可根据具体情况，采用保护多年冻土或破坏多年冻土的设计原则。

(1)在饱冰冻土和含土冰层地段，应采用保护多年冻土的原则。

(2)在富冰冻土地段，含水率较大且公路等级较高时，宜采取保护多年冻土的原则；含水率小且融化后不致发生过量沉陷时，也可按破坏多年冻土的原则设计。

(3)在少冰冻土和多冰冻土地段，允许破坏多年冻土，并按一般路基进行设计。

在多年冻土地区，无论按保护原则或是按破坏原则设计的路段，其路基高度同季节性冰冻地区一样，均需考虑防治冻胀和翻浆的要求。

多年冻土层的上部界限和下部界限分别称为冻土上限和冻土下限。保护原则设计的含土冰层、饱冰冻土以及富冰冻土路段，则必须考虑冻土上限不下降的要求。一般情况下，较好的解决办法是加大路基填土高度。因此，路基高度成为多年冻土地区路基设计的首要问题。目前我国冻土地区路堤的设计方法主要针对青藏高原多年冻土地区。

1)临界高度 H_c

保证上限不下降的最小填土高度称为临界高度 H_{cr}。只有当路基填土高度 $H \geq H_c$ 时，才能保证上限不下降。当路基填土高度 $H = H_c$ 时，其人为上限 h_m 由临界高度 H_c 和天然上限 h_n 两部分组成，如图7-14所示，可用式(7-19)表示。

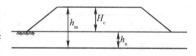

图7-14 保持冻土上限下降的临界高度

$$h_m = h_n + H_c \tag{7-19}$$

在青藏高原多年冻土地区，建议采用式(7-20)和式(7-21)分别计算砂砾路面下的临界高度 H_{cs} 与沥青路面下的临界高度 H_{cb}。

$$H_{cs} = 1.0 - 0.15 h_n \tag{7-20}$$

$$H_{cb} = 2.46 - 0.4 h_n \tag{7-21}$$

以上两式均为砂砾土的临界高度值。如采用其他填料，则应进行换算。有填料的热物理参数时，可按式(7-22)进行换算，也可近似地按表7-3所列的换算系数进行换算。

$$H_{c2} = H_{c1} \sqrt{\frac{C_{v1} \lambda_2}{C_{v2} \lambda_1}} \tag{7-22}$$

式中：H_{c1}——砂砾土填料的临界高度(m)；

C_{v1}——砂砾土填料的容积热容量($J/m^3 \cdot k$)；

λ_1——砂砾土填料的导热系数($W/m \cdot k$)；

H_{c2}——所用填料的临界高度(m)；

C_{v2}——所用填料的容积热容量($J/m^3 \cdot k$);

λ_2——所用填料的导热系数($W/m \cdot k$)。

填料换算系数 ζ 值　　　　表7-3

土类	粉黏性土	亚砂土	砾质细砂、砂土	砂、砂土质砾石、砂砾土	干燥密实砂砾
ζ 值	0.6~0.65	0.7~0.75	0.8~0.85	1.0	1.1~1.2

唐古拉山以南地区,因属于高温冻土区,按上式计算得到的临界高度,应再乘以1.1~1.2的系数。

2) 设计高度 H_d

设计高度 H_d 采用式(7-23)计算。

$$H_d = mH_{cr} + S \tag{7-23}$$

式中:m——综合修正系数,主要考虑季节融化层物理性质在施工运营过程中发生变化,以及气温在设计年限内出现波动等因素的影响,其值可从表7-4选取;

S——季节融化层的沉降量,在最大融深季节施工时用式(7-24)计算,在冻结期施工时用式(7-25)计算。

$$S = \sum_{i=1}^{n} \alpha_i \sigma_i h_i + \sum_{i=1}^{n} \alpha_i q_i h_i \tag{7-24}$$

$$S = \sum_{i=1}^{n} A_i h_i + \sum_{i=1}^{n} \alpha_i \sigma_i h_i + \sum_{i=1}^{n} \alpha_i q_i h_i \tag{7-25}$$

式中:n——季节融化层分层数;

h_i——第 i 层的厚度(m);

α_i——第 i 层的压缩系数(MPa^{-1});

σ_i——第 i 层中点处的附加应力(MPa);

q_i——第 i 层中点处的自重应力(MPa)。

综合修正系数 m　　　　表7-4

冻土类型	富冰冻土	饱冰冻土	含土冰层	沼泽植被下的含土冰层
沥青路面的 m_B	1.0~1.1	1.1~1.2	1.2~1.3	1.4
砂砾路面的 m_S	0.9~1.0	1.0~1.1	1.1~1.2	1.2

3) 基底换填断面形式

当填土高度不满足要求时,应根据冻土层情况,进行全部换填或部分换填。厚层地下冰较薄且埋藏较浅时,可全部挖除,并换填保温和隔水性能良好的细粒土,如图7-15a)所示。厚层地下冰较厚时,可部分挖除换填,但应确保换填深度与路堤高度之和 $h_{md} \geq mH_c + h_n$ 或保温层计算厚度的1.5~2.0倍,如图7-15b)所示。

7.2.3 多年冻土地区的路堑设计

富冰冻土、饱冰冻土和含土冰层地段的路堑,一般采用基底部分或全部换填,以及坡面保温等措施。

基底全部换填时,换填厚度及结构要求与路堤基底全部换填的情况相同;部分换填时,厚度应不小于 $mH_c + h_n$,结构要求与路堤基底部分换填的情况基本相同,如图7-16所示。当路堑边坡上局部埋藏有饱冰冻土或含土冰层时,可以拓宽路堑,将冰层全部清除。若全部清除工程量过大,不经济时,则可局部换填加固。

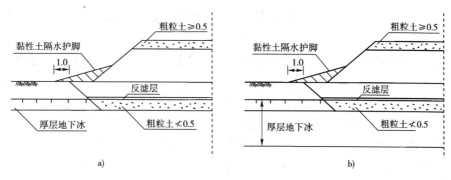

图 7-15 填土高度不足时基底换填断面形式(尺寸单位:m)
a)全部换填断面;b)部分换填断面

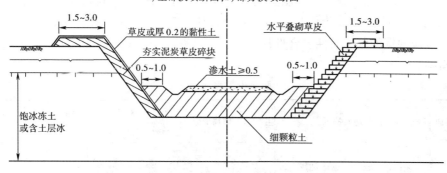

图 7-16 路堑基底部分换填断面形式(尺寸单位:m)

保温层需保证路堑边坡多年冻土不融化、路基以下多年冻土上限不再下降,所用材料要有良好的保温性能。由于在路基工程中使用数量较大,一般首先选用草皮、泥炭等当地天然材料。黏性土若比原地面保温性能好,亦可作为保温材料使用。必要时,也可采用矿藻土砖、石棉板、蛭石板、泡沫塑料、泡沫混凝土等预制的保温材料。保温层厚度可按式(7-26)计算。

$$h_T = K h_o \tag{7-26}$$

式中:h_T——设计的保温层厚度(m);

K——安全系数,设计边坡保温层时,$K=1.2\sim1.5$,设计路基面下保温层时,$K=1.5\sim2.0$;

h_o——将上限深度换算成所采用保温材料的当量厚度。

7.3 膨胀土地区路基设计

7.3.1 膨胀土及其工程特性

膨胀土是指黏粒成分主要由亲水性矿物组成,具有显著湿胀干缩和反复湿胀干缩性质的特殊黏性土。膨胀土具有这一性质的原因,一是土中含有较多的黏粒,而黏粒中又含有较多亲水性较强的蒙脱石或伊利石;二是具有特殊的膨胀结构。

几乎所有的黏性土都具有一定的膨胀性和收缩性。从工程角度出发,所谓膨胀土是指那些胀缩性达到足以危害建筑物安全,需要进行特殊设计和施工处理的黏性土。因此,有必要采取一定判定标准或方法以区分膨胀土与非膨胀土。由于各类建筑物结构的要求不同,各个行业对膨胀土的判定标准和方法不一,常用的指标包括活动性指数、压实性指数、吸水指标、膨胀性指标、自由膨胀率、膨胀率、线缩率、缩限、收缩系数等。我国公路行业采用塑性图来鉴别膨胀土,见图 2-6。

根据膨胀土胀缩的强弱与工程性质,可将其分为强膨胀土、中膨胀土和弱膨胀土等三类,如表 7-5 所示。

膨胀土除具有一般黏性土的物理化学性质外,最重要的特性是具有强胀缩性,以及多裂隙性、超固结性、强度衰减性等特殊性质,需要在路基设计中予以重视。

(1)胀缩性。膨胀土吸水后体积膨胀,如膨胀受阻即产生膨胀力,使其上建筑物隆起;失水则体积膨胀,造成土体开裂,并使其上建筑物下沉。膨胀土在缩限与胀限含水率时的收缩量与膨胀量,称为极限胀缩潜势。膨胀土的膨胀性与其强亲水性矿物成分含量有关,土中有效蒙脱石含量愈多,膨胀潜势愈大。膨胀土的初始含水率愈低,膨胀量与膨胀力愈大。膨胀土击实后的膨胀性远大于原状土(为原状土的 5～8 倍,甚至 20～30 倍);密实度愈高,膨胀量与膨胀力愈大。故应根据膨胀土的性质合理控制压实含水率和压实度要求。强膨胀土不得直接用作路基填料。

膨胀土工程地质分类   表 7-5

膨胀土类别	野外地质特征	主要黏土矿物成分	小于 0.005mm 黏粒含量(%)	自由膨胀率(%)	线总缩胀率(%)
强膨胀土	灰白色、灰绿色,黏土细腻,滑感特强,网状裂缝极发育,易风化呈细粒状,鳞片状	蒙脱石为主	>50	>80	>4
中膨胀土	以棕、红、灰色为主,黏土中含少量粉砂,滑感较强,裂隙较发育,易风化呈细粒状,含钙质结核	蒙脱石、伊利石	35~50	55~80	2~4
弱膨胀土	黄、褐色为主,黏土中含较多粉砂,有滑感,裂隙发育,易风化呈碎粒状,含较多钙质或铁锰结核	伊利石、蒙脱石、高岭石	<35	30~55	0.7~2

(2)崩解性。崩解性是指膨胀土浸水后体积膨胀,在无侧限条件下发生吸水湿化并崩解的性质。膨胀土的崩解特性与类型及起始湿度有关,强膨胀土和干燥膨胀土崩解迅速而且完全,弱膨胀土和潮湿膨胀土崩解缓慢且不完全。

(3)多裂隙性。膨胀土中分布有垂直裂隙、水平裂隙与斜交裂隙,裂隙面光滑有擦痕,且大多充填有灰白或灰绿色黏土薄膜、条带或斑块,其矿物成分主要为具有很强亲水性的蒙脱石。膨胀土路基边坡的破坏,多与破坏土体完整性的裂隙有关,且滑动面的形成主要由裂隙软弱结构面所控制。

(4)超固结性。膨胀土大多具有超固结性,天然孔隙比较小,干密度较大,初始结构强度较高。超固结膨胀土路基开挖后,将产生土体超固结应力释放,边坡与路基面出现卸荷膨胀,并常在坡脚形成应力集中区和较大的塑性区,使边坡容易出现破坏。

(5)易风化特性。膨胀土受气候影响,极易产生风化破坏作用。不同深度处的膨胀土风化程度不同，其膨胀土性质也有所差异。路基开挖后，土体在风化作用下，很快会产生碎裂、剥落和泥化等现象，使土体结构破坏，强度降低。按膨胀土的风化程度可分为强风化层（厚度0.4～1.0m）、弱风化层（厚度1.0～1.5m）及微风化层（厚度约1.0m）。

(6)强度衰减性。膨胀土的抗剪强度为典型的变动强度，具有峰值强度较高、残余强度较低的特点。由于膨胀土的超固结性，其初期强度极高，而随着土受胀缩效应和风化作用的时间增加，抗剪强度将大幅衰减。另外，由于膨胀土结构的各向异性，使得原状膨胀土的抗剪强度也显示出明显的方向性，垂直于裂隙面的强度较高，而平行于裂隙面的强度最低。室内试验所用土样由于无法完全反映裂隙与层面的影响，所得强度一般都高于现场土体的实际强度。

7.3.2 膨胀土地区路基的设计原则

(1)公路选线时，应尽量避绕膨胀土地段；必须通过时，应选择膨胀土分布范围最窄、膨胀性最弱以及膨胀土最薄的地段，并尽量远离建筑群及重要建筑物；尽可能减少深挖高填，并与隧桥方案比较。

(2)膨胀土地区路基设计，应综合考虑膨胀土类型、土体结构与工程特性、环境地质条件与风化深度等因素。

(3)膨胀土中水分的迁移转化，将导致显著的湿胀干缩变形，并使土的工程特性恶化。因此，防水保湿是设计关键，可采取不透水面层、增大横坡、加宽路肩、完善排水系统等技术措施。

(4)膨胀土原则上不应用作路堤填料，特别是强膨胀土应严禁使用。必须利用膨胀土时，最好选取膨胀性较弱的土用于下层，用于路基时应考虑进行土性改良。

(5)膨胀土路堑设计应充分考虑到膨胀土的"变动强度"与强度衰减的特性，合理选用抗剪强度。

(6)路堑设计时应考虑利用膨胀土的超固结特性，保持较高的初始结构强度不被破坏，避免超应力释放产生卸荷膨胀以及风化导致的强度衰减，以减少防护加固工程并提高稳定性。

(7)膨胀土路堑施工一般应采取"先做排水，后开挖边坡，及时防护，及时支挡"的程序原则，以防边坡土体暴露后产生湿胀干缩效应与风化破坏。

7.3.3 膨胀土地区路堑设计

1)边坡形式

膨胀土路堑边坡形式的选取，应考虑适应于膨胀土的特殊工程性质，有利于路堑边坡的稳定，有利于养护。在土质均匀、膨胀性较弱，且边坡高度在6m以下时，可采用直线式；在土质较均匀或下部为砂卵石土、上部为膨胀土或边坡高度较大时，可采用折线式；边坡高度大于6m的任何类型膨胀土均可采用平台式，平台级数应视边坡高度而定，平台宽度应能保证上一级边坡的起坡线在下一级边坡最危险破裂面以外0.5m，并能保证边坡的整体稳定。

2)边坡坡率与稳定性验算

由于膨胀土工程性质极为复杂，沿用常规土力学方法分析膨胀土路堑边坡稳定性存在不少实际问题。现场调查表明，公路上的膨胀土边坡，坡度在1:2～1:3的边坡，仍然普遍表现出不稳定。特别是在路堑边坡土体结构与环境地质条件比较复杂的路段，或分布有软弱夹层（如灰白色、灰绿色强膨胀土）的路堑，边坡稳定更为复杂。膨胀土路堑边坡的破坏，有位于坡脚的，也有位于坡腰和堑顶的，与一般黏性土边坡的破坏完全不同。因此，在膨胀土路堑边坡设计中，目前仍然以工程地质类比法为主，必要时再进行力学分析验算边坡稳定性。

工程地质类比法以同类膨胀土边坡,在相同或相似工程地质、水文地质及环境条件下的稳定性为参照系,对比拟设计路堑边坡的上述条件,参照稳定程度最佳的边坡来确定拟设计边坡的高度、形状和坡率。边坡设计应遵循"缓坡率、宽平台、固坡脚"的原则,按表7-6所列经验参考值设计,边坡高度大于10m时应进行个别设计。

进行膨胀土边坡稳定性力学验算时,应注意以下几个重要问题:

(1)膨胀土路堑边坡变形破坏的类型很多,但剥落、冲蚀、泥流以及溜塌,均属于边坡表层变形破坏,一般不涉及边坡的整体稳定性,故不作为边坡设计的依据。边坡稳定性分析主要考察坍塌和滑坡破坏。

(2)边坡破坏面的形状,主要受膨胀土体裂隙结构面控制,后壁受高倾角近垂直裂隙影响,呈陡直状;前缘受缓倾角近水平裂隙影响,呈平缓状;中部接近圆弧状。

(3)应充分考虑土体的各种界面效应的作用,包括风化带界面、不同性质土层界面、胀缩效应界面、软弱夹层界面等。

膨胀土边坡坡率和平台宽度   表7-6

膨胀土类别	边坡高度(m)	边坡坡率	边坡平台宽度(m)	碎落台宽度(m)
弱膨胀土	<6	1:1.5		1.0
	6~10	1:1.5~1:2.0	1:1.5~1:2.0	1.5~2.0
中等膨胀土	<6	1:1.5~1:1.75		1.0~2.0
	6~10	1:1.75~1:2.0	2.0	2.0
强膨胀土	<6	1:1.75~1:2.0		2.0
	6~10	1:2.0~1:2.5	≥2.0	≥2.0

(4)路堑边坡的开挖,将导致部分超固结应力释放,从而产生卸载膨胀,同时土中裂隙的发展和表面水的下渗,又将导致土体吸水膨胀。因而,路堑边坡设计中应当考虑膨胀力(尤其是水平方向的膨胀力)对稳定的不利影响。

(5)设计中应充分考虑膨胀土多裂隙结构和湿胀干缩性质对边坡剪切破坏形式多样性的影响。包括滑裂面与裂隙面完全一致的裂面剪切破坏;滑裂面与裂隙面无关的非裂面剪切破坏;滑裂面一部分沿裂隙面,一部分与裂隙无关的综合剪切破坏;表层强风化层的湿胀干缩效应剪切破坏等。

(6)应根据破坏剪切形式选择合理的抗剪强度确定方法。裂面剪切破坏,可采用裂隙面试验,利用直剪仪做裂面剪切试验;非裂面剪切破坏,可取原状土做直剪慢剪试验(若在浸水条件下破坏,则应作浸水慢剪试验);湿胀干缩效应剪切破坏,应取原状土进行干湿循环剪切试验。

3)边坡防护与加固

膨胀土路堑边坡的防护与加固,一是为了预防可能产生的边坡变形破坏,二是对已产生变形破坏的边坡进行加固。常用防护与加固措施如表7-7、表7-8所列。边坡防护和加固措施的选择,应针对膨胀土的工程特性,结合边坡稳定的必要条件,满足如下防护原则:

(1)保持边坡土体天然含水率状态的相对稳定,防止地面水和地下水下渗入路堑边坡;

(2)保持边坡土体的相对完整,防止土体的风化作用;

(3)保持边坡土体足够的抗剪强度,防止土体强度衰减;

(4)边坡土体有膨胀夹层时,应防止产生滑动;

(5)防护工程应能适应边坡膨胀土可能产生的膨胀变形、膨胀力变化而不破坏。因此防护工程以柔性结构为宜,切不可盲目采用刚性结构。

膨胀土路堑边坡防护措施   表 7-7

边坡高度(m)	弱膨胀土	中等膨胀土
≤6	植物	骨架植物
>6	骨架植物、植物防护、浆砌片石护坡	拱形骨架植物、支撑渗沟加拱形骨架植物

膨胀土路堑边坡支挡措施   表 7-8

边坡高度(m)	弱膨胀土	中等膨胀土	强膨胀土
≤6	不设	坡脚墙	护墙、挡土墙
>6	护墙、挡土墙	挡土墙、抗滑桩	桩基承台挡土墙、抗滑桩、边坡锚固

7.3.4 膨胀土地区路堤设计

1)填料与压实

膨胀土一般情况下不适合用作路基填料。但是,公路通过膨胀土地区时,膨胀土常常大面积分布,只能采用膨胀土填料。此时,应对不同类型的膨胀土进行填料甄别。

(1)在有多层膨胀土分布的地区,应选择膨胀性最弱的土层做填料。蒙脱石含量高的白色膨胀土,由于土的亲水性特强,极易风化,轻度衰减很快,不能用作填料。

(2)在有砾石层出露或膨胀土中有结核层分布的地区,应尽可能选用砾石层或结核层,或采用膨胀土与砾石、结核层的混合填料。

(3)地表经过风化、流水淋滤和搬运,或已被耕种的表层土,一般膨胀性较弱,可用作路堤填料。

(4)在无其他土可供选择时,可以采用土质改良或外包路堤(图7-17)等特殊设计,以确保路堤的长期稳定。土质改良可采用石灰、水泥等无机结合料,所用剂量视改良和加固要求而定,一般以4%~10%为宜;所需厚度视公路等级与当地气候条件而定,一般公路为30~50cm,高等级公路则宜使土基处治层与路面总厚度之和接近100~150cm。

由于压实土的膨胀性远高于原状土,且和初始含水率显著相关,因此压实是膨胀土路基施工的一个难题,也是影响膨胀土地区路基路面稳定的一个突出问题。主要有以下几种处理方法:

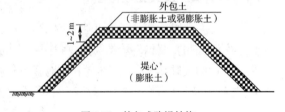

图7-17 外包式路堤结构

(1)国外对修筑膨胀土路基,通常是采用较高含水率、较低密度的原则,即在轻型压实标准最佳含水率或略高的含水率下压实到较低的干密度。

(2)国内铁路部门综合考虑膨胀土的初期强度、长期强度、强度衰减、胀缩变形、施工难易等因素,认为压实含水率宜为轻型压实标准的最佳含水率或略大1%~3%,压实度应不小于轻型压实标准最大干密度的90%~95%。

(3)国内一些公路部门综合考虑路基的强度要求、压缩变形、胀缩变形、施工可能等因素,认为压实含水率的控制应以平衡含水率为基础,建议取$(0.8~0.9)w_p$或稠度为1.1~1.3时的含水率下压实,压实度应不低于轻型压实标准的95%。《公路路基设计规范》(JTG D30—2004)规定压实标准与一般路基相同,或根据试验路的论证适当降低;在最佳含水率和最大干密度时,宜采用湿土法重型击实试验。

2) 路基高度

膨胀土填筑后,受大气物理风化作用和湿胀干缩效应,土块崩解,在自重与行车荷载作用下,产生压缩下沉。膨胀土高路堤后期下沉量大,且容易形成下沉外挤,从而产生很大的沉陷量。因而,膨胀土路堤不宜过高,一般宜控制在 3m 以内。如超过 3m 则需考虑沉降问题,如超过 6m 则须考虑预留沉降和路基的加宽。

3) 边坡设计

膨胀土路堤病害虽与路堑病害有其相似之处,但由于填筑膨胀土的胀缩特性与原状土有所不同,路堤病害比路堑病害的危害性更大。因此,路堤边坡设计必须综合考虑填筑膨胀土的类型、性质、填筑条件,工程措施以及地区气候特点等因素,以使设计更为合理。鉴于膨胀土路堤的特殊性,其边坡设计目前仍然较多采用工程地质比拟法与稳定性验算相结合的方法。高度不大于 10m 的膨胀土路堤边坡,可参考表 7-9 设计。膨胀土路堤边坡的防护与加固,与路堑边坡类似。

膨胀土填方路基边坡坡率和边坡平台宽度　　　　表 7-9

边坡高度(m)	膨胀性	边坡坡率		边坡平台宽度(m)	
		弱膨胀	中等膨胀	弱膨胀	中等膨胀
<6		1:1.5	1:1.5~1:1.75	可不设	
6~10		1:1.75	1:1.75~1:2.0	2.0	≥2.0

7.4 黄土地区路基设计

7.4.1 黄土及其工程特性

黄土是一种以粉粒为主(可达 55% 以上)、多孔隙、天然含水率小、呈黄红色、含钙质的黏质土,为第四纪的一种特殊堆积物。我国黄土的总面积占国土面积的 6% 以上,主要分布在北纬 34°~41°的大陆内部干旱和半干旱地区。根据黄土沉积地质年代的不同,可将黄土分为新黄土、老黄土及红色黄土三类;新黄土根据成因不同,再分为亚类,见表 7-10。

黄土的工程分类　　　　表 7-10

分类名称	地层名称	地质符号	地质年代	按成因划分亚类
新黄土		Q_4	全新世(近代)	(1) 风积 (2) 冲积或洪积 (3) 坡积
	马兰黄土	Q_3	晚更新世(新第四纪)	
老黄土	离石黄土上部	Q_2^2	中更新世(中第四纪)	不分
	离石黄土下部	Q_2^1		
红色黄土	午城黄土	Q_1	早更新世(老第四纪)	

黄土的结构如图 7-18 所示,粉粒和由黏粒胶结而成的集粒共同构成了支撑结构的骨架;较大的砂粒则"浮"在结构体,排列疏松,接触连接点较少,构成一定数量的架空孔隙(孔隙率为 35%~60%);在接触连接处没有或只有少量胶结物质,常见的胶结物质有聚集在连接点的黏粒、易溶盐与沉积在该处的碳酸钙、硫酸钙等。

另外,黄土的节理较为发育。新黄土原生柱状垂直节理发育,而老黄土中普遍发育有斜节理,属构造节理。黄土中的节理,对路基边坡的稳定性常起控制作用。在具有构造节理的黄土层中开挖的边坡,其破坏形式常呈现为沿节理面滑落;具有垂直节理的黄土边坡,其破坏方式常呈现为倒塌;无构造节理的黄土边坡破坏则主要为滑坡。

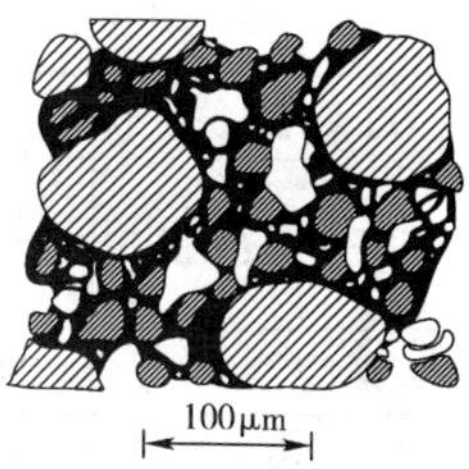

大孔隙、节理发育及富含钙的结构特性,直接影响着黄土的力学性状和工程特性,其特殊性主要包括:

图 7-18 黄土的结构示意

(1)湿陷性。黄土浸水后在外荷载或自重作用下发生的下沉现象,称为湿陷。一般认为,黄土浸水时,胶结物质发生化学和物理反应,致使结构强度降低,是产生湿陷的原因;而黄土中存在孔隙直径大于周围颗粒直径的架空结构,则是产生湿陷的条件。湿陷性随深度、含水率、干重度的增大或孔隙比的减小而减小。当深度大于10m、干重度大于$15kN/m^3$、孔隙比小于0.8时,湿陷性趋于消失。老黄土无湿陷性,而新黄土具有湿陷性或强湿陷性;一般坡积、洪积和新近堆积的黄土都具有湿陷性,且坡积、风积黄土的湿陷性大于冲积、洪积黄土的湿陷性。通过湿陷试验,可判定黄土为非湿陷性黄土(湿陷系数$\delta_s < 0.015$)或湿陷性黄土(湿陷系数$\delta_s \geq 0.015$),湿陷性黄土又可分为自重湿陷与非自重湿陷两类。自重湿陷是指土层浸水后仅仅由于土的自重发生的沉陷;非自重湿陷是指土层浸水后,由于土自重及附加压力的共同作用而发生的湿陷。

(2)各向异性。由于垂直节理及大孔隙的存在,原状黄土的强度随方向而异,水平方向的强度一般较大,45°方向强度居中,垂直方向强度最小。但是,冲积、洪积黄土则因存在有水平层理的关系,则以水平方向强度为最低,垂直方向强度最大,45°方向仍居中。原状黄土抗剪强度的峰值和残值差值较大,是黄土地区多崩塌性滑坡和高速滑坡的重要原因。另外,黄土的各向异性还表现在渗透性上。由于大孔隙和垂直节理的特殊构造,其垂直方向的渗透性较水平方向大;经压实后的黄土大孔构造被破坏,其透水性则大大降低。

(3)水敏性强。黄土为架空孔隙结构,土质疏松,其细微颗粒极易遭受潜蚀;大孔隙和裂隙发育,则为水的渗透提供了便利通道;而对黄土起着加固作用的胶结物碳酸钙,在含CO_2的水或酸性环境中,易受水溶蚀,造成黄土结构的破坏和强度的衰减,进而导致土体不断崩解,使之变得松软,加速了渗流作用和结构潜蚀作用。黄土地区的路基病害,如基底陷穴、坡面冲蚀、边沟冲刷,均是由黄土在雨水作用下溶蚀或冲刷引起的。

7.4.2 黄土路堑设计

黄土路堑边坡的破坏包括剥蚀(包括剥落和冲刷)和滑塌(包括滑坍、崩坍、坡脚坍塌等)两种。边坡剥蚀虽不是整体破坏,但对路堑边沟危害较大,会引起其他更严重的边坡变形破坏。应根据土质、降雨量、气候条件、边坡高度及坡度、材料来源等,合理选用边坡形式、设计坡率,并特别注意做好排水设施和边坡防护。

1)边坡形式

黄土地区各种边坡形式的适用条件如表7-11。台阶形边坡的平台设置,不仅对坡面径流起缓冲、分流作用,还可拦截上方坡面少量剥落土块,便于养护维修,故高速公路、一级公路黄土路堑边坡宜采用台阶形。小平台宽度一般为2.0~2.5m,其间距根据土方开挖数量、降水量大小、坡度陡缓等因素进行确定。当边坡高度大于30m时,为了减轻坡脚应力集中,宜在边坡的中部设置大平台,宽度通过稳定性分析予以确定,宜为4~6m。

黄土地区路堑边坡形式及其适用条件　　　表7-11

边坡形式		适用条件
直线形(一坡到顶)		(1)均质土层，Q_4、Q_3黄土边坡高度 $H\leq 15m$，Q_2、Q_1黄土边坡高度 $H\leq 20m$； (2)非均质土层，边坡高度 $H\leq 10m$
折线形(上缓下陡)		非均质土层，边坡高度 $H\leq 15m$
台阶形	小平台	(1)均质土层，Q_4、Q_3黄土边坡高度 $15m<H\leq 30m$，Q_2、Q_1黄土边坡高度 $20m<H\leq 30m$； (2)非均质土层，边坡高度 $15m<H\leq 30m$
	宽平台	(3)边坡高度 $H>30m$

2)边坡坡率及稳定性验算

由于天然黄土一般具有垂直节理，黄土陡壁多呈直立的特性，因此，黄土挖方边坡常设计成陡坡，以便减小路基土方工程量，同时减少受雨水冲刷的面积；另一方面，如果边坡设计太陡则坡面易剥落，亦不稳定。鉴于影响黄土路堑边坡变形稳定的因素较为复杂，边坡设计一般以工程地质类比法为主，稳定性力学验算法为辅；边坡高度超过30m时必须采用力学分析法经稳定性验算后确定。表7-12是根据工程地质类比法列出的各类黄土的路堑边坡坡率。

黄土地区路堑边坡坡率　　　表7-12

分区	分 类		边坡高度(m)			
			≤6	6~12	12~20	20~30
Ⅰ东南区	新黄土 Q_3 Q_4	坡积	1:0.5	1:0.5~1:0.75	1:0.75~1:1.0	—
		洪积	1:0.2~1:0.3	1:0.3~1:0.5	1:0.5~1:0.75	1:0.75~1:1.0
	新黄土 Q_3		1:0.3~1:0.5	1:0.4~1:0.6	1:0.6~1:0.8	1:0.75~1:1.0
	老黄土 Q_2		1:0.1~1:0.3	1:0.2~1:0.4	1:0.3~1:0.5	1:0.5~1:0.75
Ⅱ中部区	新黄土 Q_3 Q_4	坡积	1:0.5	1:0.5~1:0.75	1:0.75~1:1.0	—
		洪积、冲积	1:0.2~1:0.3	1:0.3~1:0.5	1:0.5~1:0.75	1:0.75~1:1.0
	新黄土 Q_3		1:0.3~1:0.4	1:0.4~1:0.6	1:0.5~1:0.8	1:0.75~1:1.0
	老黄土 Q_2		1:0.1~1:0.3	1:0.2~1:0.4	1:0.3~1:0.5	1:0.5~1:0.75
	红色黄土 Q_1		1:0.1~1:0.2	1:0.2~1:0.3	1:0.3~1:0.4	1:0.4~1:0.6
Ⅲ西部区	新黄土 Q_3 Q_4	坡积	1:0.5~1:0.75	1:0.75~1:1.0	1:1.0~1:1.25	—
		洪积、冲积	1:0.2~1:0.4	1:0.4~1:0.6	1:0.6~1:0.75	1:0.75~1:1.0
	新黄土 Q_3		1:0.4~1:0.5	1:0.5~1:0.75	1:0.75~1:1.0	1:1.0~1:1.25
	老黄土 Q_2		1:0.1~1:0.3	1:0.2~1:0.5	1:0.3~1:0.5	1:0.5~1:0.75
Ⅳ北部区	新黄土 Q_3 Q_4	坡积	1:0.5~1:0.75	1:0.75~1:1.0	1:1.0~1:1.25	—
		洪积、冲积	1:0.2~1:0.4	1:0.4~1:0.6	1:0.6~1:0.75	1:0.75~1:1.0
	新黄土 Q_3		1:0.3~1:0.5	1:0.5~1:0.6	1:0.6~1:0.8	1:0.75~1:1.0
	老黄土 Q_2		1:0.1~1:0.3	1:0.2~1:0.4	1:0.3~1:0.5	1:0.5~1:0.75
	红色黄土 Q_1		1:0.1~1:0.2	1:0.2~1:0.3	1:0.3~1:0.4	1:0.4~1:0.6

注：表内边坡值为设平台后的平均值。

黄土路堑边坡常用的稳定性力学验算方法为圆弧法和裂隙法。裂隙法是根据黄土存在垂直裂隙的特点提出的。黄土中由于垂直节理的存在，以及高陡边坡坡脚受到很大的自重应力，发生不均匀变形等现象，都会导致坡顶出现成组的拉力裂缝。裂隙在地表水的冲蚀下不断加深,当加深到超过黄土的最大直立高度时(图7-19中的 DE),黄土边坡就会坍塌。滑动面的形状为上段垂直,中段与水平面呈 $(45°+\varphi/2)$ 角的斜线,下段为圆弧状。这是因为,DE 裂隙后的土体 DEGF 对裂隙前土体产生推力作用,在裂隙深度发展至最危险位置时,裂隙前土体就沿 AE 作圆弧式滑动;而裂隙后部土体则沿垂直裂缝 FG 断裂,边坡发生如图7-19中所示崩塌形的滑塌。根据 AE 弧上抗滑力矩与滑动力矩之比[式(7-27)],可以求得整个边坡稳定的安全系数 F。为简化计算,可直接利用改制的"裂隙法"边坡计算图。

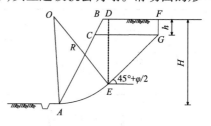

图7-19 裂隙法计算图示

$$F = N_c \frac{c}{\gamma H} \qquad (7-27)$$

式中:N_c——边坡坡度、边坡高度、坡顶地面倾斜率、土的天然重度、抗剪强度、裂隙深度的函数。

3)边坡防护

黄土边坡的防护是黄土地区公路建设中的一个突出问题。边坡防护设计不当,不仅容易造成水土流失,严重时还会危及工程安全。目前,在黄土地区常用的边坡防护方法有植草防护、拱式砌石或浆砌片石结合植草防护、六角形预制块边坡防护及土工网植被防护等。由于黄土极易受雨水冲刷,植草防护时需特别重视草皮未长成之前草籽易被风雨冲蚀、坡面植草覆盖率很低的情况,在路堑边坡较陡和植草不宜生长时不可采用。

7.4.3 黄土地区高路堤设计

黄土地区的高路堤极为普遍。高路堤的主要病害是较为普遍和严重的路基下沉,以及雨水作用下的边坡冲刷。边坡整体变形失稳较少发生,说明目前公路高路堤工程实践中所采用的断面形式及坡度是合适的,只要压实质量满足设计要求,一般能满足边坡整体稳定要求。

1)填料与压实

老黄土黏粒含量较高,透水性能差,土体遇水软化,强度迅速降低,路基易变形,路肩及边坡易产生滑塌,因而不宜为路床填料。高路堤边坡部分,适宜用新黄土填筑,并严格控制压实度,必要时宜设坡面防护工程。

针对黄土高路堤容易产生下沉的问题,可采取下列措施:

(1)严格掌握路堤压实标准,确保压实质量;
(2)加强地表排水措施,防止地表水下渗;
(3)采取预浸水或重锤夯击的方法,消除或减少地基的湿陷性,提高地基的承载力;
(4)对高度大于20m的路堤,应按工后沉降量预留路基顶面加宽值;工后沉降量可按路堤高度的0.7%~1.5%估算。

2)边坡设计

由于压实后的黄土节理性被破坏,故路堤边坡不能同路堑一样采取陡坡形式,而需采用力学分析法验算,参照表7-13进行设计。阶梯形断面适用于年平均降水量大于500mm的地区,并在边坡高20m处设宽为2.0~2.5m的边坡平台,边坡平台宜设截水沟,并作防渗加固处理。

路堤断面形式及边坡坡率　　　　　表 7-13

断面形式	路基以下边坡分段坡率		
	$0 < H \leq 10m$	$10 < H \leq 20m$	$20 < H \leq 30m$
折线形	1:1.5	1:1.75	1:2
阶梯形	1:1.5	1:1.75	1:1.75

7.4.4 黄土地基处理

1）黄土陷穴处理

黄土经水的冲蚀与溶蚀,形成的暗沟、暗洞、暗穴等统称为陷穴。在地形起伏多变、地表径流容易汇集的地方,在土质松散、垂直节理多的新黄土中,最容易出现陷穴。黄土陷穴一般可分为 5 类,如表 7-14 所列。

黄土陷穴类型　　　　　表 7-14

编号	陷穴类型	说　明
1	碟形地	具有直径数十米的椭圆形碟状凹地,深度一般为 2～3m,边缘较陡;多发生在黄土塬部分或没有排水坡度处;由降水下渗、黄土在重力作用下湿陷而引起
2	漏斗状陷穴	由于坡面上径流的汇集,水沿节理下渗潜蚀而成,多产生在黄土塬边缘或谷坡附近
3	竖井状陷穴	陷穴边缘陡峭,口径不大,深度可达 20 多米,多发生在阶地的边缘径流汇合处。由于陷穴底部堆积着崩塌下来的土块,随着地下水进一步的冲刷搬运逐渐加深
4	串珠桩陷穴	多沿沟床分布,一般发生在沟床的变坡处。沟壁塌落下来的土堆,成为地表水径流的障碍物,当洪水季节,上游水流到此遭受堵塞,遂向下渗流而成
5	暗穴	形态多种多样,可直可曲,忽大忽小,通常为陷穴的通道,也有单独成盲沟、暗河存在的。由地下水的溶蚀和潜蚀而成,有些特殊的暗穴是人为因素造成的

黄土陷穴的处理应采取预防和处治相结合的原则,首先要查明陷穴的位置和导致其产生的水源,并作出定性和定量分析,根据对路基稳定的危害程度分别对待。一般而言,陷穴的处理范围应符合下列规定:

(1) 对外露的陷穴,在路堤坡脚或路堑坡顶线外上方侧 50m 以内,下方侧 10～20m 内,应全部处理,处理深度自地面至陷穴底;

(2) 对横穿路基隐蔽的暗穴,自路堤坡脚或路堑坡脚向外侧按 $(45° + \varphi/2)$ 向下扩展至需要处理的暗穴底。

陷穴的预防主要是防水,防止路侧积水及积水下渗。对流向陷穴的地面水应采取拦截引排措施;对挖方坡顶上方的裂缝和积水洼地,应填平夯实,防止雨水下渗;对填方路基应做好靠山侧的排水工程,并填平夯实积水洼地;将路基附近的土层夯实或铺筑黏质土等不透水材料或植树种草。

陷穴的处治,主要是根据陷穴的大小分别采用回填和灌浆等措施。回填夯实用于明穴;明挖回填夯实用于埋藏浅的暗穴;支撑回填夯实用于埋藏较深的暗穴;灌砂用于小而直的暗穴;灌泥浆用于大而深的暗穴。

2）湿陷性黄土地基处理

湿陷性黄土一般大面积分布,地基处理费用较高。故应根据湿陷性黄土的性质、公路等级对地基变形的要求、施工条件及材料来源,经技术经济综合分析后确定处理方案。

湿陷性黄土地基的湿陷类型及湿陷等级,可根据基底下各层累计的总湿陷量和计算自重湿陷量的大小等因素,按表7-15判定。

湿陷性黄土地基的湿陷类型及湿陷等级　　　表7-15

湿陷类型		非自重湿陷性场地	自重湿陷性场地	
计算自重湿陷量 Δ_{zs}(mm)		$\Delta_{zs}<70$	$70<\Delta_{zs}\leqslant350$	$\Delta_{zs}>350$
总湿陷量 Δ_s(mm)	$\Delta_s<300$	Ⅰ	Ⅱ	—
	$300<\Delta_s\leqslant600$	Ⅱ	Ⅱ 或 Ⅲ	Ⅲ
	$\Delta_s>600$	—	Ⅲ	Ⅳ

注:①Ⅰ、Ⅱ、Ⅲ、Ⅳ分别表示轻微、中等、严重和很严重;
②当 300mm<Δ_s<500mm,70mm<Δ_{zs}<300mm 时,定为Ⅱ级;当 500mm≤Δ_s≤600mm,300mm≤Δ_{zs}≤350mm 时,定为Ⅲ级。

湿陷性黄土地基的自重湿陷量(Δ_{zs})按式(7-28)计算;Δ_{zs}应从天然地面(挖方地段应自路肩)算至其下非湿陷性黄土层顶面止,其中 δ_{zs} 值小于0.015的土层不累计。

$$\Delta_{ZS} = \beta_0 \sum_{i=1}^{n} \delta_{zsi} h_i \tag{7-28}$$

式中:δ_{zsi}——第 i 层黄土的自重湿陷系数;

h_i——第 i 层的厚度(mm);

β_0——因地区土质而异的修正系数:缺乏实测资料时,陇西地区取 $\beta_0=1.50$;陇东—陕北—晋西地区取 $\beta_0=1.20$;关中地区取 $\beta_0=0.90$;其他地区取 $\beta_0=0.50$。

湿陷性黄土地基受水浸湿饱和时的总湿陷量 Δ_s 按式(7-29)计算;计算深度应从天然地面(挖方地段应自路肩)开始,在非自重湿陷性黄土场地,累计至基底下 10m(或地基压缩层)深度止;在自重湿陷性黄土场地,累计至非湿陷性黄土层的顶面止。其中湿陷系数(δ_s)(其中 10m 以下为 δ_{zs})小于0.015的土层不累计。

$$\Delta_s = \sum_{i=1}^{n} \beta \delta_{si} h_i \tag{7-29}$$

式中:δ_{si}——第 i 层土的湿陷系数;

h_i——第 i 层的厚度(mm);

β——考虑基底下地基土的受水浸湿可能性和侧向挤出等因素的修正系数:缺乏实测资料时,基底下 0~5m 深度内取 $\beta=1.50$;基底下 5~10m 深度内取 $\beta=1.00$;基底下 10m 以下至非湿陷性黄土层顶面,在自重湿陷性黄土场地,可取工程所在地区的 β_0 值。

对于自重湿陷性黄土场地,地基湿陷量的计算值大于或等于路基工后沉降量容许值时,应进行地基处理。对于非自重湿陷性黄土场地,地基内各土层的湿陷起始压力值,小于其附加压力与上覆土的饱和自重压力之和,且地基湿陷量的计算值大于或等于路基工后沉降量容许值时,应进行地基处理。

黄土地基湿陷性处理的技术措施包括垫层法、强夯法及挤密法等。垫层法、重夯法和冲击碾压均可消除浅表层黄土的湿陷性,提高地基承载力,而冲击碾压技术应用于大面积湿陷性黄土地基浅层处理和黄土路堤补强压实时更具有快速高效的优势。强夯法则主要用于Ⅲ级以上厚层自重湿陷性黄土、非饱和高压缩性新近堆积黄土地基和人工松堆黄土地基的加固处理,有效处理深度一般不大于8m。孔内深层强夯具有重锤夯实、强夯、土桩地基处理之优势,集高功能、高压强、强挤密效应于一体,适用于加固厚层高压缩性湿陷性黄土地基。灰土挤密桩对于消除土的湿陷性和提高承载力都是有效的,但当含水率大于23%及其饱和度超过65%时,成孔时桩孔及周围易缩颈及隆起,挤密效果差,故不适用于地下水位以下使用。

7.5 盐渍土地区路基设计

7.5.1 盐渍土地区路基工程问题

地表1m内易溶盐含量超过0.3%时即属于盐渍土。由于土中含有易溶盐,土的物理、力学性质和路用性能均发生变化,引起许多路基病害;随着土中含盐性质及盐渍化程度的不同,盐渍土的路用性能及路基病害的类型和严重程度也不同。通常,盐渍土可按土层中所含盐的种类和平均总盐量的质量分数进行分类,具体见表2-5。

不同含盐性质盐渍土的主要工程性质如表7-16。

盐渍土主要工程特性 表7-16

盐渍土的种类	工程性质			
	密度	液限与塑限	强度与水稳性	盐胀与膨胀
氯盐渍土	盐类晶体填充在土的孔隙中,能使土的密度"增加",但这种增加是不稳定的,土湿化后,盐类被溶解,土的密度降低	随含盐量的增大而减小,最佳含水率亦随含盐量的增加而降低,故可在较低的含水率情况下,有效地进行土的压实	①在潮湿状况下,强度随含盐量的增加而降低,可在较小的含水率时达到液性和塑性状态,湿化作用相同时,比非盐渍土能更快和更大地丧失其稳定性;②干燥状态时,有黏固性,盐渍土的强度高于非盐渍土	盐分结晶时,体积不变化,不产生盐胀作用
硫酸盐渍土	密度随含盐量的增加而降低,当含盐量接近2%时,密度就显著下降	随含盐量的增加而增大	①潮湿状态下,强度随含盐量的增加而降低;②干燥时,盐分对土的黏固性作用很小	①体积随温度显著变化,盐胀作用严重,造成土体表层结构破坏和疏松;②盐胀作用所涉及的深度远较冻深为大
碳酸盐渍土	密度随含盐量的增加而降低,当其含盐量超过0.5%时,路基密度便显著降低	随含盐量的增加而增大	①潮湿情况下,钠离子在黏土颗粒周围形成较厚的结合水膜,使土体膨胀,强度下降;②在干燥状态时,黏固性大	受水后,膨胀作用最严重,能增加黏土的塑性和黏附性,使渗透系数变小

由于盐渍土的特殊性质所导致的路基主要病害包括:

(1)溶蚀。主要是氯盐渍土,其次是硫酸盐渍土,受水对土中盐分的溶解,可形成雨沟、洞穴,甚至湿陷、塌陷等路基病害。

(2)盐胀。硫酸盐渍土盐胀作用强烈。在冷季,土基内的盐胀,可使路面不平、鼓仓、开裂,是盐渍土地区高等级公路最突出的病害;路基边坡及路肩表层,在昼夜温度变化所引起的盐胀反复作用下,变得疏松、多孔,易遭风蚀,并易陷车。

(3)冻胀。当氯盐渍土含盐量在一定范围内时,由于冰点降低,水分聚流时间加长,可加重冻胀。但含盐量更多时,由于冰点降低多,路基将不冻结或减少冻结,从而不产生冻胀或只产生轻冻胀。

(4)翻浆。当氯盐渍土含盐量在一定范围内时,不仅可加重冻胀,也可加重翻浆,这是因为氯盐渍土不仅聚冰多,而且液、塑限低,蒸发缓慢。当含盐量更多时,也因不冻结或少冻结而不翻浆或轻翻浆。

7.5.2 盐渍土地区路基设计

在盐渍土地区,为避免水分和盐分进入路基而产生病害,路基一般采用有适当高度的路堤,而不宜采用路堑形式。

1)路基高度

盐渍土地区路基高出地下水位的最小高度一般由三个部分组成:毛细水强烈上升高度、冻胀深度和安全高度。其中,冻胀深度若是考虑冻胀与翻浆,则取部分或全部冻胀深度;如是考虑盐胀,则取部分或全部盐胀深度;如是考虑再盐渍化,则取最大蒸发深度。

盐胀深度是指盐渍土土基受降温作用产生路面盐胀量的有效深度。盐胀的产生主要是土体内硫酸钠在低温下溶解度下降吸水结晶而形成的。试验证明,土体内含硫酸钠大于0.5%,而且土体温度下降到5℃以下时,就有盐胀产生;当硫酸钠含量达到1.2%以上,路面就可观测到明显的盐胀量;盐胀随降温过程而增加,土体内温度在5℃~-5℃,盐胀量递增很快。此外,路面以下地温的变化幅度随深度加深而逐渐减少,低温对盐胀最有效的影响深度为路面顶面以下1.50m左右。

2)填料与压实

盐渍土用作路基填料,与路基稳定密切相关,其可行性视不同公路等级、不同路基层位、不同填料类别,以及当地气候特征、水文地质条件等进行综合进行确定,如表7-17。一般而言,盐渍土路基的压实度应尽可能提高一些,以防止盐分的转移和保证路基的稳定。

盐渍土用作路基填料的可用性 表7-17

土类及盐渍化程度		公路等级	高速公路、一级公路			二级公路			三、四级公路	
		填土层位	0~0.80m	0.80~1.50m	1.50m以下	0~0.80m	0.80~1.50m	1.50m以下	0~0.80m	0.80~1.50m
粗粒土	弱盐渍土		×	○	○	△¹	○	○	○	○
	中盐渍土		×	×	○	△¹	○	○	△³	○
	强盐渍土		×	×	△¹	×	△²	△³	×	△¹
	过盐渍土		×	×	×	×	×	△²	×	△²
细粒土	弱盐渍土		×	△¹	○	△¹	○	○	△¹	○
	中盐渍土		×	×	△¹	×	△¹	○	×	△⁴
	强盐渍土		×	×	×	×	×	△²	×	△²
	过盐渍土		×	×	×	×	×	△²	×	×

注:①表中"○"——"可用","△"——部分可用,"×"——不可用;
②△¹:氯盐渍土及亚氯盐渍土可用,△²:强烈干旱地区的氯盐渍土及亚氯盐渍土经过论证可用,△³:粉土质(砂)、黏土质(砂)的不可用,△⁴:水文地质条件差时的硫酸盐渍土及亚硫酸盐渍土不可用。

3)边坡设计

盐渍土地区路堤边坡坡率,应根据填筑材料的土质和盐渍化程度,按照表7-18确定。遭受水淹的路堤,边坡应采用1:2~1:3的坡度。

盐渍土地区路堤边坡坡率　　表7-18

土质类别	填料盐渍化程度	
	弱、中盐渍土	强盐渍土
砾类土	1:1.5	1:1.5
砂类土	1:1.5	1:1.5～1:1.75
粉质土	1:1.5～1:1.75	1:1.75～1:2.00
黏质土	1:1.5～1:1.75	1:1.75～1:2.00

7.5.3 盐渍土路基的处治措施

对于盐渍土路基,应针对路基土含盐性质、盐渍化程度,以及沿线筑路材料、地形、工程地质和水文地质条件等,因地制宜地采用提高路基、路基换填、设置隔断层、改善排水条件等有效措施,保证路床处于干燥或中湿状态,不受盐分、水分的影响。

1)提高路基

提高路基以减少进入路基上部的水分和盐分,因为施工简便,是较为常用的措施。但提升的高度不足时,效果往往不甚显著,这是因为硫酸盐在很低的含水率时即可产生盐胀。根据经验,要高出地下水位6～7m才能有效防治。故该方法在三、四公路路基偏低,且砂砾材料产地偏远地段较为合适,二级及以上等级公路应与其他措施综合设计。

另一方面,对道路盐胀而言,路堤愈高,相对临空面愈大,路基土体受冷热气温交替作用加剧,因而易于产生盐胀。虑及这一因素,路基也不宜太高,以足以保证路基、路床部分土体处于干燥或中湿的稳定状态即可。

2)路基换填

路基换填,在土质不良地段,以及老路路床土质含盐量超过规定要求,路床过湿压实度达不到压实要求,或路基高程受限制的低填浅挖地段采用。换填一般选用就近砂砾或风积沙(河沙)。换填厚度,二级及二级以下公路一般为0.80m;高速公路、一级公路的换填厚度应根据勘探资料慎重确定,最小为1.0m。

3)设置隔断层

隔断层是防止水分和盐分进入路基上部以及处理道路盐胀、翻浆病害的有效措施。路线通过中强盐渍土,特别是硫酸盐渍土地段,受地面水或地下毛细水影响的路基,高程受限制的挖方路堑或被利用的原有路基含盐量超限路段,路基处理时宜考虑以隔断层配合其他措施综合治理。

隔断层材料的选择应视当地材料、路线等级、路基高度及水文地质,并进行技术经济比较后确定。土工膜、沥青膜、沥青砂、油毛毡属不透水的隔断层,可隔断下层毛细水和气态水的上升;砂砾和风积沙属透水性的隔断层,只能隔断毛细水的上升。新建高速公路、一级公路,路堤高度大于1.8m可选用砾石、风积沙(河沙)作透水性的隔断层,既可以使路基上部渗水下渗,也可阻隔下部毛细水上升;但路堤高度不足1.8m时,为防止毛细水与气态水上升导致土基上部次生盐渍化的影响,宜用土工膜等材料作不透水的隔断层。

隔断层位置设置不当,往往达不到预定的效果或不经济。对保证路床填土质量及稳定性而言,新建高速公路及一级公路的填方路堤隔断层面高程应比路基设计高程低1.5m以下,同时应满足最大冻深+0.25m的距离。因盐渍土路段高等级公路的路面厚度一般为0.70m左右,这样才能使路床土质不受下部盐分和水分的影响,保证路基的稳定。二级及二级以下公路,隔断层顶面的位置至少应控制在路基边缘以下0.8m处,同时满足冻深要求,并高出边沟流水位。在路基换填与隔断措施综合处理的路段,隔断层顶面的位置应在换填下缘或其层间下部,挖方路段应在新铺路面垫层以下至少0.30m。

4)改善排水条件

盐渍土地区路基排水主要考虑排除地面积水和降低地下水。地面水以排水沟、截水沟、边沟、蒸发池等措施疏引排除至路基范围以外。地下水应采取隔断、疏干、降低等措施以不致影响路基的稳定,其效果与提高路基类似。

5)化学处理盐渍土

对路基上层的硫酸盐渍土进行化学处理,使土中的易溶盐成分和性质发生变化,从而不再产生盐胀或减轻盐胀。常用的化学掺加剂有 $CaCl_2$、$BaCl_2$。为了使化学处理过的盐渍土不受下层水分和盐分的影响,其底部应设置隔离层。

6)加强路面

这种措施适用于一般公路老路轻度盐胀的防治。较多采用的是加铺厚层沙砾垫层,以减少路基盐胀深度,加大路基上覆荷载,并吸收、缓和一部分路基的不均匀盐胀。

7.5.4 干涸盐湖地段路基设计

干旱地区封闭盆地内的湖泊,通过地面水、地下水不断从周围聚集盐分,形成盐湖。如水源不足,则在强烈蒸发下使盐湖逐渐缩小、变浅,盐类大量沉积,形成岩盐与盐盖,则成干涸盐湖。由于盐湖中的地下水一般都是饱和盐水(又称卤水),对岩盐不再发生溶解作用,加之表面多具有坚硬的盐盖,因此可以在干涸的盐湖表面直接修筑公路。

岩盐的含盐量很高,一般在20%以上,最高可达95%。岩盐类材料的优劣取决于生成条件、含盐类及性质、含盐量多少和土的颗粒组成及其结构密实、坚硬程度等条件。路基填料可以用当地的岩盐,容许含盐量可不加限制,如为氯化物盐类,含盐量越大越好。用作填料的岩盐应打成碎块,并分层浇洒盐水填实。

在干涸盐湖上修筑一般等级道路,可以低路堤甚至零填横断面形式通过,往往不需要另铺筑路面,仅洒泼盐水,逐次结晶,再经行车碾压而形成坚硬、密实、平整的硬壳。为提高雨季行车安全性,可在岩盐中掺加沙砾材料。对高速公路、一级公路,应采用分期修建的原则。第一期工程可采用土路堤和岩盐路堤,通过使用、养护期间用稳定土的加固办法,提高其使用性能,然后再进行第二期工程,提高路基并在上面铺筑路面。

当干涸盐湖地表下有饱和盐水时,为了加速地下水蒸发和盐分聚集、结晶,降低地下水位,宜采用设排水沟及护坡道的路基横断面。

7.6 其他特殊路基设计

7.6.1 风沙地区路基设计

风沙地区在工程上指沙漠和沙地。沙漠系指荒漠地区地表为风积的疏松沙所覆盖的地区;沙地系指草原地区地表为风积的疏松沙所覆盖的地区。风沙对公路的危害主要是沙埋和风蚀。

(1)沙埋。公路沙埋主要有两种情况,其一是由于风沙流通过路基时,因风速减弱导致沙粒沉落、堆积，掩埋路基；其二是由于沙丘移动上路而掩埋路基。

(2) 风蚀。在风沙的直接冲击下，路基上的沙粒或土颗粒被风吹走，出现路基削低、掏空和坍塌等现象，从而引起路基的宽度和高度的减小。风蚀的程度与风力、风向、路基形式、填料组成及防护措施等有关。

风沙地区路基设计所考虑的主要问题是沙埋与风蚀，两者当中又以沙埋为主。应根据风沙地貌特点、风沙运动特征、风向、风力、路线与风向的关系，选择合理的路基断面形式和路侧防沙体系。

1) 风沙地区路堤设计

风沙地区路基应以低路堤为主，填土高度应根据路堤上的风向、风速变化等情况确定，一般路堤高度宜比路基两侧50m范围内沙丘的平均高度高出0.3~2m。当路线通过高大复合型沙垄或复合型沙丘链地段，路基高度以填方略大于挖方或接近平衡为宜。

风沙地区填方路基应采用流线形横断面，以使风沙流平顺通过公路。高速公路、一级公路可采用分离式缓边坡路基形式，不宜采用凸形中央分隔带。路肩与边坡相交处宜设成圆弧形。路堤边坡坡度应根据填料、填土高度、风向、路侧地形及防护情况确定；对于微湿和半干旱沙地地区的高速公路和一级公路，路堤边坡坡度宜采用1:3。坡面需设置一定的防护措施，以防风蚀；在气候条件容许的情况下，宜采用生物防护。

路基取土宜取自挖方断面，或取自上风侧阻风沙丘，以减少沙害。当纵向调运较远，采用路侧取土时，取土坑应设在背风侧坡脚5m以外，并设计成弧形的浅槽。必要时，对取土坑应采取防护措施。平沙地路段不宜取土，应加以保护。纯风积沙可采用土工布等材料进行加固修筑路基，水源缺乏地区的沙基可采用振动干压实技术。

2) 风沙地区路堑设计

风沙地区路基应避免采用长度大于30m和深度大于6m的路堑。宜采用敞开式、缓边坡式路基横断面，并对路肩、边坡坡面和坡顶外20~30m范围进行防护。坡率应根据挖方深度、风力、风向、路侧地形及防护措施确定；深路堑边坡坡脚应设置积沙平台，以便于养护；对于微湿和半干旱沙地地区的高速和一级公路，路堑边坡坡率宜缓于1:3。路线与主导风向正交时，应使路堑顶宽与路堑深度的比值接近20~30的范围，将大部分挟沙输送至路堑以外、减少堑内的积沙。半填半挖路基应将挖方侧路基适当加宽，上下两侧宜采用缓边坡，边坡变坡点处宜设成圆弧形，同时对上下边坡进行加固。

挖方弃土宜用于填方路基，多余弃土应置于背风一侧的低洼处，距离路堑坡顶不应小于10m，必要时，应采取防护措施。

3) 路侧防沙工程设计

防沙工程应根据公路等级采取工程或生物措施，总体布置，并形成完善的综合防护系统。其设置范围和部位应根据风沙活动特征、风况、输沙量、地形、防护材料性质、当地气象、土壤地质、自然生态环境及公路等级和使用要求等确定。

路侧工程防沙措施可以归纳为固、阻、输、导四种类型。

(1) 固沙措施。其作用在于稳定沙地表面，抑制流沙滑动。常用的措施主要为设置沙障，包括平铺式和立式两类。平铺式沙障利用砾石、黏性土或其他材料，平铺于沙面上以防风蚀，多用于对路基两侧沙面的防护。立式沙障利用茅草等材料竖直设置，以降低地面的风速，抑制就地起沙，并阻挡部分外力流沙，距离路基需保证一定距离（低立式大于20m，高立式大于50m），通常设置在平铺沙障的外侧。

(2)阻沙措施。其作用在于拦截风沙和限制积沙移动。一般可分为墙式、堤式、栅式和带式等4类,适用于沙源极为丰富的流沙地区,需布设在距离路基以外的上风侧,并尽量选择有利地形(如沙丘脊线等)并与主导风向正交。

(3)输沙措施。其作用在于通过增强风力或改变下垫面性质,使过境流沙顺利通过路基而不产生积沙。常用的方法有浅槽和风力堤输沙、浅槽输沙以及聚风板输沙。适用于平坦的流动沙地和风沙流地区,以及路线与主导风向交角为45°~90°的流动沙丘地段。

(4)导沙措施。其作用在于采用导流的方法借助风的动力作用,改变风沙流或沙丘的方向,使沙堆积在对路基无害的地方。导沙设施可分为导沙墙(土、石、柴草墙等)和导沙板(木板、笆块等)。适用于主风向与路线成25°~30°斜交情况下的流沙防护,应设置在路基的上风侧,并距路基不小于50~100m。有条件时可种植乔灌结合的植物,形成导沙屏障。

综合植物防护系统的设置应与当地治沙规划相结合。当采用防护林带时,宜采用种草、灌木和乔木相结合,先期树种和后期树种相结合,以及乡土树种和引进树种相结合的原则进行栽植。设置宽度应根据沙源、风沙流活动强度和沙丘移动特征等因素确定,迎风侧不宜小于200m;背风侧如为单向风时可不设,如有反向风时,则应设置宽度不小于50m的防护带。有条件时应在两侧防护林带之外,根据风沙严重程度设置植被保护带。植被保护带宽度一般在路基的迎风侧不应小于300m,在路基的背风侧不应小于100m。

植物固沙是防治沙害的根本措施,但需要一定的条件,管理也比较困难,需要较长的时间和大量的人力及农林部门的密切协作。为防止破坏原有植被引起新的沙源,并保护防护设施,在公路两侧的一定范围内,应设置被保护带,禁止不合理的开垦、放牧与樵采。

7.6.2 雪害地区路基

1)雪害类型

公路雪害有积雪和雪崩塌两种形式。

(1)积雪主要包括自然降雪和风吹雪。自然降雪积雪主要是指在风力较弱或无风的情况下,降雪在公路上形成的匀雪层。这种积雪超过一定厚度,或下雪同时结冰时,将影响行车速度和交通安全,通常可通过除雪、融雪(撒氯化钙、氯化钠和氯化镁)等养护办法解决,一般不致对公路造成严重危害,只有降雪量很大、积雪过厚时,可能阻断交通。降雪时或降雪后,风力达到一定强度时,吹扬粒,随风运动,形成风雪流。被风雪流搬运的雪在风速减弱的地方堆积起来,形成吹集雪。从风雪流到吹集雪的全过程称为风吹雪。风雪流强烈时,能见度极差,通行条件恶劣,极易发生行车事故。厚度很大的吹集雪则可阻断交通,埋没车辆。

(2)雪崩是指在重力影响下,山坡积雪的崩塌。大量的雪崩不仅能掩埋公路、阻断交通,还能击毁路上的行车和建筑物。

对于有特别严重雪冰分布地区的公路勘察设计,必须遵循"防重于治"的原则,即在路线走廊带大致确定以后,应对当地自然地理、气候、灾害、积雪、主导风向、生态条件等资料进行认真的收集分析和对比,提出穿越雪害路段正确的路线方案。在有风吹雪危害的地区进行公路勘测时,应重点调查收集风雪流行程中的地形、地物、植被等情况,测定风雪流的移雪数量,冬季风力与风向及其频率和持续时间、降雪量、积雪深度、冬季气温及冻融时间、风吹雪的类型及其危害程度等;对有雪崩危害的山区公路进行勘测时,应重点调查收集可能发生雪崩的地形(山体坡度和运动路线)、主要气候情况(温度、雪量)、坡体情况(土质、植被及种类)等情况,避免防治雪崩工程引起山体的滑坡,同时为确定适合当地、速生的优良树种和实现生物防治做准备。

2）雪害地区路基设计原则

（1）平坦开阔地有利于气流平顺通过，路线走向与风雪流的主风向近于平行时，路面上形成畅顺的流场，可减少路上积雪。因此路线应选在平坦开阔、移雪量小的地带，且路线尽量和主风向平行或保持小的夹角。

（2）尽量少设路堑，多设填方。设置路堑时，浅路堑可考虑放缓边坡，把路基敞开；一般路堑则须考虑结合地形采用储雪场、整修内侧山坡等防雪措施；尽量避免高路堤和深路堑相连接。

（3）填方路堤的取土坑可用作储雪场。在背风坡上的路线，取土坑应设在路线的上风面；在迎风坡上的路线，取土坑应设在下风面。

（4）风吹雪灾害成因主要是风速减弱，雪粒沉积堆埋公路，因此风吹雪和地形地物以及路基形式有很大关系。路基采用路堤形式，且有适当的高度，可以保证风雪流顺利通过。在平坦开阔地区，路基最小高度应比当地最大积雪深度高出0.5～1.0m（积雪浅或风向与路线平行时用低限）。

（5）防治风雪灾害，应从净化风雪流入手，消除风雪流在路上产生沉积的条件，同时使风雪流中的雪粒含量减少到不影响视距的程度。故应清除路基两侧15～20m范围内凸出的障碍物，如乱石堆、小土丘、草墩、灌木丛等，以保证风雪流顺利通过。

（6）放缓路堤边坡，是平坦开阔地区预防风雪流危害的有效方法。在有条件的地方，应尽可能将路堤迎风面的边坡放缓，使其沿主导风向的坡度等于或缓于1:4。

（7）由于山区挖方路段的主风向与局部涡旋风的相互干扰，易在弱风区产生积雪，所以应将路基断面设计为顺畅风雪流断面。山坡路堑，特别是路线与主风向夹角大于30°的路堑，易产生风吹雪积雪，其边坡宜缓于1:4，并设置积雪平台，横坡同路拱坡度；对无条件放缓边坡的路段，应加大积雪平台宽度，必要时可在挖方路堑内采用路堤断面形式或设置储雪场。

（8）三级路路基宽度不宜小于8.5m，四级路路基宽度不宜小于7m，以便错车。

3）防雪措施

公路雪害的防治工程可分为生物治理和工程治理。生物防治是根治雪害、变害为利、一举多得、普遍适用的措施，应优先考虑采用。工程治理主要采用稳、阻、导三种治理措施，应注意保护生态环境，防止水土流失，为生物防治创造条件，最终实现生物防治。

（1）风吹雪防治措施

风吹雪的防治措施可选用防雪林、防雪栅、导风板和防雪堤（墙）等。

防雪林的设计要求将雪害自然灾害的损失降到最低，实行乔、灌、草结合，带、片网结合，多树种、多林种结合，使防雪林结构合理、稳定。防雪林带的宽度不宜小于50m，宜采用多条林带，各林带间距为20～50m，单条林带宽为20m。防雪林到到路基坡脚的净距可按防护林高度的10倍设置，但不应小于25m。

防雪栅包括固定式防雪栅和移动式防雪栅。固定式防雪栅适合于风雪量较小但持续时间较长、风向变化不大的路段；高度应根据风力及雪量大小而定，但不宜小于3m；从路基边缘到防雪栅的距离，应根据栅后积雪堤的长度确定，宜为30～50m。移动式防雪栅适合于风向多变、风力大、雪量多的路段；高度宜为1～2m；防雪栅的初设位置，距离路基边缘为20～50m。防雪栅应布置在迎风一侧，并与冬季主导风向垂直；当地形开阔、积雪量过大时，可设置两排防雪栅，间距宜为50～80m。

防雪堤(墙)可发挥阻雪的作用,适用于积雪较少或气候、土壤条件不宜植林的路段。防雪堤(墙)高度根据降雪量的大小确定,可采用1.0~1.5m。防雪堤(墙)距路基边缘应有一定的距离,一般可采用20~30m,但不应小于10m。在雪量较大时,也可设置多道防雪堤(墙),其间距可视具体情况而定。

导风板可以改变雪流的速度和方向,是防止积雪的一种有效措施,但需用大量的木材和钢材,只适用于高等级公路及有特殊要求的公路。导风板可分为下导风板和侧导风板。下导风板适用于路线与主导风向的交角大于30°及迎风山体坡度小于40°的路段,否则宜采用侧导风板。导风板的位置应根据当地主导风向、路基横断面形式及地形等条件而定,下导风板宜设在迎风侧的路肩附近,侧导风板宜设在迎风侧路基边缘以外不小于15m处。

(2)雪崩防治措施

雪崩的防治措施包括植树造林、水平台阶、稳雪栅栏、土丘及楔、导雪堤,以及防雪走廊等。

植树造林可以从根本上阻止山坡积雪的滑动,应尽量采用。可从雪崩源头开始到雪崩运动区,从上到下分期种植合适树种,防雪林初期可配合工程措施。防雪林的防护效果与林带结构(横断面形式、高度、透风度)有密切关系,防护林应选用上下紧密,使雪崩雪不易通过的乔、灌木混合林。

水平台阶适用于地面横坡小于45°、土层较厚且透水性较好、不易产生滑坡或泥流的山坡上,可防止小型雪崩。台阶间距应视山坡坡度而定,台阶宽度则依最大积雪厚度与山坡坡度而定。

坡度较陡、土层较薄、透水性差不宜开挖水平台阶的山坡,可沿等高线设置栅栏以稳定山坡上的积雪。稳雪栅栏宜设置多排,最高一排栅栏应尽可能在雪崩裂点附近及雪檐下方。雪崩裂点是指风吹雪集雪区范围最高点的位置;雪檐是指风吹雪在背风的分水岭处形成很厚的悬挂雪体,当自重增加到一定程度便断裂崩落形成雪崩。

土丘及楔适用于坡度较缓、规模较大的沟槽雪崩,一般多设置在雪崩运动区及堆积区的上部。土层较厚,坡度小于30°的雪崩沟内,可设置土丘,以减低雪崩速度;楔还有分割雪体的作用,设置地点宜选在雪崩途径的坡折处,布设一个或多个。土丘及楔的高度应大于最大雪崩锋面高度。雪崩的最大锋面高度 h 可按下式计算:

$$h = \frac{FH}{bL} \tag{7-30}$$

式中: F ——集雪区面积(m^2);

H ——集雪区最大积雪深度(m);

b ——沟槽宽度(m);

L ——集雪区长度(m)。

导雪措施设在雪崩沟槽的一侧,可将雪崩雪导致预定的堆积场所,不使雪体达到公路。主要有导雪堤及破雪堤两种,适用于防治坡度较陡的大沟槽雪崩。导雪堤应自沟槽一侧下斜伸至沟中,与雪崩流的交角不应大于30°。导雪堤的高度,应大于雪崩最大锋面高度。破雪堤设置于沟槽中央或堆积扇中央,实际上是由两个相交的导雪堤组成,其作用介于两个导雪堤与土丘及楔之间,通常用作防护永久性建筑及防雪走廊的辅助工具。

防雪走廊,隧道等遮蔽建筑物是防治雪崩的最有效手段之一,由于其工程量较大,造价高,只有在公路等级较高,雪崩频繁,采用其他措施较困难时方才使用。防雪走廊净空应满足隧道净空的技术标准的规定。

小　　结

除一般路基之外,其他路基都是特殊路基,包括特殊地质地段的路基(如滑坡、崩塌地段路基)、特殊运营环境的路基(如浸水、沿河路基)和特殊土路基(如黄土、盐渍土路基)。前两类特殊路基设计的关键是路基及路基边坡的稳定;而特殊土路基设计除须保证路基稳定外,还涉及路基结构(本体)性能,因而需要格外关注。不同的特殊土因组成和赋存环境不同而具有不同的工程特性,并进一步导致不同的路基工程问题,需要采取有针对性的设计原则和处理(或处治)措施。

软土地基上的路堤设计必须确保路基稳定,有效控制路基变形;软土地基的稳定与变形分析应充分考虑软土性质和土性参数的变异性所带来的影响,可以通过现场监测进行动态设计,指导施工。软土地基处理方法应从处理目的出发,根据地基条件、道路条件和施工条件,以及各种处理技术的适用性,合理选择并确定相关设计参数。多年冻土地区的路基工程,根据具体情况可采用保护或破坏多年冻土的设计原则,确定路堤设计高度和基底处理措施,对路堑进行基底置换和坡面保温。膨胀土路基设计要求消除或减少路基湿胀干缩的有害影响,路基工程的关键是防水保湿。预防自重湿陷性黄土所产生的路基湿陷病害,主要措施是完善排水系统,防止路侧积水和积水下渗;对重要路段,还应处理路堤基底及坡脚外侧的湿陷性黄土地基。盐渍土路基设计应重点控制盐渍土填料的含盐量,并确定合理的路基高度,必要时设置隔断层。风沙地区路基设计的重点是防止沙埋与风蚀;沙害的防治可通过选择合理的路基断面形式、采取植被保护等路侧防沙体系来实现。公路雪害主要是积雪和雪崩,可以通过恰当的公路选线、合适的路堤高度进行防治。

习　　题

7-1　什么是特殊路基?特殊路基设计应遵循哪些原则?

7-2　简述软土的鉴别方法与指标,以及软土地区路基工程的主要问题。

7-3　下图为一软土地基上的路堤,填土高 5.0m,重度 $18.0\mathrm{kN/m^3}$;地基上部 10m 范围为淤泥质黏土,其容许承载力 R_s =75kPa,下部为厚层粉质黏土,容许承载力大于 115kPa。拟选用粉喷桩对软土地基进行加固,布桩方式如图所示,要求的安全系数 F =1.20,粉喷桩的承载力 R_p =405kPa。请按复合地基置换率要求计算桩间距 l。

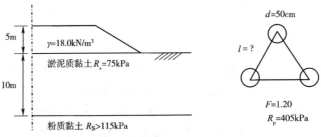

习题 7-3 图

7-4　分析黄土湿陷的机理以及湿陷性黄土地基的处理方法。

7-5　为何强膨胀土不得直接用于路基填筑?

7-6　盐渍土地区路基为什么不宜设计成路堑形式?盐渍土地区的路基病害主要是什么?病害防治的技术途径有哪些?

8 路基挡土墙设计

8.1 挡土墙的结构和构造

8.1.1 路基挡土墙及其结构类型

1) 路基挡土墙的使用场合

路基挡土墙是用于支挡路堤填土或路堑边坡坡体、承受侧向土压力的结构物。道路工程中,对于下列情形应考虑设置挡土墙:

(1) 受地形、地物或占地等限制而采用陡边坡;
(2) 为减少填挖和土石方量而收缩坡脚;
(3) 边坡不满足稳定性要求而需要增加抗滑力;
(4) 水流冲刷严重或长期受水浸泡的沿河路基。

路基挡土墙按照其布设位置的不同,可分为路堑挡土墙、路堤挡土墙、路肩挡土墙、山坡挡土墙和桥头挡土墙等,如图8-1所示。路堑挡土墙设在山坡陡峭处,用以减少挖方量,降低边坡高度,避免坡体因开挖而引起失稳;在不良地质路段,还用于支挡可能滑塌的坡体。路堤挡土墙和路肩挡土墙通常设置在陡山坡地形处,以阻挡陡斜坡路堤的下滑;或者用于收缩坡脚,减少填方量;或者防止浸水路堤不受水流冲刷。山坡挡土墙一般设置在挖方边坡的上部,用于支挡山坡覆盖层或坡体的下滑。桥头挡土墙可以是横向的,也可以是纵向的,用于限定桥头填土范围,支承上部荷载,确保桥头引道路堤的稳定。

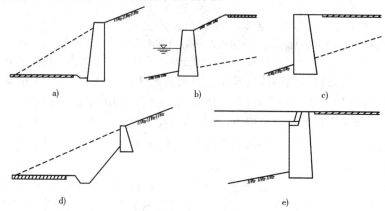

图 8-1 不同场合的挡土墙
a) 路堑挡土墙;b) 路堤挡土墙;c) 路肩挡土墙;d) 山坡挡土墙;e) 桥头挡土墙

2) 挡土墙的结构类型及其适用条件

按照结构形式的不同,挡土墙可以分为重力式挡土墙、半重力式挡土墙、衡重式挡土墙、悬臂式挡土墙、扶壁式挡土墙、锚杆挡土墙、锚定板挡土墙、桩板式挡土墙、垛式挡土墙、加筋土挡土墙和土钉挡土墙等,如图 8-2 所示。不同类型的挡土墙具有不同的结构特点和适用条件,选择时应根据其所要支挡的土体范围及稳定条件,综合考虑地形地质条件、冲刷深度、荷载作用情况、基底承载力和不均匀沉降、可能的地震作用,以及施工条件、工程造价、环境条件与美观要求等因素。

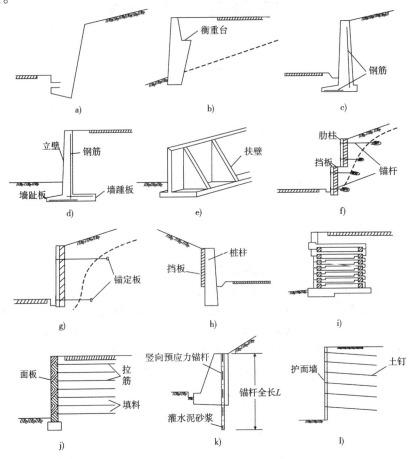

图 8-2 挡土墙的结构形式

a)重力式挡土墙;b)衡重式挡土墙;c)混凝土半重力式挡土墙;d)悬臂式挡土墙;e)扶壁式挡土墙;f)锚杆挡土墙;
g)锚定板挡土墙;h)桩板式挡土墙;i)垛式挡土墙;j)加筋土挡土墙;k)竖向预应力锚杆挡土墙;l)土钉挡土墙

重力式挡土墙主要依靠圬工墙体的自重抵抗墙后土体的侧向土压力,以维持土体的稳定。其墙身一般采用块石、片石浆砌或干砌而成,体积较大,但结构简单,在山区取材方便,施工简单。在缺乏石料的地区或条件许可情况下,也可用混凝土浇筑。重力式挡土墙适用于一般地区、浸水地区和地震地区的支挡工程,墙高不宜超过 12m;但干砌重力式挡土墙仅适用于低等级公路、墙高不超过 6m、地基条件良好的地段。

衡重式挡土墙是在重力式挡土墙的墙背设置一衡重台,使墙身重心后移,并利用衡重台上的填土提高墙身的稳定性。同时,衡重式挡土墙上墙背俯斜而下墙背仰斜,可降低墙身,减小上部断面尺寸和下部基础开挖,适用于陡山坡的路肩墙、路堤墙和路堑墙。

混凝土半重力式挡土墙是在混凝土重力式挡土墙的基础上,于墙背设置少量钢筋,并将墙趾展宽以保证基底必要的宽度,从而减薄墙身,节省圬工。这类挡土墙适用于不宜采用重力式挡土墙的地下水位较高或地基软弱的路段,墙高不宜超过 8m。

悬臂式挡土墙由立壁、墙踵板和墙趾板三个悬臂(板)组成,并依靠压在墙踵板上的填土自重,阻止墙身的倾倒和滑动,从而支挡墙后的土体。由于三个悬臂均承受弯矩,故须配置钢筋。悬臂式挡土墙因立壁与墙踵板之间容易拉裂,墙高一般不超过5m。扶壁式挡土墙则是在悬臂式挡土墙的背部,每隔一定距离加设一道扶壁,将立壁与墙踵板连接起来,从而避免两者结合处的开裂,所以扶壁式挡土墙的墙高可增大至15m。这两种挡土墙的断面尺寸较重力式挡土墙小,往往可以在石料缺乏、地基承载力较低的填方路段使用。

  锚杆挡土墙是通过一端埋设在破裂面外侧稳定区土体内的锚杆所提供的抗拔力或被动土抗力,抵抗墙后下滑土体的侧向推力。锚杆挡土墙由钢筋混凝土墙面和锚固构件两部分组成。墙面可以是就地灌注的整体板壁,也可由预制的肋柱(或立柱)和挡板组成。锚杆挡土墙一般用于墙高较大的岩质路堑地段;可用作抗滑挡土墙;可采用板壁式或肋柱式的单级墙或多级墙,多级墙的每级墙高不超过8m,上、下级墙体之间应设置宽度不小于2m的平台。

  锚定板挡土墙类似于锚杆挡土墙,所不同的是其锚杆的锚固端连接一钢筋混凝土锚定板,埋入填料的被动土压力区(或中性区)内。可采用板壁式或肋柱式,适用于石料缺乏的地区或地基承载力较低的路肩墙或路堤墙,墙高不超过10m。双级肋柱式锚定板挡土墙的每级墙高不大于6m,上下两级墙的肋柱交错布设。

  桩板式挡土墙由抗滑桩和挡土板组成。其中,抗滑桩是主要受力构件,分嵌固段和自由段(受荷段)两部分。挡土板可以是混凝土板,也可以是砌石,主要是将桩联结起来,并支挡板后的土体,其形式可为平板、弧形板、折板。桩板式挡土墙的高度可较大,适用于表土或强风化层较薄的均质岩石地基路段和地震区的路堑或路堤支挡,以及滑坡路段的防滑与治理等。

  垛式挡土墙是由钢筋混凝土预制杆件纵横交错装配成框架,内填土石,以抵抗墙后土体的侧向推力,适用于缺乏石料地区的路肩墙或路堤墙。这类挡土墙属于拼装结构和柔性结构,也是一种透水结构,可以允许使用过程中适量的变形调整以适应复杂地形、坡体移动和不均匀沉降等。垛式挡土墙对材料、设备和施工技术的要求都不高,而且损坏后易于修复,但通常高度并不大。

  加筋土是由加筋材料和土组成的复合土体。加筋土挡土墙则是利用加筋土和各种墙面材料构筑成的挡土墙,由填料、在填料中布置的加筋材料以及墙面板三部分组成,并由加筋复合土体承受侧向土压力。加筋材料的材质可以是金属的或非金属的(塑料、土工织物),形状可以是条带、板、纤维或者网格、格室等,如图8-3所示。墙面板不承受土压力,主要起保护外侧填料以免坍塌、流失,以及美化墙面的作用。墙面板主要有混凝土预制块、喷浆混凝土、预制金属板片、焊接钢丝网或笼筐等。加筋土挡土墙是一种柔性结构物和抗震结构物,能够适应地基轻微的变形,地基处理比较简便。同时,加筋土挡土墙施工简便、快速,造型相对美观,一般应用于地形较为平坦且宽敞的填方路段,不应修建在水流冲刷、滑坡等不良地质地段;而在挖方路段或地形陡峭的山坡,由于不利于布置拉筋,一般也不宜使用。高速公路和一级公路墙高不超过12m,二级及二级以下公路墙高不宜大于20m。

  竖向预应力锚杆挡土墙是由锚杆竖向锚固在地基中,并砌于墙身内,最后张拉锚杆,利用锚杆的弹性回缩对墙身施加预应力来提高挡土墙的稳定。一般而言,一根16Mnϕ22的锚杆可替代5m^3的浆砌片石圬工,适用于岩质地基,多用作抗滑支挡结构。

  土钉挡土墙由土体、土钉和护面板三部分组成,利用土钉对天然土体就地实施加固,并与喷射混凝土等护面板相结合,形成类似于重力式挡土墙的加强体,从而使挖方边坡稳定。土钉挡土墙对土体适应性较强、工艺简单、材料用量与工程量较少,可随挖方施工逐步推进,自上而下分级施工,常用于稳定挖方边坡,也可作为挖方工程的临时支护。

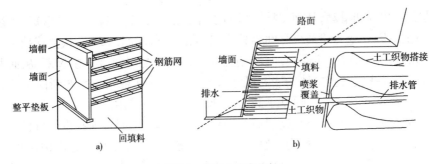

图 8-3 加筋土挡墙形式
a) 钢丝网格加筋；b) 土工织物加筋

8.1.2 挡土墙的构造

常用的石砌挡土墙及钢筋混凝土挡土墙，一般由墙身、基础、排水设施与伸缩缝等部分构成。

1) 石砌挡土墙墙身

如图 8-4 所示，挡土墙靠近回填土的一面称为墙背，暴露在外侧的一面称为墙面或墙胸，墙的顶面称为墙顶，墙的底面称基底。挡土墙的底部，称为基础或基脚，根据需要可与墙身分开建造，也可整体建造成为墙身的一部分。基底的外侧前缘部分称为墙趾，基底的内侧后缘部分称为墙踵。

(1) 墙背

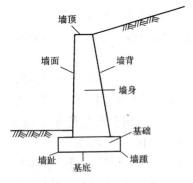

图 8-4 挡土墙的组成示意图

根据墙背倾斜方向的不同，墙身断面形式可分为仰斜、垂直、俯斜、凸形折线式和衡重式等几种，如图 8-5 所示。

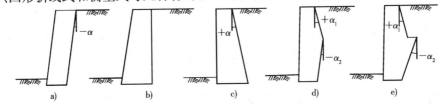

图 8-5 石砌式挡土墙断面形式图
a) 仰斜式；b) 垂直式；c) 俯斜式；d) 凸形折线式；e) 衡重式

分析仰斜、垂直和俯斜三种不同形式墙背所受的土压力可知，由于墙背与土压力夹角的不同，仰斜式墙背所受的土压力最小，垂直式墙背次之，俯斜式墙背最大。因此，仰斜式墙背的墙身断面相对经济，尤其用作路堑墙时，墙背与开挖的边坡较贴合，开挖与回填量均较小。但是，当墙趾处地面横坡较陡时，采用仰斜式墙背会使墙高增大，断面增大，因此仰斜式墙背不宜在地面横坡较陡处使用。仰斜式墙背越缓，挡土墙所受土压力越小，但施工越困难，故仰斜式墙背不宜过缓，一般控制 $\alpha < 14°$（即墙背的坡度为 1:0.25）。

俯斜式墙背所受的压力较大，因此墙身断面比仰斜式要大。但当地面横坡较陡时，俯斜式挡土墙可采用陡直的墙面，从而减小墙高。俯斜式墙背的坡度减缓固然对施工有利，但所受土压力亦随之增加，致使断面增大，因此墙背坡度也不宜过缓，通常控制 $\alpha < 21°48'$（即坡度为 1:0.4）。

凸形折线式墙背为上部俯斜、下部仰斜，故其断面在墙高较大时较为经济。

衡重式墙背可视为在凸形折线式的上下部之间设一衡重台,并采用陡直墙面。上部墙背的坡度,通常为1:0.25~1:0.45,下部一般为1:0.25左右,上下部的墙高比通常采用2:3。

(2)墙面

基础以上的墙面通常均为平面,其坡度应与墙背坡度相协调,同时应考虑到墙趾处地面的坡度。当地面横坡较陡时,墙面可直立或外斜1:0.05~1:0.2,以减小墙高;当地面横坡平缓时,墙面可放缓,一般采用1:0.2~1:0.35较为经济,但不宜缓于1:0.4,以免过多增加墙高。

(3)墙顶

石砌挡土墙墙顶的最小宽度,浆砌的不小于50cm,干砌的不小于60cm。当用作路肩墙时,一般用粗料石等做成帽石,帽石厚度约为40cm;当用作路堑墙或路堤墙时,通常可不做帽石,墙顶选用大块石砌筑,并用砂浆抹平。

(4)护栏

当挡土墙高度较大时,为增强驾乘人员心理上的安全感,保证行车安全,墙顶应设置护栏。护栏所采用的材料、护栏高度、宽度应符合相关标准。护栏距路面边缘的距离,应满足路肩最小宽度的要求。

2)钢筋混凝土挡土墙墙身

(1)悬臂式挡土墙

钢筋混凝土悬臂式挡土墙是一种轻型支挡结构,由立壁、墙趾板和墙踵板组成,呈倒"T"字形;墙身断面的大致比例如图8-6所示,具体尺寸应通过验算确定。由于采用钢筋混凝土构件,墙身断面小,自身质量轻,可以较好地发挥材料的强度性能,能适应承载力较低的地基。

悬壁式挡土墙的立壁、墙趾板和墙踵板都承受弯矩作用,故须配置立壁受力钢筋、墙踵板受力钢筋,以及墙趾板受力钢筋,如图8-7所示。

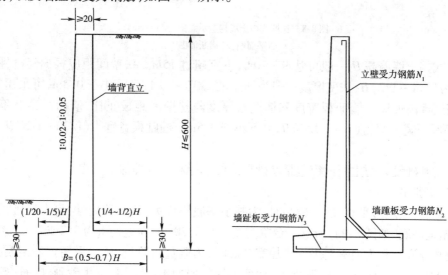

图8-6 悬壁式挡土墙墙身(尺寸单位:cm)　　图8-7 悬壁式挡土墙钢筋布置示意图

立壁受力钢筋沿内侧(墙背)竖直设置,底部钢筋间距一般为100~150mm,向上可根据弯矩的减小而将钢筋切断;墙身较高时,可在不同高度分两次切断钢筋,而仅将1/4~1/3的受力钢筋延伸至顶部,其间距不大于500mm。钢筋切断部位,应在理论切断点以上再加上一个锚固长度,一般取(25~30)d(d为钢筋直径)。在水平方向也应配置不小于$\phi 6mm$的分布钢筋,其间距不大于400~500mm。对于特别重要的悬壁式挡土墙,墙面和墙顶可按构造要求配置少量钢筋或钢丝网,以提高混凝土表层抗温度变化和混凝土收缩的能力。

墙踵板受力钢筋设置在墙踵板的顶部,一端伸入立壁与墙底板连接处并保证一个锚固长度,另一端按弯矩图切断,并向外延伸一个锚固长度。

墙趾板受力钢筋设置在墙趾板的底部,一端伸入立壁与墙底板连接处并保证一个锚固长度,另一端一半延伸到墙趾,一半在 $B/2$ 再加上一个锚固长度处切断。实际设计中,常将立壁的底部受力钢筋的一半或全部弯曲作为墙趾板的受力钢筋。

(2) 扶壁式挡土墙

当墙高超过6m时,若采用悬臂式挡土墙,立壁下部弯矩较大,需设置较多钢筋;也可沿纵向每隔一段距离增设扶壁,构成扶壁式挡土墙,其构造要求如图8-8所示。

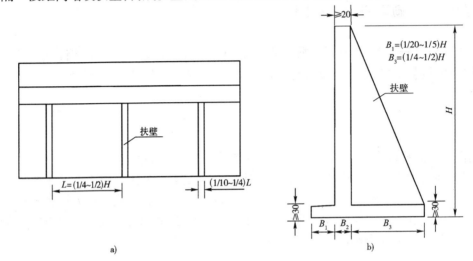

图 8-8 扶壁式挡土墙构造示意图(单位:cm)
a)平面图;b)横断面图

扶壁式挡土墙墙高 H 一般可达 9~10m,不宜超过 15m。扶壁间距应根据经济性要求确定,一般为 $(1/4 \sim 1/2)H$;扶壁厚度一般为间距的 $1/10 \sim 1/4$,且不小于 0.3m,可采用等厚式,亦可随高度逐渐加厚。墙面板宽度和墙底板厚度与扶壁间距成正比,墙面板顶宽不得小于 0.2m。墙踵板宽一般为 $(1/4 \sim 1/2)H$,且不小于 0.5m。墙趾板宽宜为 $(1/20 \sim 1/5)H$。

3) 基础

挡土墙基础设计的主要内容包括基础形式的选择和基础埋深的确定。

(1) 基础形式

当地基软弱、地形平坦、墙身较高时,为减小基底压应力,增加稳定性,可在墙趾处伸出一台阶,以拓宽基底,如图8-9a)所示。台阶宽度不小于20cm,高宽比可为3:2或2:1。若基底应力超出地基容许承载力而需要进一步加宽基底时,为避免台阶过高,可采用钢筋混凝土底板,如图8-9b)所示。同时,对于淤泥质土、杂填土等较弱的地基土层,可用砂砾、碎石、矿渣或灰土等质量较好的材料换填,以扩散基底压应力,提高基础稳定性。

墙趾处地面横坡较陡,而地基为较完整的坚硬岩层时,基础可以做成台阶形,以减少开挖并节省圬工,如图8-9c)所示。台阶的尺寸以使基础不受侧压力的作用为宜,高宽比一般不应大于2:1,宽度不宜小于50cm。

(2) 基础埋深

挡土墙基础埋深取决于地质条件、地面冲刷情况、冻结深度、邻近建筑物基础的影响等。

在土质和软质岩石地基上,基底最小埋深一般不小于1m;受水流冲刷的情况下,应按路基设计洪水频率计算冲刷深度,基底应置于局部冲刷线以下不小于1m;受冰冻影响的情况下,基底应在冻结深度以下不小于0.25m,当冻结深度超过1m时,基底最小埋深不小于1.25m,且应将基底至冻结线以下0.25m深度范围内的地基土换填为弱冻胀、微冻胀或不冻胀材料。在风化层不厚的硬质岩石地基上,基底一般应置于基岩表面以下0.15~0.6m。路堑式挡土墙基础顶面应低于路堑边沟底面,且不小于0.5m。位于横向斜坡地面上的基础,趾前应留有足够的襟边宽度,以防地基剪切破坏,不同岩土质斜坡地面基础最小埋入深度和趾前襟边宽度要求如表8-1所列。

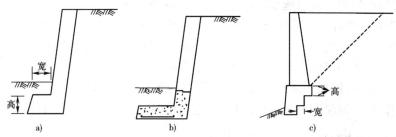

图 8-9 挡土墙基础形式

a) 墙趾台阶;b) 钢筋混凝土底板;c) 台阶基础

斜坡地面基础的埋置条件 表 8-1

岩土质类别	最小埋入深度 h(m)	襟边宽度 L(m)	图示
较完整的硬质岩石	0.25	0.25~0.50	
一般硬质岩石	0.60	0.60~1.50	
软质岩石	1.00	1.00~2.00	
土层	≥1.00	1.50~2.50	

4) 排水设施

挡土墙布设排水设施的主要目的是防止地表水下渗造成墙后积水而使墙身承受额外的静水压力,疏干墙后填料中的水分,消除黏质土填料因含水率增加而产生的膨胀压力,减小季节性冰冻地区填料的冻胀压力。挡土墙的排水设施通常由地面排水和墙身排水两部分组成。

地面排水主要是防止地表水渗入墙背填料或地基。路堑墙墙后应设置排水沟,必要时夯实地表松土;而墙趾前的边沟则应予铺砌加固。

墙身排水主要是为了迅速排除墙后积水。通常在非干砌的挡土墙墙身适当高度处设置一排或数排泄水孔,如图8-10所示。干砌挡土墙可不设泄水孔。泄水孔尺寸可视泄水量大小分别采用5cm×10cm、10cm×10cm、15cm×20cm的方孔,或直径为5~10cm的圆孔。对于重力式、悬臂式、扶壁式等整体式墙身的挡土墙,应沿墙高和墙长上下交错设置泄水孔;泄水孔应具有向墙外倾斜的坡度,其间距一般为2~3m,多雨地区和干旱地区可酌情增减。折线形墙背可能积水处也应设置泄水孔。最下排泄水孔的底部应高出地面或常水位0.3m。泄水孔的进水侧应设反滤层,厚度不小于0.3m。在最下排泄水孔的底部,应设置隔水层。当墙背填料为黏土等非渗水性土时,应在最底排泄水孔至墙顶以下0.5m高度内,填筑不小于0.3m厚的砂、砾石或碎石等竖向反滤层,反滤层的顶部用0.3~0.5m厚的不渗水材料封闭。泄水量大时,可在排水层底部加设纵向渗沟。

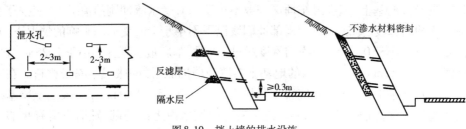

图 8-10 挡土墙的排水设施

5）沉降缝与收缩缝

为避免地基不均匀沉降引起墙身开裂，需根据墙高和基底地基条件的变化设置沉降缝。同时，为了减少圬工墙体因收缩硬化和温度变化而产生裂缝，需设置伸缩缝。

沉降缝和收缩缝可设在一起，统称沉降伸缩缝或变形缝。一般每隔 10～15m 设置一道，岩石地基上的重力式挡墙亦不宜超过 25m，缝宽 2～3cm。缝内可用胶泥填塞；但在渗水量较大或冻害严重地区，宜用沥青麻丝、沥青竹绒或涂以沥青的木板等具有弹性的材料，沿墙的内、外、顶三侧填塞，填塞的深度约 15cm 即可。干砌挡土墙可不设沉降缝和收缩缝。

8.1.3 挡土墙的布置

挡土墙应根据路基横断面、墙趾处的纵断面和地质条件进行布置。

1）挡土墙的位置

路堑挡土墙通常设置在边沟旁，山坡挡土墙应设在基础可靠处。两种挡土墙的高度必须保证设墙后墙顶以上边坡的稳定。

路堤墙与路肩墙相对比，如果两者的墙高或截面圬工量相当，基础情况相近，那么宜选择路肩墙，以充分收缩坡脚、减少填方和占地；若路堤墙的高度或圬工量明显比路肩墙小，且基础可靠，则宜选用路堤墙。必要时需要进行技术经济比较后确定墙的位置。

沿河挡土墙要结合河流的水文、地质情况及河道工程来布置，注意设墙后仍保持水流顺畅，不致挤压河道而引起局部冲刷。

2）纵向布置

挡土墙的纵向布置在墙趾纵断面图上进行。布置后，绘成挡土墙正面图，如图 8-11 所示。设计内容包括：

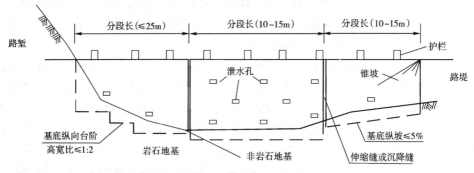

图 8-11 挡土墙正面图

（1）确定挡土墙的起讫点或墙长，选择挡土墙与路基或其他结构物的连接方式。路肩墙若不能切入挖方，而是与路堤相连接，则应在衔接处做好锥坡。

（2）按地基及地形条件进行分段，确定沉降缝及收缩缝的位置。

（3）布置各段挡土墙的基础。墙趾处地面有纵坡时，挡土墙的基底宜做成不大于 5% 的纵坡。但地基为岩石时,为减少开挖,可在纵向做成台阶,高宽比不超过1:2。

(4)确定泄水孔的位置,包括数量、间距和尺寸等。

3)横向布置

在墙高最大处、墙身断面或基础形式有变化的位置,应进行挡土墙的横向布置。根据挡土墙类型、墙高、地基及填土的物理力学指标等,或者套用标准图,确定墙身断面、基础形式和埋置深度,布设排水设施等,并绘制挡土墙的横断面图。

4)平面布置

对于个别复杂的挡土墙,如高、长的沿河挡土墙和曲线挡土墙,除了纵、横向布置外,还应进行平面布置,绘制平面图,标明挡土墙与路线的平面位置及附近地貌、地物等情况,特别是对挡土墙有干扰的建筑物情况。沿河挡土墙还应绘出河道及水流方向、其他防护加固工程等。

8.2 土压力计算

8.2.1 主动、被动和静止土压力

土压力是作用在挡土墙上的重要荷载,也是挡土墙设计或稳定性分析的主要依据。根据摩尔-库仑强度理论所定义的土体塑性极限平衡,挡土墙位移情况不同,可以导致三种不同性质的土压力。如图8-12所示,墙后土体处于三向应力状态,所承受的竖向应力 $\sigma_1 = OA$,侧限应力 σ_3 则视情况而变。挡土墙保持原来位置不动时,$\sigma_3 = OB$。

如果挡土墙向外侧位移(移动或转动),则 σ_3 逐渐下降,并在 $\sigma_3 = OC$ 时土体达到极限平衡状态而出现破坏。这种情况下,作用于墙背的土压应力是最小主应力 σ_3,称为主动土压应力 σ_a,与 σ_1 的关系为

$$\sigma_a = \sigma_1 \tan^2\left(45° - \frac{\varphi}{2}\right) - 2c\tan\left(45° - \frac{\varphi}{2}\right) \tag{8-1}$$

或

$$\sigma_a = K_a \sigma_1 - 2c\sqrt{K_a} \tag{8-2}$$

式中:c——土的黏聚力(kPa);

φ——土的内摩擦角(°);

K_a——主动土压力系数。

如果挡土墙向内侧位移(墙体向土体推挤),则 σ_3 逐渐增大,并在 $\sigma_3 = OD$ 时土体达到极限平衡状态

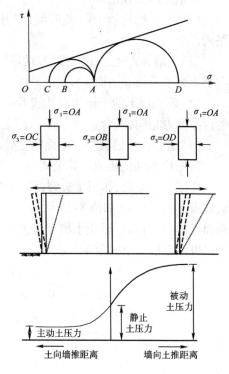

图8-12 土的塑性平衡状态

而出现破坏。这种情况下,作用于墙背的土压应力是最大主应力 σ_3,称为被动土压应力 σ_p,与 σ_1 的关系为:

$$\sigma_p = \sigma_1 \tan^2\left(45° + \frac{\varphi}{2}\right) + 2c\tan\left(45° + \frac{\varphi}{2}\right) \tag{8-3}$$

或

$$\sigma_\mathrm{p} = K_\mathrm{p}\sigma_1 + 2c\sqrt{K_\mathrm{p}} \tag{8-4}$$

式中：K_p——被动土压力系数。

如果挡土墙不发生变形和任何移动或转动，则土体未达到极限平衡状态，作用于墙背的土压应力 σ_3 介于主动土压应力和被动土压应力之间，称作静止土压应力，与 σ_1 的关系为：

$$\sigma_3 = K_0\sigma_1 \tag{8-5}$$

式中：K_0——静止土压力系数。

土压应力沿墙高的合力即为相应的土压力。采用何种土压力作为挡土墙的设计荷载，应根据挡土墙的设计条件和具体情况而定。路基挡土墙的失稳主要是向外的滑动或倾覆，实际也都有向外的移动或转动，因此一般按墙后土体达到主动极限平衡状态并取一定的安全系数进行设计。对于挡土墙趾前的被动土压力，出于偏安全的角度，一般不作考虑；只有当基础埋置较深，且地层稳定、不受水流冲刷，才可计入被动土压力。

主动土压力计算的理论和方法，通用的主要是库伦土压力理论和朗金土压力理论。

8.2.2 库伦土压力理论

1）基本假定

库伦土压力理论假定：

(1)墙后土体为均质、各向同性的散粒体，仅有内摩擦力 φ，而无黏聚力；土体的表面为平面。

(2)当墙体产生一定位移(移动或转动)时，在墙后土体中形成一个通过墙踵的破裂面，此破裂面为平面而非曲面。

(3)破裂面上的土体为刚性楔形体(土楔)；沿破裂面的摩擦力均匀分布，其摩擦角与填料的内摩擦力相同，均为 φ；土楔下滑或上移时与墙背之间存在摩擦力，其摩擦角为 δ。

(4)墙后土体的破裂按平面问题处理，考虑无限长墙体的单位墙段。

2）库伦主动土压力计算公式

按照上述假设，作用于破裂面上土楔的力有三个，即土楔自重 W、主动土压力的反力 E_a 和破裂面上的反力 R，如图 8-13 所示。E_a 与墙背法线成 δ 角，且偏于阻止土楔下滑方向；R 与破裂面成 φ 角，且偏于阻止土楔下滑方向。取单位长度(如1m)的挡土墙，根据静力平衡条件，可以得到土楔处于极限平衡状态时作用于墙背的主动土压力 E_a。

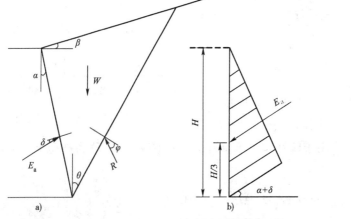

图 8-13 库伦基本公式的计算图示

$$E_a = W \frac{\sin(90° - \theta - \varphi)}{\sin(\theta + \psi)} \quad (8-6)$$

$$\psi = \varphi + \alpha + \delta \quad (8-7)$$

式中：W——土楔自重（土楔上有车辆荷载时，包括车辆荷载重）；

θ——破裂面与垂线的夹角，称作破裂角；

φ——土楔填料的内摩擦角，以及破裂面上的摩擦角；

α——墙背与垂直线的夹角，仰斜时取负值，俯斜时取正值；

δ——填料与墙背的摩擦角。

当 φ、α、δ 以及填料重度 γ、填料表面倾角 β 一定时，主动土压力值只随破裂面位置而变化，即 E_a 是破裂角 θ 的函数，求解 E_a 的关键是确定破裂角 θ 值。假设若干个通过墙踵的破裂面，其中使主动土压力值最大的那个破裂面即为最危险的破裂面。因此，可由式(8-6)取导数 $dE_a/d\theta = 0$，推导出最危险破裂面的 θ 角和主动土压力 E_a 值。

$$\theta = 90° - \varphi - \varepsilon \quad (8-8)$$

$$\tan\varepsilon = \frac{\sqrt{\tan(\varphi - \beta)[\tan(\varphi - \beta) + \cot(\varphi - \alpha)][1 + \tan(\alpha + \delta)\cot(\varphi - \alpha)]} - \tan(\varphi - \beta)}{1 + \tan(\alpha + \delta)[\tan(\varphi - \beta) + \cot(\varphi - \alpha)]} \quad (8-9)$$

$$E_a = \frac{1}{2}\gamma H^2 K_a \quad (8-10)$$

$$K_a = \frac{\cos^2(\varphi - \alpha)}{\cos^2\alpha \cos(\alpha + \delta)\left[1 + \sqrt{\frac{\sin(\varphi + \delta)\sin(\varphi - \beta)}{\cos(\alpha + \delta)\cos(\alpha - \beta)}}\right]^2} \quad (8-11)$$

式(8-10)、式(8-11)表明，主动土压力 E_a 与墙高 H 的平方成正比，而主动土压力系数 K_a 与墙高 H 及距墙顶的深度 h 无关。因此，作用于墙背不同深度的主动土压应力，可通过 E_a 对计算深度 h 求导得到：

$$\sigma_a = \gamma h K_a \quad (8-12)$$

可见，主动土压应力沿墙高呈三角形分布，所以土压力（即土压应力的合力）作用于墙高的下三分点处，并与墙背法线夹角 δ。

例8-1 有一路堑墙，高5m，采用仰斜式墙背，坡率为1:0.20。墙后土体表面按坡率1:5（倾角11°19′）设计，土体的内摩擦角 $\varphi = 38°52′$，重度 $\gamma = 18.5 \text{kN/m}^3$；土体与墙背的摩擦角 $\delta = 1/2\varphi$。计算作用在墙背上的主动土压力。

解：$\varphi = 38°52′$，$\alpha = -11°19′$，$\delta = 1/2\varphi = 19°26′$，$\beta = 11°19′$。由式(8-11)求得：$K_a = 0.157$。取1m长的挡土墙，由式(8-10)可得：

$$E_a = \frac{1}{2}\gamma H^2 K_a = \frac{1}{2} \times 18.5 \times 5^2 \times 0.157 = 36.306 \text{ kN}$$

由式(8-12)，墙踵处的土压应力为：

$$\sigma_a = \gamma H K_a = 18.5 \times 5 \times 0.157 = 14.523 \text{ kPa}$$

E_a 的作用点距墙踵的高度为 $H/3 = 1.66\text{m}$；作用方向与墙背法线成 19°26′ 角，或与水平面的夹角为 30°45′（19°26′ + 11°19′）。

3）库伦土压力理论的适用范围

库伦土压力理论虽然不够严谨，但概念清晰、计算简单，广泛适用于不同墙背坡度和粗糙度、不同墙后填土表面和荷载作用情况下的主动土压力计算；而且一般情况下，其计算结果均能满足工程要求。但使用中应注意以下几点：

(1) 库伦土压力理论较适用于砂性土填料，当填料为黏性土时，应考虑黏聚力的影响。详见 8.2.4 节黏性土填料时的计算方法。

(2) 库伦土压力理论不仅适用于墙背为平面或近似平面的挡土墙，也可用于折线形墙背。详见 8.2.4 节折线墙背时的计算方法。

(3) 当俯斜墙背的坡度较缓时，滑动楔形体（土楔）不一定沿着墙背滑动，而可能沿着土体内某一破裂面滑动，即土体中出现第二破裂面，此时应按第二破裂面法计算。

(4) 库伦土压力理论仅适用于刚性挡土墙。对于锚杆式、锚定板式、桩板式等柔性挡土墙的土压力，只能按库伦土压力理论近似计算。

(5) 当墙后土体表面倾角 β 大于填土的内摩擦角 φ 时，不能直接采用库伦土压力理论求解，否则计算过程中将出现虚根。

8.2.3 朗金土压力理论

1) 基本假定

朗金土压力理论从研究弹性半无限体内的应力状态出发，根据土的极限平衡理论来计算土压力。其基本假定如下：

(1) 墙后土体是表面为一平面的半无限体，土压力方向与土体表面平行。

(2) 达到主动土压力状态时，土体向侧向伸张；达到被动土压力状态时，土体向侧向压缩。

(3) 主动或被动土压力状态只存在于滑动楔形体内，即局部土体中出现极限状态，而滑动楔形体之外仍处于弹性平衡状态。

(4) 土体发生剪切时，破裂面为平面。

(5) 伸张与压缩对土的影响很小，忽略竖直方向上土的变形对土压力的影响。

(6) 挡土墙墙背垂直、光滑，即墙背倾角 $\alpha = 0$；墙背与填土无摩擦作用，即墙背摩擦角 $\delta = 0$。

2) 朗金主动土压力计算公式

对于表面为水平面的均质弹性半无限体，而且水平面垂直向下和沿水平方向均为无限伸展，则可由土的主动极限平衡状态，得到朗金主动土压应力计算公式，如式(8-1)、式(8-2)所示，即朗金主动土压力系数 K_a 为：

$$K_a = \tan^2\left(45° - \frac{\varphi}{2}\right) \tag{8-13}$$

若填土表面为倾斜平面，其倾角为 β，填土为散粒体（仅有内摩擦力），则可推演出土体处于主动应力状态（即墙背向外侧移动）时的主动土压应力计算公式：

$$\sigma_z = \gamma h K_a$$
$$K_a = \cos\beta \left(\frac{\cos\beta - \sqrt{\cos^2\beta - \cos^2\varphi}}{\cos\beta + \sqrt{\cos^2\beta - \cos^2\varphi}}\right) \tag{8-14}$$

可见，朗金主动土压力系数与库伦主动土压力系数有所不同，但朗金主动土压应力也随深度 h 的增大而线性增大。因此，朗金土压力的大小可按式(8-15)计算；其作用点在三角形土压应力分布图形的重心（即距墙踵 $H/3$ 高度）处；其作用方向平行于填料表面，即与水平面的夹角为 β。

$$E_a = \int_0^H \gamma h K_a \mathrm{d}z = \frac{1}{2}\gamma H^2 K_a \qquad (8\text{-}15)$$

例 8-2 除墙背垂直外,其他条件同例 8.1。按朗金土压力理论计算作用在墙背上的主动土压应力和土压力。

解:将 $\beta = 11°19'$、$\varphi = 38°52'$ 代入式(8-14)可得:

$$K_a = \cos\beta\left(\frac{\cos\beta - \sqrt{\cos^2\beta - \cos^2\varphi}}{\cos\beta + \sqrt{\cos^2\beta - \cos^2\varphi}}\right) = 0.239$$

取 1m 长的挡土墙,则墙踵处的土压应力为:

$$\sigma_a = \gamma H K_a = 18.5 \times 5 \times 0.239 = 22.107 \text{ kPa}$$

朗金主动土压力则为:

$$E_a = \frac{1}{2}\gamma H^2 K_a = \frac{1}{2} \times 18.5 \times 5^2 \times 0.239 = 55.268 \text{ kN}$$

E_a 的作用点距墙踵的高度为 $H/3 = 5/3 = 1.66\text{m}$,方向与水平面的夹角成 $11°19'$。

3) 朗金土压力理论的适用范围

朗金土压力理论根据弹性半无限体的应力状态,采用土体极限平衡理论推导和计算土压力,概念明确、计算公式简单。但由于假定墙背垂直、光滑,填土表面为单一平面,使其适用范围受到限制。同时,由于其忽略了墙背与填土之间的摩擦力,导致计算所得的主动土压力偏大。应用中注意以下几点:

(1) 墙后土体表面水平,砂性土或黏性土均可用式(8-1)计算主动土压应力;墙后土体表面倾斜,表面坡度 β 小于土的内摩擦角 φ,且土体为砂性土时,可用式(8-14)计算主动土压应力。

(2) 朗金土压力理论只能适用于填料表面为平面的情况。如果为折面或不规则表面,则在大致估计出朗金土压应力区的范围后,可用一近似的平面代替此折面或不规则表面。遇有路堤墙时,这种近似会产生较大误差,不宜采用。

(3) 对于俯斜式墙背,可利用朗金土压力理论近似计算土压力。其方法是从墙踵引一竖直线交于填土表面,以该竖直线为假想墙背,计算假想墙背上的朗金主动土压力,则作用在墙背上的土压力为假想墙背上的朗金主动土压力和墙踵竖直线与墙背之间楔形土体自重的矢量和。必须注意的是,朗金土压力理论所求算的是墙踵竖直线上的土压力,计算高度不是挡土墙的设计高度,而是竖直线从墙踵到填土表面的高度。

(4) 朗金土压力理论不适用于仰斜式墙背。

8.2.4 不同情况下的土压力计算

1) 墙后土体顶面有整体均布荷载

墙后土体顶面有整体均布荷载作用时,可以将均布荷载等效为重度与填料相同的当量填土层厚度 h_0。此时,可应用库伦土压力理论分析、计算作用于挡土墙的主动土压力。当墙背垂直时,也可采用朗金土压力理论。由于均布荷载的作用,在填土表面产生的竖向压应力为 γh_0,其侧向应力则为 $\gamma h_0 K_a$,作用在整个墙背上。因此,主动土压应力的分布图由三角形变成为梯形,其方向和大小如图 8-14b)、8-14c) 所示;墙顶和墙踵处的土压应力分别为 $\gamma h_0 K_a$ 和 $\gamma(H+h_0)K_a$;土压力则为土压应力大小分布梯形的面积,即

$$E_a = \frac{1}{2}\gamma H(H + 2h_0)K_a \qquad (8\text{-}16)$$

土压力的作用点为土压应力大小图的形心,即距墙踵的高度。

$$z_y = \frac{H}{3} + \frac{h_0}{3K_1} \tag{8-17}$$

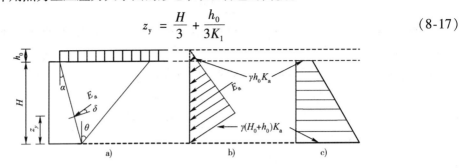

图 8-14 墙后土体顶面有整体均布荷载作用时的土压力计算图示
a)挡土墙作用荷载;b)土压应力方向;c)土压应力大小

2) 墙后土体顶面有局部均布荷载

墙后土体顶面有局部均布荷载作用时,不能用朗金土压力理论计算土压力,但可以应用库伦土压力理论。即在式(8-6)中的土楔自重 W 部分加上局部荷载后,推导出破裂角 θ 和主动土压力 E_a 的计算公式。

$$\tan\theta = -\tan\psi \pm \sqrt{(\cot\varphi + \tan\psi)(\tan\psi + A)} \tag{8-18}$$

式中:$\psi \leq 90°$时取"+",$\psi > 90°$时取"-"。

$$A = \frac{-2b_0 h_0}{H^2} - \tan\alpha$$

$$E_a = \frac{1}{2}\gamma H^2 K_a K_1 \tag{8-19}$$

$$K_a = \frac{\cos(\theta + \varphi)}{\sin(\theta + \psi)}(\tan\theta + \tan\alpha) \tag{8-20}$$

$$K_1 = 1 + \frac{2h_0 h_2}{H^2} \tag{8-21}$$

假设局部加载对墙背的侧向应力影响按平行于破裂面的方向扩散,则土压应力的方向和大小分布如图 8-15 所示。土压力作用点的位置可根据土压应力大小图的形心确定,距墙踵的高度为:

$$z_y = \frac{H}{3} + \frac{h_0 h_2(4H - 6h_1 - 3h_2)}{3H^2 K_1} \tag{8-22}$$

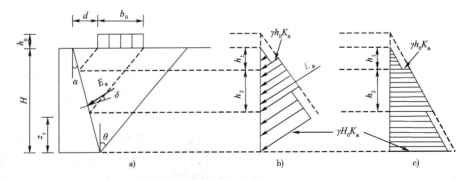

图 8-15 墙后土体顶面有局部均布荷载作用时的土压力计算图示
a)挡土墙作用荷载;b)土压应力方向;c)土压应力大小

式中：
$$h_1 = \frac{d}{\tan\theta + \tan\alpha}$$
$$h_2 = \frac{b_0}{\tan\theta + \tan\alpha}$$

b_0——局部均布荷载的宽度；

d——墙顶内侧边缘的距离。

例8-3 有一高6m的路肩墙，墙背为俯斜式，坡率1:0.20。距墙顶内缘1m处作用有宽1.5m的局部均布荷载，其当量填土层厚为1m。填土内摩擦角为42°25′，重度为18.5kN/m³，填土与墙背的摩擦角$\delta = 1/2\varphi$。计算作用在墙背上的主动土压力。

解：由$\varphi = 42°25′$、$\alpha = 11°19′$、$\delta = \varphi/2 = 21°12′$，得：

$$\psi = \varphi + \alpha + \delta = 42°25′ + 11°19′ + 21°12′ = 74.942°$$

$$A = \frac{-2b_0 h_0}{H^2} - \tan\alpha = -\frac{2 \times 1.5 \times 1}{6^2} - \tan 11°19′ = -0.283$$

代入式(8-18)得：

$$\tan\theta = -\tan\psi \pm \sqrt{(\cot\varphi + \tan\psi)(\tan\psi + A)}$$
$$= -\tan 74.942° \pm \sqrt{(\cot 42°25′ + \tan 74.942°)(\tan 74.942° - 0.283)}$$
$$= 0.3475$$

$\theta = 19°10′ = 19.16°$

再代入式(8-20)得：

$$K_a = \frac{\cos(\theta + \varphi)}{\sin(\theta + \psi)}(\tan\theta + \tan\alpha)$$
$$= \frac{\cos(19.16° + 42°25′)}{\sin(19.16° + 74.942°)}(\tan 19.16° + \tan 11.317°)$$
$$= 0.261$$

由式(8-21)得：

$$K_1 = 1 + \frac{2h_0 h_2}{H^2} = 1 + \frac{2 \times 1 \times 2.74}{6^2} = 1.152$$

$$h_1 = \frac{d}{\tan\theta + \tan\alpha} = \frac{1}{0.3475 + 0.2001} = 1.8259 \text{ m}$$

$$h_2 = \frac{b_0}{\tan\theta + \tan\alpha} = \frac{1.5}{0.3475 + 0.2001} = 2.7389 \text{ m}$$

代入式(8-19)，得主动土压力为

$$E_a = \frac{1}{2}\gamma H^2 K_a K_1 = \frac{1}{2} \times 18.5 \times 6^2 \times 0.261 \times 1.152 = 100.26 \text{ kN}$$

土压力作用点位置距墙踵高

$$z_y = \frac{6}{3} + \frac{1 \times 2.7389(4 \times 6 - 6 \times 1.8259 - 3 \times 2.7389)}{3 \times 6^2 \times 1.083} = 2.11 \text{ m}$$

土压力作用方向与水平面成$(\alpha + \delta)$角，即32°31′。

3)路堤墙

可采用库伦理论，按破裂面上滑动楔形体的断面积，利用式(8-6)和式(8-7)推导出破裂角和主动土压力计算式。计算θ、E_a和K_a的公式形式与式(8-18)、式(8-19)和式(8-20)完全相同,内容上有两项变化。

(1)式(8-18)中的 A 项为

$$A = \frac{ab - H(H + 2a)\tan\alpha}{(H + \alpha)^2}$$

(2)式(8-19)中的 K_1 项应为

$$K_1 = 1 + \frac{2a}{H}\left(1 - \frac{h_3}{2H}\right) \tag{8-23}$$

式中:

$$h_3 = \frac{b - a\tan\theta}{\tan\theta + \tan\alpha}$$

假设路堤荷载对墙背的侧向应力影响按平行于破裂面的方向扩散,则路堤墙墙背的土压应力方向和大小分布如图 8-16 所示。土压力作用点的位置仍根据土压应力大小图的形心确定,距墙踵的高度为:

$$z_y = \frac{H}{3} + \frac{a(H - h_3)^2}{3H^2 K_1} \tag{8-24}$$

式中:a——挡土墙墙顶以上的路堤高度(m);

b——墙顶内缘与路堤顶面外缘的水平距离(m)。

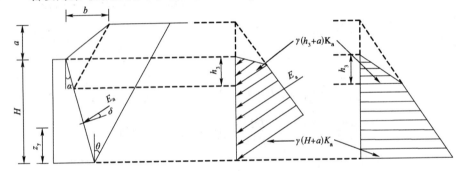

图 8-16 路堤墙土压力计算图示

4)折线形墙背

对于悬臂式和扶壁式挡土墙,通常先按朗金土压力理论计算墙踵垂线上的土压力 E_a,然后再与墙踵板上填土的自重 G 合成为总的作用力 E,如图 8-17 所示。

对于凸形墙背和衡重式墙背的主动土压力,通常按上墙和下墙分别计算土压力,然后取其矢量和作为作用于整个挡土墙上的土压力,如图 8-18 所示。显然,由于上、下墙背的倾角不同,上、下墙上的土压应力图在分界处是不连贯的。

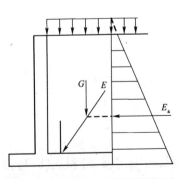

图 8-17 悬臂式挡墙土压力计算图示

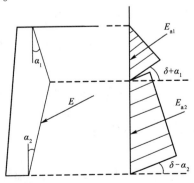

图 8-18 凸形墙背土压力计算图示

关于折线形墙背上墙土压力计算,凸形墙背的俯斜式上墙土压力可直接按前述方法计算;而衡重式挡土墙由于设有衡重台,通常将墙顶内缘和衡重台后缘的连线视作假想墙背,再按此计算上墙土压力,如图 8-19a)所示。悬臂式和扶壁式挡土墙,也可把墙顶内缘与墙踵的连线视作假想墙背,按库伦公式计算土压力,如图 8-19b)所示。假想墙背与实际墙背间的土楔,假设为与实际墙背一起移动,故假想墙背的摩擦角即为填料的内摩擦角。

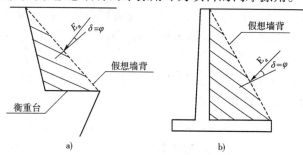

图 8-19 假想墙背
a)衡重式;b)悬臂式

俯斜式墙背(包括假想墙背)的坡度平缓时,墙后填料内有可能出现第二破裂面,土楔不沿墙背或假想墙背滑动,而沿第二破裂面滑动,如图 8-20 所示。因此,对于平缓的俯斜式墙背(包括假想墙背),应验算第二破裂面出现与否。如果出现,则需按第二破裂面计算土压力。

必须满足下述条件时,才可能出现第二破裂面:

(1)墙背或假想墙背不妨碍第二破裂面的形成,也即要求墙背或假想墙背与垂直线的夹角 α_1 必须大于第二破裂面的破裂角 α_i。

(2)在墙背或假想墙背面上产生的抗滑力必须大于其下滑力,使土楔不会沿墙背或假想墙背下滑,也即作用于墙背或假想墙背上的土压力与墙背法线的夹角 δ' 应不大于墙背摩擦角 δ。

对于常用的俯斜式墙背,很少采用平缓墙背,上述条件均不能满足,故不会出现第二破裂面。衡重式挡土墙的上墙和悬臂式挡土墙,因假想墙背的摩擦角 $\delta = \varphi$,所以只要满足第一个条件,即出现第二破裂面。尤其在衡重台踵板较宽时,易出现第二破裂面。

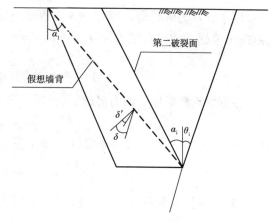

图 8-20 第二破裂面

墙后土体表面水平,无论有、无连续均布荷载,第二破裂面的破裂角 α_i 均可按照式(8-25)计算。

$$\alpha_i = \frac{1}{2}(90° - \varphi) - \frac{1}{2}(\varepsilon - \beta) \tag{8-25}$$

式中:$\varepsilon = \arcsin \dfrac{\sin\beta}{\sin\varphi}$。

关于折线形墙背下墙土压力计算,近似方法较多。图 8-18 是根据延长墙背法得到的挡土墙土压力计算图示。这种方法忽略了延长墙背与实际墙背之间的土楔及荷载重,但考虑了在延长墙背上土压力方向不同而引起的垂直分力差;虽然两者能相互补偿,但未必能相互抵消。

同时,假定上下墙的破裂面平行,而大多数情况下两者是不平行的。但以上误差一般偏于安全,故该方法因简单、安全而仍被广泛采用。

5) 黏性土填料

填料为黏性土时,黏聚力的存在对主动土压力值的影响很大。一种方法是采用等代内摩擦角法来考虑黏性土的主动土压力,即增大内摩擦角的数值,将黏聚力的影响考虑在内摩擦角这一参数内,按砂性土的公式计算其主动土压力。通常把黏性土的内摩擦角增大5°~10°,或者取内摩擦角为30°~35°。按经验确定的等代内摩擦角仅与一定的墙高相适应,一般对矮墙是偏于安全的,对于高墙则偏于危险。

因此,最好按实际的c、φ值计算黏性土的主动土压力,即采用力多边形法。力多边形法仍以库伦理论为依据,其计算图示如图8-21。

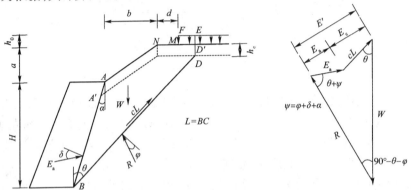

图8-21 黏性土填料的土压力计算图示

图中,BD为破裂面,$ABDEFMN$为滑动楔形体,h_c为考虑黏聚力后填土表面所产生的裂缝深度,可根据式(8-2),按条件$\sigma_3 = 0$、$\sigma_1 = \gamma h_c$计算得到:

$$h_c = \frac{2c}{\gamma \sqrt{K_a}}$$

根据滑动楔形体上的力多边形,得到作用于墙背上的主动土压力为:

$$E_a = E' - E_c \tag{8-26}$$

式中:E'——当$c = 0$时的土压力,按下式计算:

$$E' = W \frac{\cos(\theta + \varphi)}{\sin(\theta + \psi)}$$

E_c——由于黏聚力c的存在而减小的土压力,按下式计算:

$$E_c = \frac{cL\cos\varphi}{\sin(\theta + \psi)}$$

故主动土压力E_a是破裂角θ的函数,$E_a = f(\theta)$。取$dE_a/d\theta = 0$,即可求得破裂角,进而得到主动土压力E_a。

6) 浸水挡土墙

浸水挡土墙的土压力计算应考虑水对填土的影响。一方面,因水的浮力作用使填料的自重减小;另一方面,浸水时砂性土的抗剪强度的变化虽然不大,但黏性土的抗剪强度会显著降低。因此,砂性土和黏性土填料情况下,浸水挡土墙的主动土压力计算方法有所不同。

(1) 砂性土

砂性土浸水后可近似认为φ不变,破裂角θ虽因浸水而略有变化,但对土压力的计算影响较小,所以为简化计算,可进一步假定浸水后 θ 不变。此时,浸水挡土墙墙背的土压力 E_b 可采用不浸水时的主动土压力 E_a 扣除计算水位以下因浮力影响而减小的土压力 ΔE_b,如图 8-22 所示,即

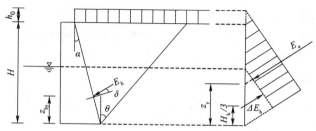

图 8-22 砂性土的浸水土压力

$$E_b = E_a - \Delta E_b$$

$$\Delta E_b = \frac{1}{2}(\gamma - \gamma')H_b K_a \tag{8-27}$$

式中:γ'——填料的浮重度(kN/m^3);
　　　H_b——浸水部分墙高(m)。

土压力作用点距墙踵的高度为

$$z_{by} = \frac{E_a z_y - \Delta E_b H_b/3}{E_b} \tag{8-28}$$

式中:z_y——填料浸水前土压力作用点的高度(m)。

(2) 黏性土

黏性土浸水后 φ 降低,故应以计算水位为界,将计算水位以上和以下部分的填料视为不同性质的土层,分层计算土压力。通常是先求出计算水位以上填土的土压力 E_{a1},然后再将计算水位以上填土自重作为均布荷载,计算浸水部分的土压力 E_{a2}。E_{a1} 与 E_{a2} 的矢量和即为整个挡土墙的土压力 E_b。

在计算浸水部分的土压力 E_{a2} 时,先按浮重度 γ' 将计算水位以上填土及墙后土体表面的均布荷载超载换算为均布土层,作用在浸水部分的顶部。均布土层的厚度 h_b 为:

$$h_b = \frac{\gamma}{\gamma'}(h_0 + H - H_b) \tag{8-29}$$

7) 车辆荷载换算

在进行挡土墙设计时,应考虑车辆荷载引起的土压力。土压力计算时,可以将墙后滑动楔形体上的车辆荷载,换算为重度与墙后填土相同的均布土层,如图 8-23 所示,其厚度 h_0 可按式(8-30)计算。

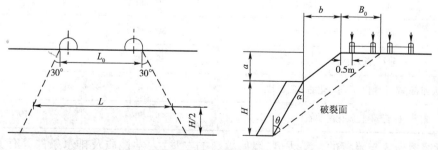

图 8-23 车辆荷载换算图示

$$h_0 = \frac{\sum Q}{\gamma B_0 L} \tag{8-30}$$

$$B_0 = (H+a)\tan\theta - H\tan\alpha - b$$

式中：γ——墙后填土的重度（kN/m^3）；

B_0——不计车辆荷载作用时滑动楔形体的宽度（m），对于路堤墙，为滑动楔形体范围内的路基宽度（即不计边坡部分的宽度 b）；

L——挡土墙计算长度（m）；

$\sum Q$——布置在 $B_0 \cdot L$ 范围内的车辆总重（kN），Q 为每辆标准汽车的重力（550kN）。

挡土墙的计算长度 L，按下式计算：

$$L = L_0 + (H + 2a)\tan 30°$$

式中：L_0——标准汽车前后轴轴距加轮胎着地长度，14.0m。

车辆总重 $\sum Q$ 按下述规定计算：

（1）纵向：当取用挡土墙分段长度时，为分段长度内可能布置的车轮重力；当取一辆标准汽车的扩散长度时，为一辆标准汽车的重力。

（2）横向：滑动楔形体宽度 B_0 范围内可能布置的车轮重力，车辆外侧车轮中心距路面（或硬路肩）、安全带边缘的距离为 0.5m。

车辆荷载或人群荷载作用在墙后填土上所引起的附加土压力，还可以按式（8-31）近似换算成等代均布土层厚度 h_0：

$$h_0 = \frac{q}{\gamma} \tag{8-31}$$

式中：q——车辆荷载附加荷载强度（kPa），墙高小于 2m 时，取 20kPa；墙高大于 10m 时，取 10kPa；墙高为 2~10m 时，在 20kPa 和 10kPa 之间线性内插取值。对于作用于墙顶或墙后土体上的人群荷载，其荷载强度为 3kPa。

8）计算参数

填料内摩擦角的取值对土压力计算结果影响较大。设计挡土墙时应根据所采用的填料性质和湿密状态，通过试验确定其计算内摩擦角。无条件试验时，也可参考表 8-2 的经验数据选用。其中，黏性土填料为综合内摩擦角。

填料的计算内摩擦角和重度参考值　　　　表 8-2

填料种类		计算内摩擦角 φ（°）	重度 γ（kN/m^3）
黏性土	墙高 $H \leq 6m$	35~40	17~18
	墙高 $H > 6m$	30~35	
中砂、细砂、砂质土		30~35	17~18
小卵石、砾石、粗砂、石屑		35~40	18~19
大卵石、碎石类土、不宜风化的岩石碎块		40~45	18~19
碎石、不宜风化的块石		45~50	19~20

墙背摩擦角 δ 与墙背的粗糙程度，墙后填料的物理、力学性质及排水条件等有关，墙背愈粗糙，δ 值愈大；φ 愈大，δ 也愈大。不同情况下的 δ 值可参考表 8-3 取用。

墙背摩擦角参考值　　　　　表 8-3

挡土墙情况	墙背摩擦角 δ
混凝土墙,光滑,排水不良	$(0 \sim 1/3)\varphi$
片、块石砌体,粗糙,排水良好	$(1/3 \sim 1/2)\varphi$
干砌片、块石,很粗糙,排水良好	$(1/2 \sim 2/3)\varphi$
第二破裂面土体,墙背与土间不滑动	φ

8.3 挡土墙设计原则

8.3.1 荷载组合

施加于挡土墙的荷载(作用)按性质划分如表 8-4 所示。

一般地区的挡土墙,其作用力可只考虑永久作用(或荷载)和基本可变作用(或荷载);浸水地区、地震动峰值加速度值达 0.2g 及以上的地区、冻胀地区的挡土墙,还应计算其他可变作用(或荷载)以及偶然作用(或荷载)。常见的作用(或荷载)组合如表 8-5 所示。

施加于挡土墙的作用或荷载　　　　　表 8-4

作用(或荷载)分类		作用(或荷载)名称
永久作用(或荷载)		挡土墙结构重力
		填土(包括基础襟边以上土)重力
		填土侧压力
		墙顶上的有效永久荷载
		墙顶与第二破裂面之间的有效荷载
		计算水位的浮力及静水压力
		预加力
		混凝土收缩及徐变
		基础变位影响力
可变作用(或荷载)	基本可变作用(或荷载)	车辆荷载
		人群荷载
	其他可变作用(或荷载)	水位退落时的动水压力
		流水压力
		波浪压力
		冻胀压力和冰压力
		温度影响力
	施工荷载	与各类挡土墙施工有关的临时荷载

续上表

作用(或荷载)分类	作用(或荷载)名称
偶然作用(或荷载)	地震作用力
	滑坡/泥石流作用力
	作用于墙顶护栏上的车辆碰撞力

常用作用(或荷载)组合 表8-5

组合	作用(或荷载)名称
Ⅰ	挡土墙结构重力、填土重力、填土侧压力、墙顶上有效永久荷载及其他永久荷载组合
Ⅱ	组合Ⅰ与基本可变荷载相结合
Ⅲ	组合Ⅰ与其他可变荷载/偶然荷载相结合

注:洪水与地震力不同时考虑;冻胀力、冰压力与流水压力或波浪压力不同时考虑;车辆荷载与地震力不同时考虑。

8.3.2 挡土墙的设计方法

挡土墙设计有容许应力法和极限状态法两种方法。

容许应力法视结构材料为理想的弹性体,在荷载作用下产生的应力和变形不超过规定的容许值。对安全度的考虑,采用一个总的安全系数,即材料的极限强度和容许应力的比值。它不能正确地反映各种实际因素的影响,如荷载的变异、材料的不均匀、结构实际受力情况的变异,仅对材料起了安全保证的作用,而对结构没有明确的物理意义。

极限状态法则不再采用均质弹性体的假设,而是承认结构在临近破坏时处于弹塑性工作阶段,以结构物在各种荷载组合情况下均不得达到其极限状态为出发点,同时给以足够的安全储备。极限状态法能比较科学、全面地分析影响结构安全与使用的因素,从而对结构物提出合理的要求,根据荷载的性质和对结构物的影响,采用荷载分项安全系数来反映结构物的安全度。因此,目前"极限状态分项系数法"已成为挡土墙设计的主要方法。

挡土墙设计极限状态分为挡土墙构件承载能力极限状态和正常使用极限状态。

挡土墙构件承载能力极限状态是当挡土墙出现以下任何一种状态,即认为达到了承载能力极限状态:

(1)整个挡土墙或挡土墙的一部分作为刚体失去平衡;

(2)挡土墙构件或连接部件因材料承受的应力超过极限而破坏,或因过量塑性变形而不适用于继续承载;

(3)挡土墙结构变为机动体系或局部失去平衡。

正常使用极限状态是指挡土墙出现下列状态之一时,即认为达到了正常使用极限状态:

(1)影响正常使用的外观变形;

(2)影响正常使用的耐久性局部破坏(包括裂缝);

(3)影响正常使用的其他特定状态。

挡土墙按构件承载能力极限状态设计时,采用下列表达式:

$$\gamma_0 S \leqslant R(\cdot)$$

$$R(\cdot) = R\left(\frac{R_k}{\gamma_f}, \alpha_d\right) \tag{8-32}$$

式中：γ_0——结构重要性系数，按表 8-6 的规定选用；
S——作用(或荷载)效应的组合设计值；
$R(\cdot)$——挡土墙结构抗力函数；
R_k——抗力材料的强度标准值；
γ_f——结构材料、岩土性能的分项系数，按表 8-7 选用；
α_d——结构或结构构件几何参数的设计值，当无可靠数据时，可采用几何参数标准值。

结构重要性系数 γ_0 表 8-6

墙高	公路等级	
	高速公路、一级公路	二级及以下公路
≤5.0m	1.0	0.95
>5.0m	1.05	1.0

承载能力极限状态作用(或荷载)分项系数 表 8-7

情况	荷载增大对挡土墙结构起有利作用时		荷载增大对挡土墙结构起不利作用时	
组合	Ⅰ、Ⅱ	Ⅲ	Ⅰ、Ⅱ	Ⅲ
垂直恒载 γ_G	0.90		1.20	
恒载或车辆荷载、人群荷载的主动土压力 γ_{Q1}	1.00	0.95	1.40	1.30
被动土压力 γ_{Q2}	0.30		0.50	
水浮力 γ_{Q3}	0.95		1.10	
静水压力 γ_{Q4}	0.95		1.05	
动水压力 γ_{Q5}	0.95		1.20	

挡土墙按正常使用极限状态设计时，通常采用表 8-7 所列的各分项系数；当对挡土墙进行基础合力偏心距及圬工结构合力偏心距计算时，除被动土压力 γ_{Q2} 采用 0.30 外，其他全部荷载系数规定采用 1.00。

8.4 一般挡土墙稳定性验算

路基挡土墙本身应具有足够的整体稳定性，以发挥其支挡墙后土体的作用，因此需要进行稳定性验算。重力式等一般挡土墙的稳定性验算包括四个方面：
(1) 滑动稳定，即是否会出现挡土墙墙身沿基底的滑动；
(2) 倾覆稳定，即挡土墙墙身是否会绕墙趾倾覆；
(3) 偏心距，即挡土墙基底应力不均匀分布形成的偏心距是否过大，从而引起过量的不均匀变形而促使墙身倾斜；
(4) 承载力，即挡土墙的基底应力是否超出地基的容许承载力而导致地基破坏。

对于一般挡土墙，按容许应力法验算挡土墙的滑动稳定和倾覆稳定时，计算稳定系数不宜小于表8-8所列的要求值。

滑动稳定和倾覆稳定验算要求的稳定系数 表8-8

荷载情况	验算项目	要求的稳定系数	
荷载组合Ⅰ、Ⅱ	滑动稳定	K_c	1.3
	倾覆稳定	K_0	1.5
荷载组合Ⅲ	滑动稳定	K_c	1.3
	倾覆稳定	K_0	1.3
施工阶段验算	滑动稳定	K_c	1.2
	倾覆稳定	K_0	1.2

8.4.1 滑动稳定验算

挡土墙沿基底的滑动稳定性,以抗滑力和滑动力的比值(即滑动稳定系数K_c)表征。验算中,分析作用于挡土墙的力系如图8-24所示。通常情况下,墙趾前土体的被动土压力E_p在计算中不计入抗滑力,故K_c可按式(8-33)计算。采用极限状态分项系数法验算时,挡土墙的滑动稳定应满足式(8-34)的要求。

$$K_c = \frac{(G + E_y)f}{E_x} \geqslant 1.3 \tag{8-33}$$

$$(0.9G + \gamma_{Q1}E_y)f \geqslant \gamma_{Q1}E_x \tag{8-34}$$

式中:G——墙身自重(kN);
E_x、E_y——主动土压力的水平向分力和竖直向分力(kN);
f——基底摩擦系数,随地基类型而变,可参考表8-9选用;
γ_{Q1}——主动土压力分项系数,按表8-7选用。

基底摩擦系数f参考值 表8-9

地基土类型	f	地基土类型	f
软塑黏土	0.25	碎石类土	0.5
硬塑黏土	0.3	软质岩石	0.4~0.6
半干塑黏土	0.3~0.4	表面粗糙的硬质岩石	0.6~0.7
砂类土	0.4		

注:表面滑腻的片岩、页岩、千枚岩、黏土岩、风化成土的其他岩层,其f值可按风化状况及潮湿状态,参照黏性土的数值取用。

当抗滑动稳定验算不满足要求时,必须采取措施提高抗滑力。常用措施包括:

(1)倾斜基底。重力式挡土墙的基底可由水平状改为向内倾斜的基底,从而增加抗滑力、减少滑动力,提高挡土墙沿基底的滑动稳定性,如图8-25所示。此时挡土墙沿基底的滑动稳定系数K_c可按式(8-35)计算。

$$K_c = \frac{(G_N + E_N)f}{E_T - G_T} = \frac{[G\cos\alpha_0 + E\sin(\alpha + \delta + \alpha_0)]}{E\cos(\alpha + \delta + \alpha_0) - G\sin\alpha_0} \tag{8-35}$$

式中:α_0——挡土墙基底倾角。

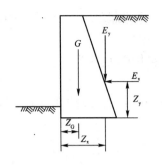
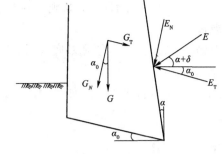

图 8-24 挡土墙稳定验算力系　　图 8-25 基底倾斜时的力系

基底倾斜不宜过大,以免挡土墙连同基底下土体一起发生剪切破坏。因此,对于倾斜基底,还应验算通过墙踵的地基水平面上的滑动稳定性。一般岩石地基和土质地基,以及浸水地基上的基底最大倾斜度如表 8-10 所列。

基础倾斜度　　　　　　　　　　　　　　　表 8-10

地层类别		基底倾斜度($\tan\alpha_0$)
一般地基	岩石	≤0.3
	土质	≤0.2
浸水地基	摩擦系数 $f<0.5$	0.0
	$0.5 \leq f \leq 0.6$	≤0.1
	$f>0.5$	≤0.2

(2)凸榫基底。在挡土墙基底下设置凸榫,与基础连成整体,利用凸榫前土体的被动土压力,增加抗滑稳定性,如图 8-26 所示。此时挡土墙的滑动稳定系数 K_c 为:

$$K_c = \frac{(G + W + \Delta W)f + E_p}{E_x + \Delta E_x} \quad (8-36)$$

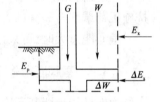

图 8-26 凸榫基底时的力系

(3)改善地基。用碎石或中粗砂置换浅层黏性土地基,或者在黏性土地基表层夯嵌碎石,以增大基底的摩擦系数,提高挡土墙的滑动稳定性。

(4)改变墙身断面形式等。但通常情况下,单纯扩大断面尺寸,对改善滑动稳定收效不大,也不经济。

8.4.2 倾覆稳定验算

挡土墙绕墙趾的倾覆稳定性,以稳定力矩和倾覆力矩的比值(称作倾覆稳定系数 K_0)表征。分析力系如图 8-24 所示,K_0 可由式(8-37)计算。采用极限状态分项系数法验算时,挡土墙的倾覆稳定应满足式(8-38)的要求。

$$K_0 = \frac{GZ_G + E_y Z_x}{E_x Z_y} \geq 1.5 \quad (8-37)$$

$$0.9 GZ_G + \gamma_{Q1}(E_y Z_x - E_x Z_y) > 0 \quad (8-38)$$

式中:Z_x、Z_y——土压力竖直向分力 E_y 和水平向分力 E_x 对墙趾的力臂;

Z_G——墙重 G 对墙趾的力臂。

挡土墙的倾覆稳定性不满足表 8-8 规定的要求时，应采取措施，增大稳定力矩或减小倾覆力矩。主要措施有：

（1）展宽墙趾。在墙趾位置展宽基底，可以增大稳定力臂，也相当有效。但在地面横坡较陡处，会因此而增加墙高。

（2）改变墙背的形式和坡度。例如采用仰斜式或衡重式墙背、改陡仰斜墙背等，可以减小土压力或增大稳定力臂。

8.4.3 偏心距验算

基底上合力的作用点距基底中线的距离称为偏心距 e，如图 8-27 所示。基底偏向受力时，绕墙趾的力矩平衡方程如式（8-39）。

$$\left(\frac{B}{2} - e\right)(G + E_y) = GZ_G + E_y Z_x - E_x Z_y \tag{8-39}$$

式中：B——挡土墙基底宽度（m）。

从而得到偏心距 e 的计算公式如下：

$$e = \frac{B}{2} - \frac{GZ_G + E_y Z_x - E_x Z_y}{G + E_y} = \frac{B}{2} - Z_N \tag{8-40}$$

式中：

$$Z_N = \frac{GZ_G + E_y Z_x - E_x Z_y}{G + E_y}$$

为避免挡土墙过大的不均匀沉陷，必须控制偏心距。通常要求土质地基的偏心距不大于 $B/6$，岩质地基的偏心距不大于 $B/4$。对重力式挡土墙的偏心距要求可根据计算荷载组合而定，一般按荷载组合 Ⅰ、Ⅱ 验算的容许偏心距为 $B/4$，按荷载组合 Ⅲ 验算的容许偏心距为 $0.3B$，按施工荷载组合验算的容许偏心距为 $B/3$。

偏心距过大时，可采用展宽墙趾等类似增强倾覆稳定的措施进行改善。

8.4.4 基底应力验算

为保证挡土墙基底应力不超过地基承载力，应进行基底应力的验算。挡土墙基底应力的分布和大小随偏心距大小而异。当 $0 < e < B/6$ 时，基底应力为梯形分布，最大和最小应力可按式（8-41）计算。当 $e \geqslant B/6$ 时，基底应力呈三角形分布；尤其当 $e > B/6$ 时，压应力的分布范围小于基底宽，在基底和地基之间出现局部拉开状态，如图 8-28 所示。此时，基底应力重分布，其最大和最小应力按式（8-42）计算（最小应力为 0）。

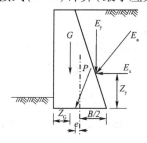
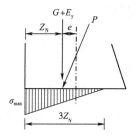

图 8-27　偏心距计算图示　　图 8-28　最大基底应力

$$\sigma_{\max}^{\min} = \frac{G + E_y}{B}\left(1 \pm \frac{6e}{B}\right) \tag{8-41}$$

$$\sigma_{\max} = \frac{2(G + E_y)}{3Z_N} \tag{8-42}$$

$$\sigma_{\min} = 0$$

各种情况下算得的基底最大应力 $\sigma_{\max}$，均不得大于地基的容许承载力 $[\sigma_0]$，即 $\sigma_{\max} \leq [\sigma_0]$。当挡土墙基底应力超出地基容许承载力时，可采用加宽基底的措施，以降低基底应力；也可以改善地基，如置换或处治地基土、采用浅层复合地基等，以提高地基承载力。

例 8-4 接例 8.3，已知墙身断面为：顶宽 0.8m，墙背坡度 1:0.2，墙面坡度 1:0.1；墙身重度 $\gamma_G = 22\mathrm{kN/m^3}$；地基为砂砾土，摩阻系数为 0.45，地基承载力为 500kPa。验算挡土墙的稳定性。

解：

(1) 取 1m 长的挡土墙，计算应力和力臂

$G = 0.5 \times (0.8 + 2.60) \times 6 \times 22 = 224.4\mathrm{kN}$；　　$Z_G = 1.18\mathrm{m}$

$E_y = E_a \sin(\alpha + \delta) = 100.26 \times \sin(32°31') = 53.90\mathrm{kN}$；　　$Z_x = 2.178\mathrm{m}$

$E_x = E_a \cos(\alpha + \delta) = 100.26 \times \cos(32°31') = 84.53\mathrm{kN}$；　　$Z_y = 2.11\mathrm{m}$

(2) 滑动稳定验算

按容许应力法验算时，由式(8-33)，得

$$K_c = \frac{224.4 + 53.90}{84.53} \times 0.45 = 1.48 > 1.30$$

按极限状态分项系数法验算时，$\gamma_{Q1} = 1.4$，由式(8-34)，得

$$(0.9 \times 224.4 + 1.4 \times 53.90) \times 0.45 = 124.84\mathrm{kN} \geq 1.4 \times 84.53 = 118.34\mathrm{kN}$$

(3) 倾覆稳定验算

按容许应力法验算时，由式(8-37)得

$$K_0 = \frac{224.4 \times 1.18 + 100.26\sin32°31' \times 2.178}{100.26\cos32°31' \times 2.11} = 2.14 > 1.50$$

按极限状态分项系数法验算时，$\gamma_{Q1} = 1.4$，由式(8-38)得

$$0.9 \times 224.4 \times 1.18 + 1.4(53.90 \times 2.178 - 84.53 \times 2.11) > 0$$

(4) 偏心距验算

由式(8-39)，得

$$e = \frac{2.60}{2} - \frac{224.4 \times 1.18 + 94.24\sin32°31' \times 2.178 - 94.24\cos32°31' \times 2.11}{224.4 + 94.24\sin32°31'}$$

$$= 0.568\mathrm{m} > \frac{B}{6}(=0.433\mathrm{m}),\ <\frac{B}{4}(=0.65\mathrm{m})$$

(5) 基底应力验算

因 $e > B/6$，则由式(8-42)，得

$$\sigma_1 = \frac{2 \times (224.4 + 100.26\sin32°31')}{3 \times (1.3 - 0.568)} = 253.32\ \mathrm{kN/m^2} < 500\mathrm{kN/m^2}$$

根据上述验算结果，所选墙身断面在滑动和倾覆稳定性以及地基承载力方面都能满足要求，但挡土墙基底的偏心距较大。可采取展宽墙趾或改变墙背形状、坡度等措施，减小其偏心距。

8.5 加筋土挡土墙设计

8.5.1 加筋土挡土墙的构造设计

路基加筋土挡土墙的加筋体横断面形式一般采用矩形,当受地形、地质条件限制时,也可采用台阶形,如图 8-29 所示。断面的具体尺寸由验算确定。

 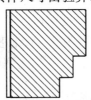 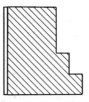

图 8-29 加筋体横断面形式

由于加筋体中埋设的筋材不会沿其全长发挥全部摩擦阻力,且面板附近的填土因不能使用重型机械碾压而处于未被充分压实的状态,故最短筋带长度应大于 3m。加筋土挡土墙高度大于 12m 时,填料宜采用粗粒土或稳定细粒土;墙高中部设置宽度不小于 1.0m 的错台,台面用混凝土板防护并设置向外倾斜 2%～5% 的排水横坡;必要时,在基础下设石灰土人工地基,如图 8-30 所示。双面加筋土挡土墙的筋材,当相互插入时,同一平面上的筋材应尽可能错开,避免搭接而影响摩擦阻力的充分发挥。

加筋土挡土墙的平面可根据地形与路线特点设计成直线、曲线或折线,相邻墙面间的内夹角不宜小于 70°。筋材一般应水平放置,并垂直于面板。当两根以上的筋材固定在同一锚接点上时,应在平面上成扇形错开,使筋材的摩擦力能够得到充分发挥。当相邻墙面的内夹角小于 90° 时,宜将不能垂直布设的筋材逐渐斜放,必要时在角隅处增设加强筋材。

加筋土挡土墙应根据地形、地质、墙高,以及沿线涵洞等结构物的情况,设置沉降缝,其间距对于土质地基为 10～30m,岩石地基可适当增大。当设置整体式路檐板时,酌情设置伸缩缝,其间距通常与沉降缝一致。

加筋体的墙面不是砌筑在石砌圬工、混凝土构件上或地基不是基岩时,均应设置宽度不小于 0.40m、厚度不小于 0.20m 的混凝土基础。基础埋置深度,对于土质地基不小于 0.60m。斜坡上的加筋体应设宽度不小于 1m 的护脚,加筋体面板基础埋置深度从护脚顶面算起,如图 8-31 所示。非浸水加筋土挡土墙,当基础埋深小于 1.25m 时,宜在墙面地表处设置宽度为 1.0m、厚度大于 0.25m 的混凝土预制块或浆砌片石防护层,其表面做成向外倾斜 3%～5% 的排水横坡。

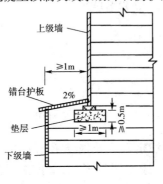

图 8-30 设错台的加筋土挡土墙

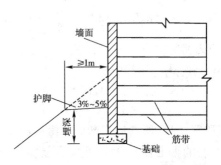

图 8-31 加筋土挡土墙面板埋深和护脚

对可能危害加筋土挡土墙的地表水和地下水，应采取适当的防排水措施。设计水位以下应做成石砌或混凝土实体墙。季节性冰冻地区的加筋体应采取防冻胀措施。

8.5.2 加筋土挡土墙的破坏模式

加筋土挡土墙的破坏模式如图 8-32 所示，主要有以下几种：

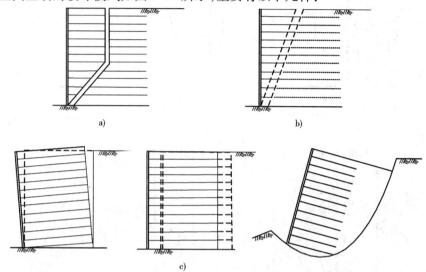

图 8-32 加筋土挡土墙的破坏模式
a)拉断；b)拔出；c)外部失稳(倾覆、基底滑移、整体滑动)

(1) 因筋材抗拉强度不足而导致的断裂。这种断裂起因于筋材强度不足，可能来源于筋材或锚接点钢筋、螺栓的尺寸不够或荷载大于预期；也可能因受力区段筋材腐蚀造成的抗力衰减。试验表明，这种断裂沿着最大拉力线渐渐发展。

(2) 因筋材与土之间结合力不足而造成的拔出。当筋材在土中的抗拔力不足以抵抗施加于筋材的拉力时，筋材就会从抗力区被拔出。此时筋材与土相对滑动，加筋土挡土墙可能严重变形而失效。

上述两种破坏模式与加筋土挡土墙的内部稳定有关。

(3) 因外部不稳定造成的整体失稳。加筋体(加筋土结构)作为整体被墙后土体的侧向推力所推移、倾覆，或者地基承载力不足或不均匀沉降引起加筋体整体侧倾或滑动。

因此，加筋土挡土墙设计时一般要进行内部稳定性分析和外部稳定性分析。

8.5.3 内部稳定性分析

加筋土挡土墙的内部稳定性受诸多因素影响，如筋材数量、断面尺寸、强度、间距、长度，以及作用在面板上的土压力、填土的性质等。

加筋土结构内部稳定性分析的方法较多，一般基于库伦土压力理论或朗金土压力理论。目前设计中用得比较多的是应力分析法和楔体平衡法，另外还有滑裂楔体法、能量法、剪区法和数值分析法等。

应力分析法和楔体平衡法的共同特点，是将加筋体本身分为活动区和稳定区。活动区的加筋体力图将筋材从稳定区拔出，而稳定区的加筋体则力图阻止筋材被拔出。如果阻止的力不足以抵挡拔出的力，则加筋体产生拔出破坏，破裂面就是两区的交界面。

这两种方法的区别如图 8-33 所示,主要在于:①墙面的旋转中心,②破裂面的形状,③作用在加筋土范围内侧土压力的基本假定。

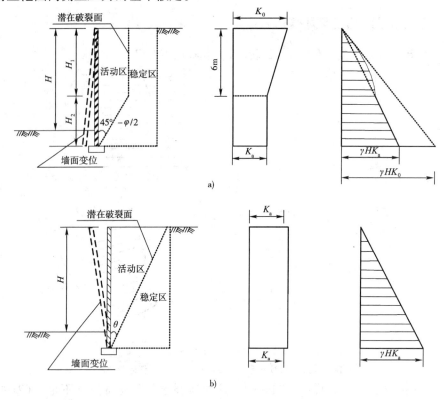

图 8-33 加筋挡土墙内部稳定性分析方法图示
a)应力分析法;b)楔体平衡法

分析方法的选取应综合考虑筋材的密度、性质及墙高等因素。若用高模量、高黏附筋材,并按正常方法布置时,宜选用应力分析法。对采用低模量筋材,或者虽用高模量筋材但用筋密度低的情况,挡土墙顶部产生 $0.001H \sim 0.005H$(H 为加筋体高度)水平位移的可能性是存在的,宜选用楔体平衡法。对于高大加筋土挡土墙(如高度超过 12m),一般应用滑裂楔体法进行验算。

1)应力分析法

应力分析法的基本假定包括:

(1)加筋体的破坏模式类似于绕墙顶旋转的刚性墙所支承的填土,在极限荷载作用下加筋体被筋材上的最大拉力点的连线分为活动区和稳定区,并假定筋材在墙面处的拉力为筋材上最大拉力的 0.75 倍。

(2)加筋体中的应力状态,在顶部为静止状态,随深度逐步向主动应力状态转变,深度达到 6m 以下便是主动应力状态,故加筋体土压力系数按式(8-43)计算。

(3)只有稳定区内的筋材与土的相互作用产生抗拔阻力。

$$K_i = K_0 \left(1 - \frac{z_i}{6}\right) + K_a \frac{z_i}{6} \quad (z_i \leq 6\text{m})$$
$$K_i = K_a \quad (z_i > 6\text{m})$$

(8-43)

式中:K_i——加筋体内深度 z_i 处土压力系数;

K_0——静止土压力系数,$K_0 = 1-\sin\varphi$;

K_a——主动土压力系数,$K_a = \tan^2(45°-\varphi/2)$;

z_i——第 i 单元节点至加筋体顶面的垂直距离(m)。

因此,路肩式挡土墙筋材所受拉力可按式(8-44)计算:

$$T_i = K_i(\gamma_1 z_i + \gamma_1 h_0)S_h S_v \tag{8-44}$$

式中:γ_1——加筋土填料的重度(kN/m³);

h_0——车辆荷载等代高度(m);

S_h——筋材结点水平间距(m);

S_v——筋材结点垂直间距(m)。

对于路堤式挡土墙,需要考虑路堤填土与车辆荷载对筋材拉力的影响。为简化计算,将加筋体上的路堤填土换算成假想的局部连续荷载作用于加筋体顶面,如图 8-34 所示。路堤填土的换算高度 h_F 按式(8-45)计算。

$$h_F = (H/2 - b_b)/m \tag{8-45}$$

式中:m——加筋体上路堤填土的坡率。

若计算得到 $h_F > a$(加筋体上路堤填土的高度),则采用 $h_F = a$。

因此,加筋体上路堤填土对筋材产生的拉力为:

$$T_{Fi} = K_i \gamma_2 h_F S_h S_v \tag{8-46}$$

式中:γ_2——加筋体上路堤填土的重度(kN/m³)。

考虑到将车辆荷载换算成等代均布荷载后,这种荷载的影响将会随着深度的增加而减小,因此假设路堤式挡土墙按 1:0.5 扩散来向下传递荷载,如图 8-35 所示。在深度 z_i 处,车辆荷载引起的垂直应力应按式(8-47)计算:

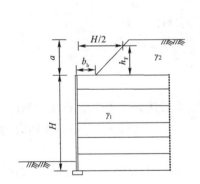

图 8-34 路堤式挡土墙填土等代填土厚度

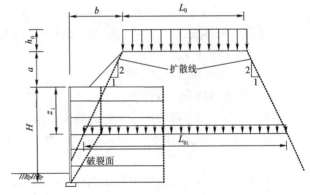

图 8-35 车辆荷载作用下垂直应力计算图

$$\sigma_{ai} = \gamma_1 h_0 \frac{L_0}{L_{0i}} \tag{8-47}$$

式中:σ_{ai}——车辆荷载作用下加筋体内深度 z_i 处的垂直应力(kPa),当扩散线与计算筋材的交点未进入活动区内时,取为 0;

L_0——荷载布置宽度(m);

L_{0i}——深度 z_i 处应力扩散宽度(m),按式(8-48)计算:

$$L_{0i} = L_0 + a + z_i (z_i + a \leq 2b)$$

$$L_{0i} = L_0 + b + \frac{a+z_i}{2}(z_i + a \leq 2b) \tag{8-48}$$

式中：b——面板背面至路基边缘的距离(m)。

因此，路堤式挡土墙筋材所受拉力可按式(8-49)计算：
$$T_i = K_i(\gamma_1 z_i + \gamma_2 h_F + \sigma_{ai}) S_h S_v \tag{8-49}$$

于是，为满足筋材强度稳定性要求，筋材设计断面按式(8-50)计算：
$$A_i = \frac{T_i \times 10^3}{K[\sigma_L]} \tag{8-50}$$

式中：A_i——第 i 单元筋材设计断面积(mm^2)；

$[\sigma_L]$——筋材容许应力(MPa)；

K——筋材容许应力提高系数。

为满足筋材抗拉拔稳定性要求，筋材长度按式(8-51)计算：
$$L_i = L_{1i} + L_{2i} \tag{8-51}$$

式中：L_i——筋材总长度(m)；

L_{1i}——筋材锚固长度(m)，按式(8-52)计算；

L_{2i}——活动区筋材长度(m)，按式(8-53)计算。

$$L_{1i} = \frac{[K_f] T_i}{2 f' w_i (\gamma_1 z_i + \gamma_2 h_F)} \tag{8-52}$$

$$L_{2i} = b_H \quad (0 < z_i \leq H_1)$$

$$L_{2i} = \frac{H - z_i}{\tan\beta} \quad (H_1 < z_i \leq H) \tag{8-53}$$

式中：$[K_f]$——筋材要求稳定抗拔系数；

f'——筋材与填料的似摩擦系数；

w_i——第 i 单元筋材宽度总和(m)；

b_H——简化破裂面的垂直部分与墙面板背面的距离(m)。

2) 楔体平衡分析法

楔体平衡法的基本假定包括：

(1) 加筋体填料为非黏性土。

(2) 加筋体墙面顶部能产生足够的侧向位移，从而使墙面后达到主动极限平衡状态（即加筋体的墙面绕面板底端旋转），在加筋体内产生与垂直面成一角度的破裂面，将加筋体分为活动区与稳定区。

(3) 加筋体中形成的楔体相当于刚体，面板与填料之间的摩擦忽略不计。作用于面板上的侧土压力为主动土压力，压力强度呈线性分布。

(4) 筋材的拉力随深度呈直线比例增长。在筋材长度方向，自由端拉力为零，沿长度逐渐增加至墙面处为最大。

(5) 只有破裂面后稳定区内的筋材与土的相互作用产生抗拔阻力。

根据上述假定，以库伦土压力理论为基础，采用重力式挡土墙计算土压力的方法，按加筋体上填土表面的形状和车辆荷载分布情况的不同，并考虑加筋体通常 $\alpha = 0$、$\delta = 0$ 的特点。加筋体上局部荷载（包括路堤填土）所产生的侧向压应力在墙面板上的影响范围，近似地沿平行于破裂面的方向传递至墙背，从而绘制侧向压应力分布图形。根据压应力分布图，推求出加筋土挡土墙沿墙高各单元节点处的侧向压应力，再确定各计算单元上筋材所承受的拉力。

以破裂面交于内边坡为例（图8-36），说明筋材拉力的计算方法。

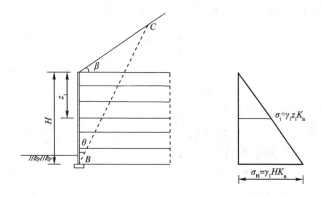

图 8-36　破裂面交于内边坡

将 $\alpha=0$、$\delta=0$ 代入式(8-8)、式(8-9),得到破裂角计算公式:

$$\theta = 90° - \varphi - \varepsilon$$
$$\tan\varepsilon = \sqrt{\tan(\varphi-\beta)[\tan(\varphi-\beta)+\cot\varphi-1]} \tag{8-54}$$

将 $\alpha=0$、$\delta=0$ 代入式(8-11),得到主动土压力系数计算公式:

$$K_a = \frac{\cos^2\varphi}{\left[1+\sqrt{\dfrac{\sin\varphi\sin(\varphi-\beta)}{\cos\beta}}\right]^2} \tag{8-55}$$

根据图 8-36,得到任意深度 z_i 处的土压力:

$$\sigma_i = \gamma_1 z_i K_a \tag{8-56}$$

第 i 层筋材所受的拉力为:

$$T_i = \sigma_i S_h S_v \tag{8-57}$$

筋材断面和长度的设计与应力分析法相同,但须注意锚固长度 L_{1i} 为图 8-36 中破裂面 BC 线以后的长度。

8.5.4　外部稳定性分析

加筋土挡土墙的外部稳定性分析,包括加筋体基底抗滑、抗倾覆、基底地基承载力及整体抗滑的验算,其基本方法与第四节中所述相同。整体抗滑稳定性分析的方法,与第六章中所述相同。

加筋土挡土墙的基底抗滑稳定系数按式(8-58)计算。

$$K_c = \frac{f\sum N}{\sum T} \tag{8-58}$$

式中:$\sum N$——竖向力总和(kN);

$\sum T$——水平力总和(kN);

f——基底摩擦系数。

加筋土挡土墙的抗倾覆稳定系数按式(8-59)计算。

$$K_0 = \frac{\sum M_y}{\sum M_0} \tag{8-59}$$

式中:$\sum M_y$——稳定力系对加筋体墙趾的力矩(kN·m);

$\sum M_0$——倾覆力系对加筋体墙趾的力矩(kN·m)。

加筋土挡土墙基础底面地基承载力按式(8-60)验算。

$$\sigma_{\max} = \frac{N}{L} + \frac{6M}{L^2} \leqslant k[\sigma]$$
$$\sigma_{\min} = \frac{N}{L} - \frac{6M}{L^2} \geqslant 0$$

(8-60)

式中：$\sigma_{\max}$——基底地基最大压应力(kPa)；

$\sigma_{\min}$——基底地基最小压应力(kPa)；

N——作用在基底的垂直合力(kN)；

M——作用在基底的弯矩(kN·m)；

L——加筋体底面宽度(m)；

k——地基容许承载力提高系数；

$[\sigma]$——修正后的地基容许承载力(kPa)。

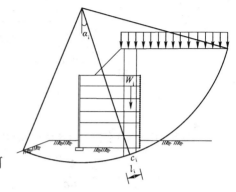

图8-37 加筋土挡土墙整体抗滑稳定计算图示

加筋土挡土墙整体抗滑稳定系数的计算中，如何考虑埋置于土中的筋材效果，常用的有以下三种方法：

(1)假设筋材长度不超过可能的滑动面，如图8-37所示，可以按照普通的圆弧法计算。

(2)在加筋体部分考虑因存在筋材而产生的似黏聚力，将该值计入抗滑力矩中。

(3)将伸入滑弧后面的筋材长度所产生的摩擦力和筋材的抗拉强度取两者中的小值计入抗滑力矩。

其中，第一种方法计算简单，且计算出的最小安全系数与后两种方法相差不大，计算方法如式(6-18)。

小　　结

路基挡土墙形式多样，特点各异。道路工程中，应根据各类挡土墙的适用条件和现场实际情况，综合考虑可靠性和经济性，合理选择挡土墙的类型。土压力计算是挡土墙结构设计和分析验算的基础。经典的库伦土压力理论和朗金土压力理论，基本假定不同，推演所得的土压力计算公式也不同，适用于不同的挡土墙类型和墙后土体状况；设计中，应根据墙背的形状和坡度，以及墙后土体的土性、表面形状、有无加载等正确选用。路基挡土墙设计应全面考虑作用于挡土墙的荷载及其组合，可采用极限状态分项系数法作为主要的设计方法，并进行各项稳定性验算。挡土墙的稳定性包括多个方面，主要受挡土墙类型、墙身形状和断面尺寸，以及地基条件等因素控制；验算时，应充分考虑挡土墙的使用条件，并满足相应的稳定性要求。与一般路基挡土墙相比，加筋土挡土墙在机理和构造等方面差异较大，破坏模式也有所不同；设计中除外部稳定性分析外，还应进行内部稳定性分析。

习　　题

8-1 分析重力式挡土墙展宽基底对提高稳定性的作用。

8-2 挡土墙基础埋深设计时应考虑哪些影响因素？

8-3 有一高5m的俯斜式路肩挡土墙，$\alpha = 14°$，墙后填土表面水平，重度$\gamma = 17.0\text{kN/m}^3$，

内摩擦角 $\varphi=36°$，墙背摩擦角 $\delta=22°$。计算墙后填土产生的主动土压力。

8-4 下图为一路堤墙，请在图上画出作用于挡土墙墙背的土压应力的分布图，并标明其大小和方向；推导主动土压力大小和作用位置的计算公式。已知：破裂角为 θ，下滑体与墙背间的摩阻角为 δ，主动土压力系数为 K_a。

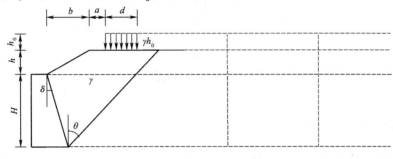

习题 8-4 图

8-5 简述加筋土挡土墙的破坏模式，以及加筋土挡土墙内部稳定性分析和外部稳定性分析的内容与要求。

9 路基建筑

9.1 基本任务与质量控制

9.1.1 路基建筑的基本任务

科学、可靠的路基设计必须通过施工来实现。路基建筑的基本任务就是按照路基设计的各项内容和要求，在满足工程质量、工期要求等的前提下，以尽可能低的工程造价将路基修筑出来。通常，路基修筑过程应满足以下基本要求：

(1)路基的几何尺寸应满足设计要求,包括横断面几何尺寸(填挖高度、路基宽度、路拱横坡和边坡坡度等)和纵断面高程等；各项设施(如排水设施、防护设施和支挡结构等)应满足设计文件规定的质量要求。

(2)确保路基具有足够的稳定性、强度和刚度。为此,施工过程中可采取一些措施,如选用优质填料、合理的填筑方式、填料的充分压实、基底的适当处理和台阶的开挖等。

(3)根据沿线地形、土质、填挖情况、运距和机具供应情况等条件,合理选择施工方法和土石方调配,以确保较高的劳动生产率和较低的工程修筑成本。

(4)合理调配和使用人力、机械设备和材料,以充分发挥施工人员的积极性和提高设备的使用效率,真正做到"人尽其才,物尽其用"。

路基建筑是一项在狭长的线形地带内进行的露天作业，易受道路沿线地形的限制和当地天气的影响。由于地形的变动和路线的起伏，沿线的路基工程量、填挖情况和土石类型变动很大。因此，沿线不同路段所适用的施工方法、劳力和机具的组织都有所不同。加上施工区域空间的限制以及气候、季节的影响，要实现上述要求并非易事。

9.1.2 施工前的准备工作

施工前的准备工作极为重要，是保证正常施工的前提，大致分为组织准备、技术准备和物质准备三个方面。

1)组织准备

组织准备主要是建立和健全施工队伍和管理机构，明确施工任务，制定必要的规章制度，确立施工所应达到的目标等。组织准备亦是做好一切准备工作的前提。

2)技术准备

技术准备工作包括现场勘察、核对设计文件、编制施工组织计划、恢复路线、施工放样、清除施工场地以及实施临时工程等。

(1)路基开工前,施工单位应在全面熟悉设计文件和设计交底的基础上,进行施工现场勘察,以熟悉和掌握施工对象的特点、要求和内容;核对及必要时修改设计文件,发现问题应及时根据相关程序提出修改意见并报请设计变更。

(2)施工组织计划是整个工程施工的指导性文件,亦是其他各项工作的依据。其中包括选择施工方案、确定施工方法、布置施工现场、编制施工进度计划、拟订关键工程的技术措施等。

(3)路基恢复定线、清除路基用地范围内的一切障碍物等,是施工前的技术准备工作,亦是施工基本工作的一个组成部分,应协调进行。恢复路线的目的是把决定路线位置的所有主要点位在实地固定下来。测量内容包括导线、中线、水准点复测,横断面检查与补测,增设水准点等。施工人员还应对路基工程范围内的地质、水文情况进行详细调查,通过取样、试验确定其性质和范围,并了解附近现有建筑物对特殊土的处理方法。

(4)临时工程,包括施工现场的供电、给水,修建施工便道、便桥,架设临时通讯设施,设置施工用房等,这些均为展开施工的必备条件。

3)物质准备

物质准备包括各种材料与机具设备的购置、采集、加工、调运与存储,以及生活后勤供应等。为使供应工作能适应施工基本工作的需要,物质准备工作必须制定具体计划,其中有的计划内容,如劳动力调配、机具调配及主要材料供应计划,必须服从于保证上述施工组织计划顺利实施,而且亦常被列为施工组织计划的一个组成部分。

9.1.3 路基工程的质量控制

在路基施工过程中,应按照有关规定对工程质量进行控制和检查。遇到隐蔽工程(如地基处理、渗沟设置、基坑开挖等),还要进行中间验收。凡中间验收不合格者,不得进行下一道工序的施工。

路基工程基本完工后,必须进行全线的竣工测量(包括中线测量、横断面测量及高程测量),并按规定的项目进行检查。根据检查结果编制整修计划,对路基进行全面整修。路基整修完成后,应经过交工验收(初验),才可铺筑路面。在全部道路工程完工后,经过一个阶段的使用考验,再组织有关人员进行竣工验收(终验)。路基工程检查验收的项目和要求,如表9-1、表9-2所列。

土质路堤施工质量标准　　　　　　表9-1

项次	检查项目	规定值或允许偏差			检查方法和频率
		高速公路、一级公路	二级公路	三、四级公路	
1	压实度	符合规定	符合规定	符合规定	施工记录
2	弯沉	不大于设计值	不大于设计值	不大于设计值	—
3	纵断面高程(mm)	+10,-15	+10,-20	+10,-20	每200m测4个断面
4	中线偏位(mm)	50	100	100	每200m测4点,弯道加HY、YH两点
5	宽度	不小于设计值	不小于设计值	不小于设计值	每200m测4处
6	平整度(mm)	15	20	20	3m直尺:每200m测2处×10尺
7	横坡(%)	±0.3	±0.5	±0.5	每200m测4个断面
8	边坡度	不陡于设计坡度	不陡于设计坡度	不陡于设计坡度	每200m抽查4处

填石路堤施工质量标准 表 9-2

项次	检查项目	规定值或允许偏差		检查方法和频率
		高速公路、一级公路	其他等级公路	
1	压实度	符合试验路确定的施工工艺		施工记录
		沉降差≤试验路确定的沉降差		水准仪:每40m 测1个断面,每个断面检测5~9点
2	纵断面高程(mm)	+10,-20	+10,-30	水准仪:每200m 测4个断面
3	弯沉	不大于设计值	不大于设计值	—
4	中线偏位(mm)	50	100	经纬仪:每200m 测4点,弯道加 HY、YH 两点
5	宽度	不小于设计值		米尺:每200m 测4处
6	平整度(mm)	20	30	3m 直尺:每200m 测4点×10 尺
7	横坡(%)	±0.3	±0.5	水准仪:每200m 测4个断面
8	边坡坡度	不陡于设计坡度	不陡于设计坡度	每200m 抽查4处
9	边坡平顺度	符合设计要求		

9.2 土质路基施工

9.2.1 土质路堤填筑

土质路基的填筑方法包括水平分层填筑、竖向填筑和混合填筑三种。

1)水平分层填筑

水平分层填筑法,是按路堤设计横断面,将填料沿水平方向分层、自下而上逐层压实填筑路堤的方法。根据填土推进方向的不同,水平分层填筑分为横向分层填筑和纵向分层填筑两种。平坦地区一般采用横向分层填筑,将填料沿线堆放,填筑先边缘后中央,确保形成一定的路拱横坡(2%~4%),以利横向排水,如图 9-1a)所示。遇坑洼地区或有超过 12%纵坡的地段,或邻近路堑挖方地段,可采用纵向推进分层填筑,如图 9-1b)所示。

分层填筑采用不同材性的填料填筑路堤时,为便于堤内水分的蒸发和排除,路堤不宜被透水性差的土层封闭。因此,颗粒粗、透水性好的土填筑在路堤下层更易于保证路堤不受水害,尤其是对冻胀地区和地下水位较高等不良水文地质条件地区的路基。当透水性差的土填筑在透水性好的土下层时,土层表面应形成一定的横坡(2%~4%),以利透水性好的土层中的泄水及时从横向排出,以减少水分的滞留时间和对下层土质强度的影响。

虽然不同材性土质间隔填筑,如黏性土和砂砾土、碎石土间隔填筑,可以提高土体的平均强度,整体材性更趋均匀、密实,但对于有水硬性趋向的填料却不宜薄层间隔填筑,因为软硬夹层很难一起承受荷载,易导致水硬层的破碎崩解。

不同材料分段填筑时,相邻两段的结合处应呈斜面或台阶状,将透水性差的土(如黏土)填在透水性好的土(如砂、砾土)的下面,以利不同土质的压实和紧密衔接。同样,在一般填料和具水硬特性的填料结合部,应将水硬性填料填在一般土石填料的下面,以防水硬后呈板体性的填料因土质变形差异而致结合部脱空和开裂,如图9-2所示。

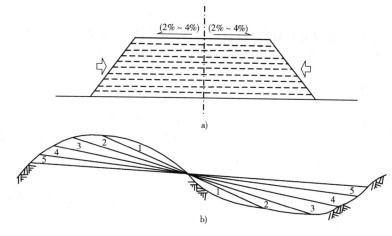

图 9-1 分层填筑法
a)横向分层填筑；b)纵向分层填筑

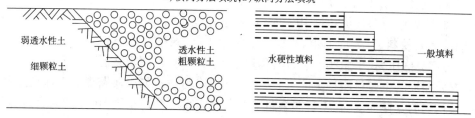

图 9-2 不同填料接头的处理

2）竖向填筑

竖向填筑方法是从路堤的一侧,在同一个高度将填料倾倒至路堤基底上,并逐渐沿纵、横向向前填筑推进,形成符合设计路堤横断面要求的填筑方法,如图 9-3 所示。

由于竖向填筑法压实厚度大,压实效果差,一般只在遇深谷、陡坡、深沟、陡坎地段,不能水平分层填筑时才予采用。为尽可能提高竖向填筑法的填筑质量,应采用高效能振动式压路机,以增大有效压实厚度,同时选用沉陷量较小、强度较高的砂性土、碎石土或石方等易压实的材料作为填料全断面填筑路堤。这类材料一般靠自身重力及颗粒的嵌锁就能形成一定的强度和稳定性,从而降低对压实效能的要求。另外,在竖向填筑推进的同时,在路堤底部应辅助以一定的人工或机械加以夯实,以提高路堤下部填土的压实度和强度。

3）混合填筑

混合填筑法是路堤下部采用竖向填筑,路堤上部采用水平分层填筑路堤的方法,如图 9-4

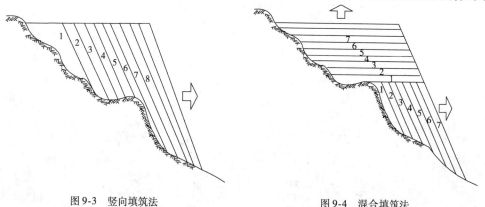

图 9-3 竖向填筑法　　　　　　　　　　图 9-4 混合填筑法

所示。由于受地形限制不可能采用水平分层填筑时,先用竖向填筑法填筑路堤的下部,待路堤下部形成,具备一定施工作业面和有利的施工条件时,再用水平分层填筑法进行路堤上部的填筑。在不利地形条件下用这种混合法进行路堤填筑,可保证路堤上部的填土质量。

9.2.2 土石混质路堤填筑

土石混质路堤必须采用水平分层填筑法施工填筑,以最大限度地使土石混质材料均匀压实和稳定,获得路堤必要的强度和水稳定性。土石混质填料的每层铺填厚度一般不宜超过40cm,具体可随压实要求和机具的不同有所变化;每层表面的横坡为4%~10%,以利排水。

对于不同的土石混质填料,若所含石料的岩性或所含石料的数量比率相差悬殊,或土石混质填料压实后具不同透水性能时,应作为不同材料加以区分,分层填筑,以尽可能保持单层填料的强度等物理性质的均匀一致,且应将含硬质石块的混合料铺填在较软石质混合料的下层,以防较硬石块压砸、挤碎软质石块。还应尽量避免石块的过分集中和重叠,以免造成土体的不均匀,给路堤的整体稳定留下隐患。

当土石混合料中石料含量超过70%时,填料更趋近于石料,应采用类似填石路堤的方式填筑,先铺填大石块料,且大面向下、小面向上设置平稳,再铺小块石料,每层表面用石渣、石屑、砾石砂等塞缝嵌压,找平压实。当石料含量小于70%时,可用土石混合铺填。

土石混质路堤的土体材质稳定性不如填石路堤,均匀性不如土质路堤。为保证路基对上层路面有较均匀的支撑连接,在土石混杂路堤的上路床需用粒径小于10cm的匀质、稳定填料分层填筑压实。

9.2.3 土质路堑开挖

1)横向挖掘法

横向挖掘法是从路堑的端部按设计横断面进行全断面挖掘推进的施工方法,如图9-5所示。对于较深路堑,为了增加作业面,同时也为了施工安全方便,可以将路堑分级开挖,错台推进。人工开挖台级的深度一般控制在2m左右,机械开挖可深至4m左右。每个台阶作业面上可纵向拉开,并应有独立的运土通道和临时排水设施,以免相互干扰、影响工效,甚至造成事故。

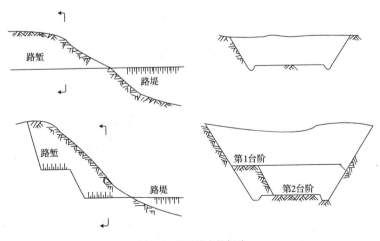

图9-5 路堑横向挖掘法

2）纵向挖掘法

纵向挖掘法是沿路线走向，以深度不大的纵向开挖，逐次向深推进至设计横断面的施工方法，如图9-6所示。根据一次纵向开挖面的大小有分层纵挖法、通道纵挖法和分段纵挖法三种挖掘方法。

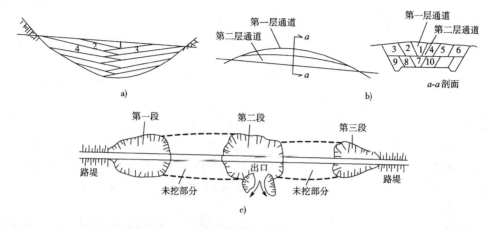

图9-6 纵向开挖法
a) 分层纵挖法（图中数字为挖掘顺序）；b) 通道纵挖法（图中数字为拓宽顺序）；c) 分段纵挖法

分层纵挖法是按路堑全宽，沿路堑纵向，以不深的纵向开挖，逐层挖掘形成设计路堑。当地面较陡时宜用推土机或斜铲推土作业；当地面较缓时表面宜横向铲土，下层宜纵向推运；当路堑横向宽度较大时，宜采用多台掘土机横向联合作业。

通道纵挖法是沿路堑纵向，在路堑范围先开挖有限宽深的通道，然后将通道向两侧拓宽，直至拓宽到路堑边坡后再开挖下层通道。这是一种纵向分条、逐层挖掘至设计基顶高程，最终形成设计路堑路基的施工方法。先开挖的通道往往作为机械通行、土方运输、场内排水及施工便道，其顺直、平坦、成形情况，对土方挖掘、出土外运和工程的整体推进起到关键性的作用，其工效是非常高的。

分段纵挖法是沿路堑纵向选择一个或几个开工面，先从一侧或两侧挖出若干横向入口，将路堑纵向分成几段，再分别由各个段口沿路堑纵向分头开挖推进。入口即作为运输、临时排水通道。这种纵挖法适用于较长路堑的开挖，可缩短弃土运距，方便土方调配，并可根据路堑沿线的开挖条件灵活掌握开工面的多少，有利控制施工周期。

3）混合挖掘法

混合挖掘法是横向挖掘法和纵向挖掘法联合使用的挖掘方法。一般在土方工程量较大、路堑长而深时，可以先采用纵向挖掘法挖出纵向通道，再按施工能力的大小，沿路堑纵向选择一定数量的点按横向挖掘法展开挖掘。先开的纵向通道即作为出土运输及机械流水作业通道。为了有更多的施工面施工，以及缩短弃土运距，避免各施工面之间相互干扰，还可以沿纵向开挖出若干横向通道，进行纵向分段开挖，各施工面可以相互独立也可以联合流水作业；多个施工面在纵向分段开挖创造的施工条件的基础上，再采用适当的横向挖掘法推进路堑纵深开挖，直至完成设计路堑断面的开挖。

9.2.4 路基压实

压实工作是保证路基施工质量的关键工序，同时又是土方作业中最费时和费工的一道工序。因此，如何最有效地进行压实，成为土质路堤施工中保证施工质量、提高工效和降低成本的关键。必须在同时掌握土的压实特性和熟悉各种压实机具的工作特性的基础上,综合考虑选定最佳的压实方法。

1) 压实机具

目前,用来压实的机具类型很多。根据压实作用方式的不同,基本可划分为碾压式、夯击式、振动式和冲击式等四类。

(1) 碾压式

碾压式,亦称静力碾压式,包括光面碾、羊足碾和气胎碾三大类。

光面碾在松土层上碾过时,土层受到竖直压力和向前滚动时产生的水平推力共同作用,使土层内的颗粒产生竖向和水平向的位移。开始碾压时,由于土松,滚筒沉入较深,单位压力较小,因而压力传下的深度不大;随后,单位压力虽然增大,但前几次滚压后土层表面形成了一层较密实的"硬壳",妨碍压力往深处传,所以光面碾的有效压实深度不大,只能压实较薄的土层。同时,"硬壳"的出现,易造成其与下部土层结合不良,产生"起皮",导致压实土层的密实度沿深度不一致,造成土层的不均质和低稳定性。因而,光面碾一般最好用于土基压实的最终阶段。

羊足碾承压面大大减少,且单位压力很大,故压实深度比光面碾大。同时,羊足碾压实作用的方式也有所不同。羊足碾滚过时,蹄足压入土层内,蹄面下土体直接被压实,而由此产生的侧向压力又把羊蹄间的土体给挤压紧密。因此,羊足碾的压实效果较好,压实土层的密实程度较均匀一致,特别是在碾压黏性土和呈块状的土基时效果良好。然而,压入土层内的羊蹄在拔出时会将土层的上部(其厚度视蹄长和压入深度而定,一般为4~6cm)翻松。因此,采用羊足碾碾压后,其表层呈松散状,最后还需用光面碾滚压一遍。由于压实效果被翻松时的破坏作用抵消了,羊蹄滚筒因而不适用于压实砂性土或砾质土。此外,过湿土的承载力过低,羊蹄会全部压入而使滚筒面与土层表面接触,等于是光滚筒在碾压,并且羊蹄拔出时会把土层翻松,反而使压实效果更差,故不宜采用。

气胎碾的适用范围最为广泛,可适用于各种土类,包括砂性土和黏性土。它是由整个充气的汽车轮胎排成一排,上面附加荷重而组成的。气胎碾最大的特点是压力通过轮胎传到土层上,而轮胎是弹性的,在滚压过程中轮胎与土层的接触情况在变化。开始时土松散而抗力小,轮胎沉入土中,本身变形小而类似于刚性施压面;随着土层压密,抗力增大,轮胎压入量渐减,而本身的变形渐增。因而,在整个碾压过程中,依靠轮胎的变形来调节两者的相互关系,从而使轮胎的施压面积维持不变(或变化很少)。土层和轮胎的这种变形过程如图9-7所示。这就使土层在整个碾压过程中受到大致不变的压力和施压面积,因而得到较均匀一致的压实效果。由于轮胎的变形,轮下压应力的分布便与刚性光滚筒碾压的情况不一样,如图9-8所示。

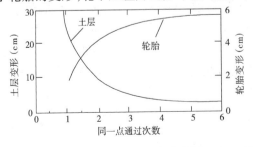

图9-7 土层和轮胎的变形过程

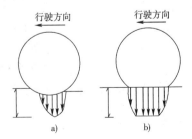

图9-8 轮下的竖向应力分布
a)刚性滚筒;b)汽车轮胎

前者传压面积大,因而压实作用的有效深度大,压实层厚度要比后者大得多;并且应力作用时间长,压实效果好。

(2) 振动式

振动式压路机在静力碾压式的基础上,通过施加在路基表面的振动来进一步提高压实效果,使得压实效果的增长不再简单地依靠重力或线压力的增加。故振动压路机的压实作用分为动、静两部分来考虑:一部分是压路机的静线压力作用,它与整机的重力、滚轮的几何尺寸等有关;另一部分是动态压应力作用,它与振动压路机的参振质量、振幅、振动频率及压实速度有关。土受到振动作用而产生惯性力,其大小同土的质量成正比。由于土体各颗粒质量上的差别,其惯性力是不同的,由此在相邻颗粒的接触点处产生了较大的应力,颗粒间的联系遭到破坏而产生相对位移。颗粒质量的差别越大,颗粒间的联系越弱,则此位移发生得越迅速。因此,含有不同粗度的颗粒,其联系又很弱的非黏性土,振动作用的压实效果较好;成分较均一而颗粒间联系又很大的黏性土,则振动效果不大。所以,振动式压实机具适宜于压实砂类土和弱黏性土,并能有效地压实碎石和砾石基层。

(3) 冲击式

冲击式压路机是近些年出现的一种新型压实机械。其碾压滚筒为多边形,如图9-9所示。在滚动过程中当滚动角圆弧和地面的接触点与重心处于同一铅垂线上时,滚升至最高位置;越过此角后,重力相对接地点产生使滚轮坠落的冲击力矩,在这一力矩的作用下滚轮冲击地面;此后碾轮的冲击面向后方搓挤土壤,并使土壤产

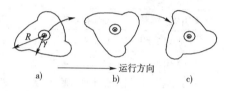

图9-9 冲击式压路机工作原理示意图

生很大的反力;在牵引力、反力所形成的举升力偶的作用下,碾轮以滚动角与地面接触的瞬时中心为转动轴心向前滚动,并提升碾轮至最高位置。所以,冲击式压路机在碾压过程中,对地面产生多次冲击压实、搓揉压实,同时还兼有重力压实作用,故而能使路基产生理想的变形。冲击式压路机综合了传统夯实机和振动压路机的优点,并克服了夯实机动作连续性差,振动压路机行走速度慢、压实层薄的缺陷。其正常工作时压实力可达同吨位静碾的10倍,是同吨位振动压路机的3~4倍;压实深度可达2m左右,路基压实时每层铺层厚度可放宽到0.4~1.0m。

(4) 夯击式

夯击式是利用一定重力的夯具对土体进行夯击而压实土体。夯击时夯具对土体动量的作用时间较短,在接触表面产生了较大的冲击力,从而达到良好的压实。各种木制或石质的人工夯具(如夯、杵),是最古老的一类压实工具,由于抬起的高度不能很大(一般为0.3~0.6m),压实的有效深度不大,压实层厚度较薄。另外还有利用压缩空气、电内燃机等作动力的夯具,也有利用挖土机的吊杆吊起夯板而夯实土体。重夯法和强夯法则进一步提高了夯击能,用起重机将重锤(8~30t,最大200t)吊到十几米甚至几十米高处,使锤自由落下,对地基或填料进行夯击加固;并可通过调整夯击能、夯点间距、夯击遍数和间歇时间等施工参数,以达到不同的夯实效果。

2) 压实方法

进行压实时,应根据压实机具的工作特性和土层的压实特性选定最为经济有效的压实方法。确定压实方法的内容包括:选择合适的压实机具类型,确定压实土层的厚度、湿度和压实作用的重复次数等。

（1）压实机具类型的选择

由上述对各种压实机具工作特性的介绍可知，压实机具的类型对各种土类的压实效果、压实土层的有效压实深度以及压实的均匀性（或者沿土层深度的密实度分布）都有不同程度的影响。选择压实机具时，应首先考虑这些因素。表9-3综合列出了各种压实机具的适用范围。表9-4给出了各种土质适宜的碾压机械。

各种压实机具的技术特性 表9-3

机具类型	适宜的土类	最大有效压实层厚度（cm）		压实遍数	
		黏性土	非黏性土	黏性土	非黏性土
人工夯具	黏性和非黏性	10	10	3～4	2～3
牵引式光面碾	黏性和非黏性	15	15	8～12	5～7
自动式光面碾5t	黏性和非黏性	10～15	10～15	10～12	6～9
自动式光面碾10t	黏性和非黏性	20～25	20～25	8～10	5～7
中型羊足碾	黏性	15～20		10～12	
重型羊足碾	黏性	20～30		8～10	
牵引式汽车碾	黏性和非黏性	30～40	35～40	6～8	2～3
汽胎碾25t	黏性和非黏性	45	45	4～6	2～4
汽胎碾50t	黏性和非黏性	70	70	4～6	2～4
夯板	黏性和非黏性	80～120	120～150	5～7	2～4
振动压路机4.5t	非黏性		25～30		4～6
推土机	黏性和非黏性	20	20	6～8	6～8
铲运机	黏性和非黏性	25	25	6	6

各种土质适宜的碾压机械 表9-4

	细粒土	砂类土	砾石土	巨粒土	备注
6～8t双轮压路机	○	○	○	○	用于预压整平
12～18t双轮压路机	○	○	○	△	最常使用
25～50t轮胎压路机	○	○	○	○	最常使用
羊足碾	○	×或△	×	×	粉黏土质砂可用
振动压路机	△	○	○	○	最常使用
凸块式振动压路机	○	○	○	○	最适用含水率较高的细粒土
手扶式振动压路机	△	○	○	×	用于狭窄地点
振动平板夯	○	○	○	△或×	用于狭窄地点，机械质量800kN的可用于巨粒土
夯板	○	○	○	△	用于狭窄地点
夯锤	○	○	○	○	夯击影响深度最大
推土机，铲运机	○	○	○	○	仅用于摊平土层和预压

注：①表中符号：○代表适用；△代表无适当机械时可用；×代表不适用。
②对特殊土和黄土、膨胀土、盐渍土等的压实机械选择可按细粒土考虑。
③自行式压路机宜用于一般路堤垫基底的换填等的压实，并宜采用直线式进退运行。
④羊蹄碾（包括凸块碾、条式碾）应有光轮压路机配合使用。

对于同一种机具类型，压实效果的好坏同机具的重力（单位压力大小）有很大关系。图9-10所示为一光面碾的试验结果。由图中曲线可看到，采用不同单位压力的路碾压实时，压实效果(以密实度增长表示)随所耗压实功也增大;但是,达到同一密实度,单位压力大的路碾所消耗的压实功低于单位压力小的,消耗相同的压实功,选用单位压力大的路碾可以收到较高的压实效果。从消耗功的观点看,单位压力大的机具较经济。然而,选择时还应考虑松土层的极限强度。压应力不能超过土的极限强度,否则反而会引起破坏。因而,采用先轻后重、重轻结合的方式,通常可收到较好的效果。

(2)压实土层的最佳厚度

压实机具作用在土层上时,其压力传递的深度有一定限度,深于此限度的土,受压实作用而变形的量很小,此深度称作极限深度。根据理论分析和试验测定,它为施压面直径的3.0~3.5倍。对厚度小于极限深度的土层进行多次压实后,可发现在土层上部一定厚度范围内,密实度沿深度大致均匀地分布。对这一部分土层厚度称作为有效深度。

土基是分层压实的。在确定每层厚度时,应考虑机具的极限深度。同时,更应考虑如何选择一合适的层厚,使整个土层达到要求的密实度,而所耗费的压实功又最少。这种压实层厚称作最佳厚度。图9-11反映了不同压实层厚时,密实度与压实功的关系。可看出,如果要求密实度为 $1.55 \times 10^3 \text{kg/m}^3$ 以上,压实层超过20cm将使压实功的消耗急剧增长。一般情况下,最佳层厚可选择为有效深度;要求压实度高时,宜取小于有效深度的数值。

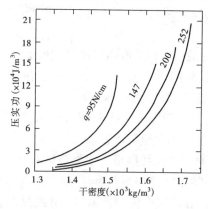
图9-10 压实功和密实度与单位压力的关系

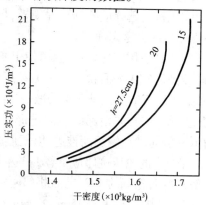
图9-11 压实层厚与密实度和压实功的关系

有效深度取决于施压面的最小尺寸、单位压力和土层的湿度。一般情况,黏性土的有效深度约为施压面最小尺寸的2倍,非黏性土的则比黏性土的大20%。各种压实机具的最佳压实层厚的大致数值,可参见表9-3。

(3)压实次数

压实机具重复作用下,土层压实变形的累积过程服从对数规律,即初次作用的压实变形大,随后压实变形随作用次数的增加而迅速降低。

从经济观点来看,每增加一次压实,就多消耗一倍压实功,而最初几次压实作用的经济效果要比以后几次高得多。压实土层厚时,为达到要求密实度,往往需要压实很多遍,这就显得很不经济。因此,可采用"薄层少滚"的办法,也即减薄层厚,仅用少数几遍就达到要求压实度,这种方法可收到很经济的效果。一般情况下,各类机具所需的压实遍数可参照表9-3。

(4)压实土层的湿度

在最佳含水率时压实土基,可以用很低的压实功消耗达到最佳的压实效果,此时所得土基的水稳定性最佳。因此,压实时控制土层湿度为最佳值是很重要的。

最佳含水率是个相对值,它是土质、压实机具和压实功的函数。试验室所得到的最佳值,只是相应于标准压实法这种压实方法和压实功能的。因而,在施工时应按所选定的压实方法,通过实地试验确定相应的最佳含水率。

施工时,土的天然湿度不可能总是恰好等于最佳值。这时,必须采取措施,或者改变土的天然湿度,或者改变压实方法,以确保压实工作能经济有效地进行。干旱地区,土的天然湿度往往低于最佳值,而铺筑时土层中的水分又极易蒸发。在压实这种土基时,可加水湿润到最佳含水率。但这种地区往往是缺水的,加水的措施显得不现实或过于昂贵。在这种情况下,可改变压实方法:采用较重的压实机具,减薄压实厚度,缩短摊铺与碾压的间隔时间(包括缩短工作段长度),挖取地表下较湿的土层作填料等。

潮湿地区,土的天然湿度往往超过最佳含水率,压实不易达到要求的密实度,且易在压实过程中出现弹簧现象(俗称橡皮土)。这时,在压实前需将土预先翻松晾干,或者撒低剂量生石灰以降低土的湿度。为了防止产生弹簧现象,不宜选用重型压实机具或过多的压实次数,以免土变成接近水饱和的两相土而强度下降。

实际进行压实时,土层的湿度允许比最佳值大或小 1% ~2% 。

(5)压实工艺

压实工艺一般应遵循以下原则:

(1)压实机械的选择应根据工程规模、场地大小、填料种类、压实度要求、气候条件、压实机械效率等因素综合考虑确定。

(2)压实机具使用应先轻后重,以使土基强度的增长能适应压实能量的增加。

(3)碾压速度宜先慢后快。对于振动压路机,先静压一遍后再振动,先弱振后强振,以便于松土黏结成形,不致被机械急推松散;起始碾压速度不宜超过 4km/h。

(4)压实路线一般是沿路线纵向进退式进行。在横断面上先两侧后中间,平曲线有超高段则应由低一侧向高一侧逐渐推进,以便形成路拱和单向超高横坡。

(5)相邻两次的轮压迹印应重叠1/3 左右。对于振动压路机一般重叠0.4 ~0.5m,对三轮压路机一般重叠后轮宽的 1/2,前后相邻两区段宜纵向重叠 1 ~1.5m。对于夯锤压实,首遍夯实位置宜紧靠,孔隙不得大于 15cm,次遍夯位应压在首遍夯位的缝隙口。如此反复,无漏压点或死角,确保碾压均匀,避免土基产生不均匀沉陷。

(6)经常注意土的含水率,并视需要采取相应的晾晒或洒水措施。每一压实层应检验压实度,每 2 000m² 检验8 点,不足200m² 检验两点,必要时加密,以保证压实质量。

(7)施工期间可以让车辆在路基全幅宽度内分散行驶,以尽量利用大型机械的行走压实土基,但须避免车辆长时间在同一线上行驶而导致过度碾压,甚至形成车辙。

(8)对于用铲运机、推土机和自卸车推运土料填筑路堤时,应将填料整层平铺,且应按设计断面路拱形成2% ~4% 的横坡,并及时压实,以利雨季排水。

(9)路床断面压密完成后,应进行弯沉检验,每幅双车道隔50m 须测4 点,左右后轮各一点。考虑季节影响后应符合设计要求,以保证路基强度要求。

3)压实质量的控制

土基压实时,必须在现场随时进行压实质量的控制和检查,其内容为:

(1)测定土层的湿度,同最佳含水率相比,看它是否适宜于压实;

(2)在压实机具作用不同次数后,测定土层相应的压实程度和密实程度沿深度的变化(均匀程度),以确定达到要求压实度时所需的压实遍数和压实土层厚;

(3)检查各路段各土层的压实度是否达到规定值。

目前工地上常用的测定方法有：
(1)含水率测定——烘箱烘干法、酒精燃烧法、湿度—密度仪法等；
(2)密实度测定——环刀法、灌砂法、湿度—密度仪和核子密度仪法等。
各种测定方法见有关土工试验规程。

9.3 石质路基施工

9.3.1 石质路堤填筑

石质路堤填筑施工方式有倾填(含抛填)和分层填筑两种。

倾填填筑石料是从高处自然落下，石料间难免犬牙交错，空隙大且不均匀，又不易压实，填筑的路堤稳定性和均匀性较差，只有在遇陡峭险恶地段、分层填筑困难的二级公路以下低级路面道路上使用。即使这样，倾填填筑的路堤在顶部1m范围内仍须分层压实填筑，使路床下有足够厚度的密实层，以保证路床与路面基层的平整连接和均匀传力，为路基的稳定和路面的正常使用提供必要的条件。倾填填筑的路堤，应采用粒径大于30cm的硬质石块对边坡及坡脚进行码砌，使边坡密实、稳固，弥补倾填石料较松散和无法机械夯实的不足。码砌厚度不应小于1m，路堤高度大于6m时应不小于2m。

高级路面道路石质路堤应采用水平分层填筑法施工，使石质路堤尽可能地密实和稳定。对于岩性、石质(尤其是软硬性和透水性)相差悬殊的石料必须进行分层填筑或分段填筑，以免相对软弱石料被硬石挤碎、分解，保证路堤即使在浸水状态下也具有必要的强度和稳定性。分层松铺厚度对于高等级道路不宜大于0.5m，而对于二级公路和以下的其他道路也不宜大于1.0m，以保证路基的有效压实并达到设计要求。

分层填筑石料时，卸料堆料位置及推进路线应该先低后高，先两侧后中央，尽可能避免大块石料的二次驳运。填筑时，应先填筑大粒径石料，后填筑小粒径石料。对于粒径超过23cm的石料，应用人工将石料大面向下、小面向上摆平放稳，以便用小粒径的石料填隙找平和压实。对于级配较差的石料，由于粒径相差悬殊、填筑层较厚、石块间空隙较大，应在每层石料的表面用石渣、石屑、中粗砂等填隙塞缝、嵌压稳定，必要时借助压力进行充填，直至塞满。为了提高路床顶面的平整度，使其与路面有良好的承托连接，填石路堤路床顶部30~50cm范围内须用符合路床要求的土填筑。

9.3.2 石质路堑开挖

在山区或某些丘陵地区修筑路堑时，常需挖掘坚硬的岩石。岩石的开挖，主要靠爆破方法，即利用埋在岩石内炸药的化学反应，把岩石炸裂、炸松，并部分地抛掷出路基范围外，随后用各种机具清理松散的岩石碎块。

整个爆破作业包括以下步骤：①在预定要爆破的岩石中钻掘炮眼；②在炮眼内填以炸药，装入引爆材料，并加以堵塞；③点火或通电，使炸药爆炸；④清理炸松、炸碎的石块。以上步骤需反复施行，直至做好整个路基。

运用爆破开挖岩石，其效果随许多因素而变化，其中主要有炸药的性能、地形和地质条件、施工方法的掌握程度(包括所采用药包的大小和布置、堵塞的质量、引爆器材的装接和起爆方法等)。

1)炸药及引爆材料

(1)炸药

炸药是一种化学不稳定的物质,在一定的外界条件作用下(如撞击、摩擦、加热、火焰等),能在极短时间内产生急速的化学反应,同时释放出巨大热量(1kg 硝铵炸药能产生 4 187J 的热量,温度可达 2 000 ~ 3 000℃),生成大量高压气体(1kg 硝铵炸药能产生 900kg 气体,可达 10^5 个大气压以上)。由此,便对周围介质产生短暂而猛烈的冲击,使其破裂并发生抛掷现象。公路上常用的炸药有:黑火药、铵梯炸药和铵油炸药等。

黑火药是由硝酸钾、硫黄和木炭三种原料经加工而制成的质地均匀的混合物,对火星、碰击及摩擦极敏感,易燃烧爆炸,吸湿性强。其爆速较低(不及 1 000m/s),分解时所构成的气体对四周介质主要造成静压力,当压力增大到某一数值时岩石即破裂。

铵梯炸药是工业上生产最多、使用最广泛的一种炸药,而且成本较低,由硝酸铵、木粉和三硝基甲苯(俗称 TNT)配合而成。硝酸铵是一种缓性炸药,炸力较弱,敏感性较低;木粉是可燃物质,掺入炸药内可节约硝酸铵,降低成本;三硝基甲苯是一种烈性炸药,敏感性较低,但爆炸威力强,成本较高。硝酸铵中掺入三硝基甲苯后,其爆炸威力可提高,使用时仍较安全。铵梯炸药的主要缺点是其吸湿性和结块性。炸药吸湿受潮后,爆炸性能降低,甚至发生拒爆。一般规定其湿度不大于1.5%。在使用时,不宜在炮眼中放置过久,以免受潮。

铵油炸药是用硝酸铵、少量液体石油产品(柴油、石油、煤油等)和木粉等可燃剂混合而成。这是一种廉价、安全、制造简单、威力比硝酸铵炸药略低、敏感性低的炸药,起爆须借助于其他烈性炸药制成的起爆药包。这种炸药可直接在工地配制,并且运输方便、安全,目前在石方爆破中应用较多。

(2)引爆材料

使用黑火药时,因其敏感性较高,可用导火线插入炸药内,用火点着导火线,燃烧至黑火药处即发生爆炸。导火线是一种慢燃引线,燃速为1cm/s。它使用简便,但需要直接点火,较为危险,而且数个药包不能同时引爆,一次引爆的炮数不能太多。

铵梯炸药的敏感性较低,单靠导火线不能起爆,须通过雷管的爆炸来引炸。雷管分火雷管、电雷管两种。火雷管须用导火线引爆,由雷管壳、正副起爆药和加强帽三部分组成。电雷管是采用通电灼热金属电桥丝,而使引燃剂点燃,使管内起爆药起爆,有即发、延期及毫秒电雷管三种。

采用铵油炸药时,由于它的敏感性很低,必须借助于起爆药包引爆。起爆药以采用烈性炸药最好,如 TNT,但大都采用铵梯炸药,因其来源容易,成本较低。用铵梯炸药引爆时,其数量为装药量的 5% ~ 10%,装药量小时取上限。起爆药包的引爆仍需用雷管。

在大爆破时,还可采用传爆线(或称导爆索)直接引爆。传爆线内心系用烈性炸药制成,爆速达 6 800 ~ 7 200m/s。因其爆速快,可提高爆破效果。应用传爆线起爆时,药室内可不用雷管,故在大量爆破的施工操作上较安全。传爆线本身则用雷管引爆。

2)爆破作用原理

(1)药包在无限介质内的作用

放置在岩石内部或表面,准备进行爆破的一定数量的炸药称药包。药包在无限介质内部爆破时,所产生的静压力和冲击波以相同的力量向四周扩散,作用于周围介质上。离药包中心不同距离处的岩石介质,由于受到的作用力不同,产生不同程度的破坏和振动。这种现象,随着距药包中心距离的增加而逐渐消失。可以按岩石被破坏的程度的不同,将其分为几个区间,如图 9-12 所示。

压缩圈最接近药包的岩石介质部分,直接承受巨大爆破作用力,介质受挤压呈极度破碎状态;抛掷圈为紧接压缩层以外的一层介质,所受到的爆炸波的冲击力仍很大,除使介质破碎外,并有足够力量产生抛掷现象(当其外缘的抵抗力不足时);松动圈亦称崩裂圈,爆炸波通过抛掷范围后,冲击力已减弱到不能产生抛掷现象,但仍能破坏岩石结构,造成破碎、裂缝和松动;振动圈位于松动圈以外,爆破作用力微弱,已不能使岩石结构破坏,只产生一定的震动作用。振动圈以外,爆破作用的能量便基本上消失了。

R_1—压缩圈半径; R_2—抛掷圈半径
R_3—松动圈半径; R_4—振动圈半径

图 9-12 爆破作用圈示意图

(2)药包在有限介质内的作用

爆破在有限介质内进行时,有临空面的表面会因各种作用圈的影响,产生不同的破坏状态。临空面水平时,当药包中心距表面的距离小于松动圈,但大于抛掷半径,如图 9-13a)所示,则爆炸后表面的岩石只受到破碎和松动,称为松动爆破;当此距离小于抛掷圈,则爆炸后部分岩石被抛出,表面形成倒立圆锥形(或漏斗形),如图 9-13b)所示,称抛掷爆破。

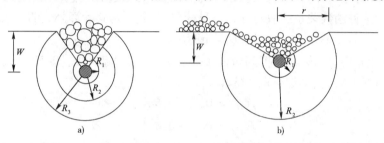

图 9-13 药包埋置深度不同时的爆破情况
a)松动爆破;b)抛掷爆破

在介质均匀时,爆破作用首先沿介质阻力最小的地方,即药包中心至临空面的最短距离处发生,该距离称最小抵抗线 W。抛掷爆破时,当药包质量固定,变动最小抵抗线的大小,可获得不同形状的爆破坑(或爆破漏斗)。通常采用爆破作用指数 n 来表征爆破漏斗形状。n 大,则漏斗浅而宽;n 小,则漏斗深而窄。

$$n = \frac{r}{W} \tag{9-1}$$

式中:r——漏斗底部的半径。

根据 n 的大小(即爆破漏斗的形状),可把抛掷爆破分为标准抛掷爆破($n=1$)、加强抛掷爆破($n>1$)和减弱抛掷爆破($n<1$),相应所用的药包分别称为标准抛掷药包、加强抛掷药包和减弱抛掷药包。

实践表明,爆破后形成的最小抛掷爆破漏斗,其爆破作用指数 n 一般都大于 0.75~0.80。当 n 小于 0.75 时,爆破后只有破碎而隆起的石块堆,而无破碎的石块抛掷漏斗边缘以外,故可认为 $n=0~0.75$ 时为松动爆破或松动药包。

3)药包计算原理

影响爆破漏斗形状的,不仅有最小抵抗线 W,而且还有药包内所装的炸药量。药量的多少,会影响到爆破作用圈半径 R_1、R_2 和 R_3 的大小;在 W 不变的情况下,增加炸药用量会使漏斗趋向于浅而宽。因此,爆破作用指数 n 的大小反映了炸药用量的多寡。

标准抛掷药包用量的计算,是根据药包质量同介质对爆破作用的抗阻力成正比的概念确

定的。而这种抗阻力主要是岩石的重力作用,也即被爆破部分的体积。因此,标准抛掷药包用量的计算公式可写为

$$Q = qV \tag{9-2}$$

式中:q——常数,爆破每单位体积岩石所消耗的炸药量(kg/m^3),见表9-5。

V——理论假定的标准抛掷爆破漏斗的体积。

单位耗药量 q 的参考数值　　　　表9-5

岩石类别	软石	次软石	坚石	特坚石
极限抗压强度(MPa)	≤30	≤90	≤150	≥170
$q(kg/m^3)$	1.2~1.8	1.35~1.95	1.7~2.4	1.8~2.5

标准爆破漏斗为一倒置的正圆锥体,则:

$$Q = \frac{1}{3}q\pi r^2 W = \frac{1}{3}q\pi W^3 \approx qW^3 \tag{9-3}$$

上式在标准抛掷爆破时比较符合实际,但当 $n \neq 1$ 时,误差随着爆破作用指数的增减而增大。由于爆破作用指数 n 的大小也反映了炸药的用量,可把这种药包同标准抛掷药包之间的关系看做是 n 的某种函数关系。故对任意一种药包的用量 Q,其计算公式的一般形式可写为

$$Q = qW^3 f(n) \tag{9-4}$$

式中:$f(n)$——计算药包同标准抛掷药包的关系,加强抛掷爆破取式(9-5),减弱抛掷爆破取式(9-6),松动爆破取1/3。

$$f(n) = 0.4 + 0.6n^3 \tag{9-5}$$

$$f(n) = 0.2 + 0.8n^3 \tag{9-6}$$

事实上,药包在介质内爆炸时,影响爆破效果的因素甚为复杂,上述药包计算方法同实际情况相比显得过分粗略。故在运用时还需要综合考虑其他因素,包括地形和地质条件、炸药的性能和施工方法等,其中尤以地形和地质条件的影响为大。

(1)地面倾斜的影响。在地形平坦时,药包向上爆破,爆破作用要能克服岩石的全部自重;破碎的岩石向上抛掷时,仅有部分被抛出漏斗范围外,其余部分仍回落漏斗内,因而实际抛掷量较少。要增加抛掷量,必须增加炸药用量,即增大爆破作用指数。而在地面倾斜时,爆破的作用方向(最小抵抗线方向)与岩石的重力方向斜交(图9-14),故用药量可减少,而岩石的抛掷量却可增加。不仅如此,爆破漏斗上方的岩石(图中阴影部分),因爆破作用的影响而松裂,在爆破漏斗内的岩石被抛出后,便在自重的作用下脱离母体而坍塌,由此扩大了爆破漏斗的范围。

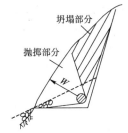

图9-14 地面倾斜时的爆破

因此,用相等数量炸药,在斜坡地形能比平坦地形炸下更多岩石。地面横坡越陡,爆破效果也越好,炸下相同数量岩石所需的用药量也越少,亦即取用的爆破作用指数可越小。

(2)临空面的数目的影响。由于爆破作用力指向抗阻力最小的方向,多个临空面的出现将使作用力指向多个方向,形成多个爆破漏斗。因而,临空面的增多可提高爆破效果,或减少炸药用量。当路线通过短而深的垭口或山嘴时,往往会遇到出现多个临空面的地形。即使地形条件不利时,也可采取措施创造多面临空的条件。

(3)岩石的物理力学性质的影响。岩石越坚硬,对爆破的阻抗越大,单位用药量 q 也越大。而节理发达和极发达以及严重风化的岩石,属于破碎的岩层,选用 q 值时,应适当降低原岩石等级。

(4)岩石结构面产状的影响。如图9-15a)所示,当层理的走向与路线平行而与最小抵抗线垂直时,爆破漏斗在纵向的破坏范围加宽,而向后的破坏作用较小,一般仅沿层理面破坏。当层理走向与路线垂直时,由于两侧存在强度弱的层理面,爆破后沿路线纵向仅形成窄槽,如图9-15b)所示。当岩层的走向与爆破作用方向斜交时,则相交一侧的岩层被破坏、切断,而另一侧基本上沿药包附近的岩层层面滑出,如图9-15c)所示。结构面产状的上述影响,在层面接触紧密、胶结良好的条件下表现得不很明显,而仅在层间夹有黏土或其他碎屑和胶结不良时才影响严重。

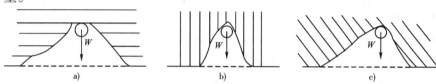

图9-15 岩层走向对爆破的影响
a)同爆破方向垂直;b)同爆破方向平行时;c)同爆破方向斜交时

(5)炸药的影响。爆破力强的炸药,爆破效果好,炸药用量可少些。几种主要炸药达到相同爆破效果时,炸药用量的换算系数,列于表9-6。此外,施工时装药的密实度、堵塞的质量和炸药的防潮等都对爆破效果有影响。装药密实度适中,效果最好。过大会使炸药对爆炸的敏感性不够,而过松则传爆速度不够,影响效果。堵塞对爆破能量的充分利用很有关系。炸药的爆破威力越低,堵塞的质量要求越高。堵塞材料必须是胶结而比较密实的,内摩擦力较大,同时堵塞长度应足够,以免爆炸气体沿炮眼喷出,造成能量大量失散。

炸药用量的换算系数 表9-6

炸药名称	铵梯炸药	黑火药	三硝基甲苯	铵油
炸药换算系数 e	1.0	1.7	0.85	1.05~1.10

4)爆破方法

根据地质地形条件、所需爆破的岩石体积、路基断面的形状和施工条件的不同,可采用各种不同的爆破方法:包括钢钎炮(小眼炮)、药壶炮、深孔爆破、猫眼炮、微差爆破、光面爆破和预裂爆破,以及洞室炮(大爆破)等。

(1)钢钎炮。炮眼为圆形,炮眼直径和深度分别小于70mm和5m的爆破方法。底部装药,上部用填塞物堵塞。由于直径小,装药量受限制,另外爆破能量很多变成无用的声波,因此生产率不高、不经济;但操作方便,对爆破范围以外的岩石震动损害影响小。在石方量小、工程量分散的路段上,以及整修边坡、开挖边沟、炸孤石或为其他中、大型炮创造有利地形时较为适合。

(2)药壶炮。又称葫芦炮或轰膛炮,指先用少量炸药把炮眼的底部爆破扩大成药壶状,而后将炸药集中地置于药壶内进行爆破的方法。由于炸药数量可增多(装药量达5~80kg),而且又是集中药包,爆炸能量作用于周围介质,因而可提高爆破效果,是公路上采用较多的一种小型爆破方法,每炮可炸下数十以至数百方岩石。药壶炮的眼径与钢钎炮相同,深度以5~7m为宜,太浅则爆破效果得不到显著提高。它适用于石方数量集中、地面自然坡度较陡的地段;在岩石过硬时,药壶扩大比较困难,故它一般仅适用坚石以下的岩石,在岩石松碎、裂隙大、层理软硬不匀或有水渗入时不宜采用。

(3)深孔爆破。指孔径大于75mm,深度在5m以上,采用延长药包的一种爆破方法。炮孔需用大型潜孔凿岩机或穿孔机钻孔。其优点是劳动生产率高,一次爆破的石方量多,施工进度快,对路基边坡的影响比大炮小。若配合预裂或光面爆破,则爆破后边坡平整稳定,爆破效果易控制。但由于需要使用大型机械,故转移工地、开辟场地、修筑便道等准备工作都较复杂,且爆破后仍有 10% ~ 25% 的大石块需经二次爆破改小。深孔爆破的单位用药量 q' 为 0.45 ~ 0.70 kg/m², 平均每米钻孔爆落岩石 11 ~ 20 m³, 用药量小、效果好,有条件应尽可能采用这种方法。

(4) 猫眼炮。指炮洞直径为 0.2 ~ 0.5 m, 洞穴成水平或略有倾斜(台眼), 深度小于 5 m, 用集中药包在炮洞中进行爆破的方法。其特点是充分利用岩体本身的崩塌作用,能用较浅的炮眼爆破较高的岩体,最佳使用条件是岩石等级 Ⅸ 级以下(最好 Ⅴ ~ Ⅶ 级), 阶梯高度最少大于眼深的两倍,自然地面坡度不小于 50°(最好在 70° 左右)。因为炮眼直径较大,爆能利用率甚差,故炮眼深度应大于 1.5 ~ 2.0 m, 不能放孤炮。在有裂缝的软石和坚石中,阶梯高度大于 4 m, 药壶炮药壶不易形成时,采用该法可以获得好的效果。

(5) 微差爆破。亦称毫秒爆破,指两相邻药包或前后排药包以毫秒的时间间隔(一般为 15 ~ 75 ms) 依次起爆。当装药量相等时的优点为:可减震 1/3 ~ 2/3; 前发药包为后发药包开创了临空面,从而加强了岩石的破碎效果;降低多排孔一次爆破的堆积高度,有利于挖掘机作业;由于逐发或逐排一次爆破,减少了岩石夹制力,可节省炸药 20%。多排孔微差爆破是浅孔、深孔爆破发展的方向。

(6) 光面爆破和预裂爆破。光面爆破是在开挖限界的周边按一定间隔排列炮孔,在有侧向临空面的情况下,用控制抵抗线和用药量的方法进行爆破,使爆后形成一光滑平整的边坡坡面。预裂爆破则是在开挖限界面处按适当间距排列炮孔,在没有侧向临空面的情况下,用控制用药量的方法预先炸出一条裂缝,使拟爆体与山体分开;裂缝作为隔震、减震带,将起保护开挖限界以外的山体或建筑物免受地震破坏的作用。预裂炮的起爆时间在主炮之前,光面炮则在主炮之后,其间隔时间可取为 25 ~ 50 ms。同一排孔必须同时起爆,最好用传爆线起爆,否则会影响爆破质量。光面炮眼间距 $a_1 = 16d$; 预裂炮眼间距 $a_2 = (8 ~ 12)d$; 光面炮眼抵抗线 $W = 1.33a_1 = 21.5d$; 装药密度 $q' = 9d^2$。其中 d 为钻孔直径(cm), q' 为每米钻孔装药量(kg/m)。

(7) 洞室爆破方法。用小炮把岩石炸出容积较大的洞室(其边长在 1 m 以上), 在此洞室内放置大量炸药(数百千克到数吨、数十吨以上), 爆后炸下大量岩石,是一种大量爆破的方法。该方法生产率高,抛掷量大,可以节省大量劳力,缩短工期,但其耗药量大,对山体的稳定性影响较大,不宜在岩石极为破碎、风化严重、结构面产状倾向路线及渗水等工程地质和水文地质条件不良的地段上采用。根据地面横坡的陡缓,路基断面的形状和爆破作用的类型的不同,可将大量爆破分为平坦地形的抛掷爆破、斜坡地形的抛掷爆破、斜坡地形的抛坍爆破、多面临空地形爆破、定向爆破和松动爆破等。

为了充分发挥各种爆破方法的特点,应利用微地形和地质的客观条件,在路基石方中采用综合爆破,选用各种爆破方法,组织炮群,有计划有步骤地爆破拟开挖的石方。如为了充分利用岩石的崩塌作用,宜从路基面开始开挖,逐渐形成高阶梯,为深炮孔、药壶炮或猫洞炮创造条件;对自然坡度较缓的地形,应先用钢钎炮切脚、改造地形后,再采用一字排炮;路线横切小山包时,采用钢钎炮三面切脚,改造地形后,再在中间用药壶爆破。

5) 石方作业的安全技术

在石方作业中,较易出现严重的工伤事故,故在施工中,尤其应该注意安全工作。为了保护施工人员的安全和防止国家财产遭受损失,必须经常不断地进行安全技术教育,建立健全检查责任制度。

进行石方作业时,必须做好下列安全工作:

(1)炸药和雷管等爆破材料应安全运送,并妥为储存。

(2)根据爆破的安全距离,确定危险区。在危险区的边界设立警告标志。采用各种爆破方法时,现场人员离开爆破处的最小距离(最小安全距离),如表9-7所示。

最小安全距离　　　　　　　　表9-7

爆破方法	最小安全距离(m)	爆破方法	最小安全距离(m)
裸眼炮	300	小型药室爆破,洞穴炮	300
小眼炮	200	大药壶炮,大爆破	400
扩大药壶	50	导洞爆破	100
药壶炮	200		

(3)规定放炮时间和信号。爆破前在危险区边界布置警戒,管制交通和行人;同时,对危险区的房屋、结构物、机具设备等,采取安全防护措施。

(4)必须待全部人员进入安全地带后,方可引爆。采用导火线引爆时,导火线应有足够长度,使点火人员有充裕时间到达安全掩蔽地点。爆炸时,应注意炮声与点炮数目是否相符。

(5)电爆网路应为复线,禁止以水或大地代替其中的一根导线;引爆前,应对电爆网路进行检查;在一切人员退避到安全地点后,在安全地点引爆。

(6)遇有瞎炮时,应在瞎炮附近设立危险标志和警戒线。一般可在原炮眼相当距离处(小眼炮为60cm,药壶炮为80cm)打平行的新炮眼,炸毁瞎炮;在用药量不多时,也可先用木勺小心掏出上部堵塞物,而后用压力不大的水冲洗。

(7)爆破后,清除炸碎石块时,应注意边坡上方的石块是否会坠落伤人。在以撬棍撬落山坡上松动的岩石时,应自上而下地进行,不准先把下面撬空而使上部自行坍落,进行此操作的工人应注意脚下的岩石是否稳妥。

小　　结

路基建筑应当按照路基设计方案和质量控制要求,结合现场的实际情况,精心组织和实施。路基建筑过程中,发现与设计条件有严重偏差的情况,应及时反馈,并根据动态设计调整施工方案。土质路基施工的重点是合理调配土方,综合路基断面形式、填挖情况和运距等条件选择合适的填挖方案并充分压实。压实是土质路基施工质量控制的关键,应根据路基土的土质和土性,通过压实土湿度的控制、压实机具的选择和压实遍数的确定,有效提高压实质量和施工效率。影响石质路堤施工质量的关键因素是石料性质、粒径和压实方法。石质路堑爆破施工的关键则是选择合适的爆破方法和爆破参数;不同爆破方法在爆破效果和效率,以及对坡体稳定性影响等方面存在很大的差异,因而需要结合地形地质条件、边坡岩体特性、道路断面特征等因素综合确定。

习　　题

9-1　土质路堤填筑的常用方法有哪些,其特点和适用条件是什么?

9-2 土质路堑开挖的主要方法有哪些,施工过程中的控制重点与路堤填筑相比有何异同?

9-3 土质路基的压实机具包括哪几种类型?试分析其工作机理和优缺点。

9-4 石质路堑爆破施工的常用爆破方法有哪些,其相应的爆破效果和适用条件是什么?

参 考 文 献

[1] 姚祖康.道路路基路面工程[M].上海:同济大学出版社,1994.
[2] 邓学钧.路基路面工程[M].3版.北京:人民交通出版社,2005.
[3] 交通部第二公路勘察设计院.公路设计手册—路基[M].第二版.北京:人民交通出版社,2004.
[4] 姚祖康.铺面工程[M].上海:同济大学出版社,2001.
[5] 沙庆林.公路压实与压实标准[M].北京:人民交通出版社,1998.
[6] 李峻利,姚代禄.路基设计原理与计算[M].北京:人民交通出版社,2001.
[7] 陈忠达.公路挡土墙设计[M].北京:人民交通出版社,1999.
[8] 何光春.加筋土工程设计与施工[M].北京:人民交通出版社,2000.
[9] 徐光黎,刘丰收,唐辉明.现代加筋土技术理论与工程应用[M].武汉:中国地质大学出版社,2004.
[10] 赵明阶,何光春,王多垠.边坡工程处治技术[M].北京:人民交通出版社,2003.
[11] 邓卫东,等.公路边坡稳定技术[M].北京:人民交通出版社,2006.
[12] 高大钊,袁聚云.土质学与土力学[M].第三版.北京:人民交通出版社,2006.
[13] 刘玉卓.公路工程软基处理[M].北京:人民交通出版社,2002.
[14] 杨锡武.特殊路基工程[M].北京:人民交通出版社,2006.
[15] 郝传毅,等.路堤自身压缩的非线性有限元分析[J].中国公路学报,1991,4(1):9-15.
[16] 郑治,等.高填路堤沉降变形规律研究及压实技术[R].2004,10.
[17] 谈至明,李立寒,朱剑豪.道路工程施工技术[M].北京:高等教育出版社,2000.
[18] 龚晓南.地基处理手册[M].第三版.北京:中国建筑工业出版社,2008.
[19] 陈声凯,凌建明,罗志刚.路基土回弹模量应力依赖性分析及预估模型[J].土木工程学报,2007,40(6):95-99.
[20] 凌建明,谢经保,郑悦峰,等.基于地下水变位的路基顶面当量回弹模量预估[J].同济大学学报(自然科学版),2005,33(2):162-165.
[21] 凌建明,谢华昌,庄少勤等.水泥-石灰土水稳性的实验研究[J].同济大学学报(自然科学版),2001,29(6):733-737.
[22] 凌建明,王伟,邹洪波.行车荷载作用下湿软路基残余变形的研究[J].同济大学学报(自然科学版),2002,30(11):1315-1320.
[23] 中华人民共和国行业标准.JTG D30—2004 公路路基设计规范[S].北京:人民交通出版社,2004.
[24] 中华人民共和国行业标准.JTG F10—2006 公路路基施工技术规范[S].北京:人民交通出版社,2006.
[25] 中华人民共和国行业标准.JTG E40—2007 公路土工工程试验规程[S].北京:人民交通出版社,2007.
[26] 中华人民共和国行业标准.JTJ 003—86 公路自然区划标准[S].北京:人民交通出版社,1986.
[27] Fredlund D G,Rahardjo H. Soil mechanics for unsaturated soils[M]. New York:Wiley,1993.

[28] NCHRP Project 1-37A. Guide for Mechanistic-Empirical Design of New and Rehabilitated Pavement Structures-Final Report [R]. National Cooperative Highway Research Program, Transportation Research Board, National Research Council, March, 2004.

[29] Monismith, C. L., Ogawa, N., Freeme, C. R. Permanent Deformation Haracteristics of Subgrade Soils due to Repeated Loading[J]. TRR 537, Washington D. C., TRB, 1-17.

[30] Li, D., Selig, E. T. Cumulative Plastic Deformation for Fine-grained Subgrade Soils[J], J. of Geotechnical Engineering, ASCE, 1996, 122(12): 1006-1013.

[31] Chai J C, Miura N. Traffic-load-induced Permanent Deformation of Road on Soft Subsoil[J]. Journal of Geotechnical and Geoenvironmental Engineering, ASCE, 2002, 128(11): 907-916.

[32] Barry R. Christopher, Charles Schwarta and Richard Boudreay. Geotechnical Aspects of Pavements[R]. FHWA NHI-05-037, National Highway Institue, 2006.

[33] Gerristsen, A. H. and Koole, R. C. Seven years' experience with the structural aspects of the Shell pavement design manual[C]. Proceedings, 6th International Conference on Structural Design of Asphalt Pavements, Vol. 1, Ann Arbor, 1987: 94-106.

[34] Shook, J. K., Finn, F. N., Witczak, M. W., Monismith, C. L. Thickness design of asphalt pavements—the Asphalt Institute Method[C]. Proceedings, 5th International Conference on Asphalt Pavements, Vol. 1, Delft, 1982: 17-44.

[35] Brunton, J. M., Brown, S. F. and Pell, P. S. Developments to the Nottingham analytical design method for asphalt pavements[C]. Proceedings, 6th International Conference on Structural Design of Asphalt Pavements, Vol. 1, Ann Arbor, 1987: 366-377.

[36] Verstraeten, J., Ververka, V. and Franken, L. Rational and practical design of asphalt pavements to avoid cracking and rutting[C]. Proceedings, 5th International Conference on Structural Design of Asphalt Pavements, Vol. 1, Ann Arbor, 1982: 45-58.

[37] Jameson, G., Sharp, K., and Potter, D. New guidelines for the design of flexible pavements for Australia conditions[C]. Proceedings, 9th International Conference on Asphalt Pavements, Copenhagen, 2002.

[38] Pidwerbesky, B. D. and Arnold, G. Subgrade strain criterion for limiting rutting in asphalt pavements[C]. Proceedings, 8th International Conference on Asphalt Pavements, Vol. 2, Seattle, 1997: 1529-1544.

[39] Judycki, J. Comparison of fatigue criteria for flexible and semi-rigid pavements[C]. Proceedings, 8th International Conference on Asphalt Pavements, Vol. 2, Seattle, 1997: 919-937.

人民交通出版社公路类教材一览

(◆教育部普通高等教育"十一五"国家级规划教材 ▲建设部土建学科专业"十一五"规划教材)

一、交通工程教学指导分委员会规划推荐教材
1. ◆交通规划(王 炜) ………………………… 33 元
2. ◆道路交通安全(裴玉龙) ………………… 36 元
3. ◆交通设计(杨晓光) ……………………… 35 元
4. 交通系统分析(王殿海) …………………… 31 元
5. 交通管理与控制(徐建闽) ………………… 26 元
6. 交通经济学(邵春福) ……………………… 25 元

二、21 世纪交通版高等学校教材
(一)交通工程专业
1. 交通工程总论(第三版)(徐吉谦) ………… 36 元
2. ◆交通工程学(第二版)(任福田) ………… 38 元
3. ◆交通管理与控制(第四版)(吴 兵) …… 35 元
4. ◆道路通行能力分析(陈宽民) …………… 27 元
5. ◆交通工程设计理论与方法(第二版)(马荣国) … 40 元
6. ◆公路网规划(裴玉龙) …………………… 27 元
7. 交通工程专业英语(裴玉龙) ……………… 28 元
8. ◆交通运输工程导论(第二版)(姚祖康) … 23 元
9. 交通流理论(王殿海) ……………………… 21 元
10. 交通系统仿真技术(刘运通) …………… 26 元
11. 停车场规划设计与管理(关宏志) ……… 30 元
12. 交通工程设施设计(李峻利) …………… 35 元
13. ◆智能运输系统概论(第二版)(杨兆升) … 25 元
14. 智能运输系统概论(第二版)(黄 卫) … 24 元
15. ◆运输经济学(第二版)(严作人) ……… 44 元
16. ◆道路交通工程系统分析方法(第二版)(王 炜) … 38 元
17. 交通调查与分析(第二版)(严宝杰) …… 38 元
18. ◆交通运输设施与管理(郭忠印) ……… 33 元
19. 道路交通安全管理法规概论及案例分析(裴玉龙) … 29 元
20. 交通地理信息系统(符锌砂) …………… 31 元
21. 公路建设项目可行性研究(过秀成) …… 27 元
22. 交通工程专业生产实习指导书(朱从坤) … 7 元
23. 土木规划学(石 京) …………………… 38 元

(二)城市轨道交通系列教材
1. 城市轨道交通概论(孙 章) ……………… 40 元
2. 城市轨道交通系统(彭 辉) ……………… 32 元
3. 轨道工程(练松良) ………………………… 36 元
4. 城市轨道交通设备系统(周顺华) ………… 32 元
5. 城市轨道交通结构设计与施工(周顺华) … 36 元
6. 地铁与轻轨(第二版)(张庆贺) …………… 40 元

(三)土木工程专业(路桥)/道路桥梁与渡河工程专业
Ⅰ.专业基础课教材
1. 土木工程概论(项海帆) …………………… 32 元
2. 道路概论(第二版)(孙家驷) ……………… 20 元
3. 土质学与土力学(第四版)(袁聚云) ……… 30 元
4. 公路工程地质(第三版)(窦明健) ………… 23 元
5. ▲道路工程制图(第四版)(谢步瀛) ……… 36 元
6. ▲道路工程制图习题集(第四版)(袁 果) … 26 元
7. ◆土木工程计算机绘图基础(第二版)(袁 果) … 45 元
8. ◆道路工程材料(第五版)(李立寒) ……… 45 元
9. 测量学(第四版)(许娅娅) ………………… 37 元
10. ◆基础工程(第四版)(王晓谋) ………… 33 元
11. 结构设计原理(第二版)(叶见曙) ……… 51 元
12. 公路经济学教程(袁剑波) ……………… 23 元
13. 专业英语(第二版)(李 嘉) …………… 33 元

Ⅱ.专业核心课教材
14. ◆路基路面工程(第三版)(邓学钧) …… 52 元
15. ◆道路勘测设计(第三版)(杨少伟) …… 42 元
16. 道路结构力学计算(上、下)(郑传超、王秉纲) … 50 元
17. 水力学(王亚玲) ………………………… 19 元
18. ◆桥梁工程(第二版)(姚玲森) ………… 62 元

19. 桥梁工程(第二版)(土木、交通工程)(邵旭东) … 52 元
20. ◆桥梁工程(第二版)(上)(范立础) …… 42 元
21. ◆桥梁工程(第二版)(下)(顾安邦) …… 38 元
22. 桥梁工程(陈宝春) ……………………… 45 元
23. ◆桥涵水文(第四版)(高冬光) ………… 28 元
24. ◆预应力混凝土结构设计原理(第二版) … 28 元(估)
25. ◆现代钢桥(上)(吴 冲) ……………… 34 元
26. ◆钢桥(徐君兰) ………………………… 16 元
27. ◆公路施工组织及概预算(第三版)(王首绪) … 32 元
28. ▲桥梁施工及组织管理(第二版)(上)(魏红一) … 39 元
29. ▲桥梁施工及组织管理(第二版)(下)(邬晓光) … 39 元
30. ◆隧道工程(第二版)(上)(王毅才) …… 65 元

Ⅲ.专业方向选修课教材
31. ◆道路工程(第二版)(严作人) ………… 40 元
32. 道路工程(第二版)(土木工程专业)(凌天清) … 35 元
33. ◆高速公路(第二版)(方守恩) ………… 21 元
34. 高速公路设计(赵一飞) ………………… 38 元
35. 城市道路设计(吴瑞麟) ………………… 22 元
36. GPS测量原理及其应用(胡伍生) ……… 28 元
37. 公路测设新技术(雒 应) ……………… 36 元
38. 公路施工技术与管理(第二版)(魏建明) … 40 元
39. 土木工程造价控制(石勇民) …………… 30 元
40. 公路工程定额原理与估价(石勇民) …… 36 元
41. 道路桥梁检测技术(胡昌斌) …………… 31 元
42. 特殊地区基础工程(冯忠居) …………… 29 元
43. 道路与桥梁工程计算机绘图(许金良) … 31 元
44. ◆公路小桥涵勘测设计(第四版)(孙家驷) … 31 元
45. 路基设计原理与计算(李峻利) ………… 40 元
46. 路基路面工程检测技术(李宇峙) ……… 46 元
47. 公路土工合成材料应用原理(黄倓明) … 22 元
48. 水泥与水泥混凝土(申爱琴) …………… 30 元
49. ◆环境经济学(第二版)(董小林) ……… 40 元
50. 公路环境与景观设计(刘朝辉) ………… 30 元
51. 桥梁工程概论(第二版)(罗 娜) ……… 27 元
52. 桥梁检测与加固(王国鼎) ……………… 27 元
53. 桥梁钢—混凝土组合结构设计原理(黄 侨) … 26 元
54. 桥梁结构试验(第二版)(章关永) ……… 22 元
55. 桥梁结构电算(第二版) ………………… 35 元
56. 桥梁抗震(叶爱君) ……………………… 15 元
57. ◆桥梁建筑美学(第二版)(盛洪飞) …… 30 元
58. 大跨度桥梁结构计算理论(李传习) …… 18 元
59. 隧道结构力学计算(夏永旭) …………… 29 元
60. 公路隧道运营管理(吕康成) …………… 22 元
61. 隧道与地下工程灾害防护(张庆贺) …… 45 元

Ⅳ.实践环节教材及教参教辅
62. 《道路勘测设计》毕业设计指导(许金良) … 30 元
63. 桥梁计算示例丛书—桥梁地基与基础(第二版)(赵明华) … 18 元
64. 桥梁计算示例丛书—混凝土简支梁(板)桥(第三版)(易建国) … 27 元
65. 桥梁计算示例丛书—连续梁桥(邹毅松) … 20 元
66. 结构设计原理计算示例(叶见曙) ……… 40 元
67. 道路工程毕业设计指南(应荣华) ……… 34 元
68. 桥梁工程毕业设计指南(向中富) ……… 35 元

Ⅴ.研究生教学用书
道路与铁道工程
1. 现代加筋土理论与技术(雷胜友) ………… 24 元

2. 道路规划与几何设计(朱照宏) ⋯⋯⋯⋯⋯⋯⋯⋯ 32 元
3. 沥青与沥青混合料(郝培文) ⋯⋯⋯⋯⋯⋯⋯⋯ 35 元
4. 工程机械机电液系统动态传真(王国庆) ⋯⋯ 18 元

桥梁与隧道工程
1. 高等桥梁结构理论(项海帆) ⋯⋯⋯⋯⋯⋯⋯⋯ 35 元
2. 高等钢筋混凝土结构(周志祥) ⋯⋯⋯⋯⋯⋯⋯ 27 元
3. 结构分析的有限元法与 MATIAB 程序设计(徐荣桥) ⋯⋯ 28 元
4. 工程结构数值分析方法(夏永旭) ⋯⋯⋯⋯⋯⋯ 27 元
5. 箱形梁设计理论(第二版)(房贞政) ⋯⋯⋯⋯⋯ 32 元

(四)公路工程管理专业
1. ◆工程项目融资(第二版)(赵 华) ⋯⋯⋯⋯⋯ 35 元
2. 管理信息系统(李友根) ⋯⋯⋯⋯⋯⋯⋯⋯⋯⋯ 31 元
3. 公路工程定额原理与估价(石勇民) ⋯⋯⋯⋯⋯ 36 元
4. 工程风险管理(邓铁军) ⋯⋯⋯⋯⋯⋯⋯⋯⋯⋯ 21 元
5. ◆工程质量控制与管理(邹晓光) ⋯⋯⋯⋯⋯⋯ 29 元
6. 公路工程造价编制与管理(第二版)(沈其明) ⋯⋯ 43 元
7. 工程项目招标与投标(周 直) ⋯⋯⋯⋯⋯⋯⋯⋯ 30 元
8. 高速公路管理(王选仓) ⋯⋯⋯⋯⋯⋯⋯⋯⋯⋯ 35 元

(五)工程机械专业
1. ◆施工机械概论(王 进) ⋯⋯⋯⋯⋯⋯⋯⋯⋯ 35 元
2. ◆公路施工机械(第二版)(李自光) ⋯⋯⋯⋯⋯ 43 元
3. 现代工程机械发动机与底盘构造(陈新轩) ⋯⋯ 38 元
4. 工程机械维修(许 安) ⋯⋯⋯⋯⋯⋯⋯⋯⋯⋯ 38 元
5. 工程机械状态检测与故障诊断(陈新轩) ⋯⋯⋯ 29 元
6. 工程机械底盘设计(郁录平) ⋯⋯⋯⋯⋯⋯⋯⋯ 36 元
7. 公路工程机械化施工与管理(第二版)(郭小宏) ⋯⋯ 37 元
8. 工程机械设计(吴永平) ⋯⋯⋯⋯⋯⋯⋯⋯⋯⋯ 38 元
9. 工程机械技术经济学(吴永平) ⋯⋯⋯⋯⋯⋯⋯ 23 元
10. 工程机械专业英语(宋永刚) ⋯⋯⋯⋯⋯⋯⋯⋯ 36 元
11. 工程机械机电液系统动态仿真(王国庆) ⋯⋯⋯ 18 元

三、普通高等学校规划教材
1. 现代土木工程(付宏渊) ⋯⋯⋯⋯⋯⋯⋯⋯⋯⋯ 36 元
2. 理论力学(东南大学) ⋯⋯⋯⋯⋯⋯⋯⋯⋯⋯⋯ 29 元
3. 材料力学(东南大学) ⋯⋯⋯⋯⋯⋯⋯⋯⋯⋯⋯ 25 元
4. 工程力学(东南大学) ⋯⋯⋯⋯⋯⋯⋯⋯⋯⋯⋯ 29 元
5. 交通土建工程制图(第二版)(和丕壮) ⋯⋯⋯⋯ 38 元
6. 交通土建工程制图习题集(第二版)(和丕壮) ⋯ 20 元
7. 画法几何与土建制图(第二版)(林国华) ⋯⋯⋯ 39 元
9. 画法几何与土建制图习题集(第二版)(林国华) ⋯⋯ 25 元
9. 土木工程制图(丁建梅 周佳新) ⋯⋯⋯⋯⋯⋯ 36 元
10. 土木工程制图习题集(丁建梅 周佳新) ⋯⋯⋯ 18 元
11. 土木工程制图(张 爽) ⋯⋯⋯⋯⋯⋯⋯⋯⋯⋯ 36 元
12. 土木工程制图习题集(张 爽) ⋯⋯⋯⋯⋯⋯⋯ 15 元
13. 工程经济学(李雪淋) ⋯⋯⋯⋯⋯⋯⋯⋯⋯⋯⋯ 22 元
14. 工程测量(胡伍生) ⋯⋯⋯⋯⋯⋯⋯⋯⋯⋯⋯⋯ 25 元
15. 交通土木工程测量(张坤宜) ⋯⋯⋯⋯⋯⋯⋯⋯ 33 元
16. 结构设计原理(毛瑞祥) ⋯⋯⋯⋯⋯⋯⋯⋯⋯⋯ 26 元
17. 路基面工程(何兆益) ⋯⋯⋯⋯⋯⋯⋯⋯⋯⋯⋯ 45 元
18. 道路勘测设计(第二版)(孙家驷) ⋯⋯⋯⋯⋯⋯ 46 元
19. 道路勘测设计(裴玉龙) ⋯⋯⋯⋯⋯⋯⋯⋯⋯⋯ 38 元
20. 道路工程材料(申爱琴) ⋯⋯⋯⋯⋯⋯⋯⋯⋯⋯ 45 元
21. 道路与桥梁工程概论(黄晓明) ⋯⋯⋯⋯⋯⋯⋯ 32 元
22. 道路经济与管理 ⋯⋯⋯⋯⋯⋯⋯⋯⋯⋯⋯⋯⋯ 16 元
23. 公路施工组织与管理(赖少武 李文华) ⋯⋯⋯ 35 元
24. 公路工程施工组织学(第二版)(姚玉玲) ⋯⋯⋯ 38 元
25. 公路施工与组织管理(廖正环) ⋯⋯⋯⋯⋯⋯⋯ 22 元
26. 公路养护与管理(许永明) ⋯⋯⋯⋯⋯⋯⋯⋯⋯ 18 元
27. 水力学与桥涵水文(叶镇国) ⋯⋯⋯⋯⋯⋯⋯⋯ 38 元

28. 桥位勘测设计(高冬光) ⋯⋯⋯⋯⋯⋯⋯⋯⋯⋯ 20 元
29. 道路规划与设计(李清波) ⋯⋯⋯⋯⋯⋯⋯⋯⋯ 46 元
30. 道路交通环境工程(张玉芬) ⋯⋯⋯⋯⋯⋯⋯⋯ 19 元
31. 公路实用勘测设计(何景华) ⋯⋯⋯⋯⋯⋯⋯⋯ 19 元
32. 公路计算机辅助设计(符锌砂) ⋯⋯⋯⋯⋯⋯⋯ 30 元
33. 交通计算机辅助工程(任刚) ⋯⋯⋯⋯⋯⋯⋯⋯ 25 元
34. 公路工程预算与工程量清单计价(雷书华) ⋯⋯ 35 元
35. 公路工程造价(周世生) ⋯⋯⋯⋯⋯⋯⋯⋯⋯⋯ 42 元
36. 软土环境工程地质学(唐益群) ⋯⋯⋯⋯⋯⋯⋯ 35 元
37. 公路与桥梁施工技术(盛可鉴) ⋯⋯⋯⋯⋯⋯⋯ 30 元
38. 桥梁美学(和丕壮) ⋯⋯⋯⋯⋯⋯⋯⋯⋯⋯⋯⋯ 40 元
39. 桥梁结构理论与计算方法(贺拴海) ⋯⋯⋯⋯⋯ 58 元
40. 钢管混凝土(胡曙光) ⋯⋯⋯⋯⋯⋯⋯⋯⋯⋯⋯ 38 元
41. 隧道施工(于书翰) ⋯⋯⋯⋯⋯⋯⋯⋯⋯⋯⋯⋯ 23 元
42. 公路隧道机电工程(赵忠杰) ⋯⋯⋯⋯⋯⋯⋯⋯ 40 元
43. ◆道路交通管理与控制(袁振洲) ⋯⋯⋯⋯⋯⋯ 40 元
44. 交通工程学(第二版)(李作敏) ⋯⋯⋯⋯⋯⋯⋯ 28 元
45. 交通工程学(双语教材)(王斌宏) ⋯⋯⋯⋯⋯⋯ 38 元
46. 交通管理与控制(罗 霞) ⋯⋯⋯⋯⋯⋯⋯⋯⋯⋯ 36 元
47. 交通项目评估与管理(谢海红) ⋯⋯⋯⋯⋯⋯⋯ 36 元
48. 工程项目管理(周 直) ⋯⋯⋯⋯⋯⋯⋯⋯⋯⋯ 20 元
49. 道路运输统计(张志俊) ⋯⋯⋯⋯⋯⋯⋯⋯⋯⋯ 28 元
50. 测绘工程基础(李芹芳) ⋯⋯⋯⋯⋯⋯⋯⋯⋯⋯ 36 元
51. 工程机械运用技术(许 安) ⋯⋯⋯⋯⋯⋯⋯⋯⋯ 40 元
52. 现代工程机械液压与液力系统(颜荣庆) ⋯⋯⋯ 39 元
53. 水泥混凝土路面施工与施工机械(何挺继) ⋯⋯ 30 元
54. 现代公路施工机械(何挺继) ⋯⋯⋯⋯⋯⋯⋯⋯ 45 元
55. 工程机械机电液一体化(焦生杰) ⋯⋯⋯⋯⋯⋯ 28 元
56. 工程机械可靠度(吴永平) ⋯⋯⋯⋯⋯⋯⋯⋯⋯ 20 元
57. 工程机械地面力学与作业理论(杨士敏) ⋯⋯⋯ 35 元
58. 公路机械化施工与管理(任 继) ⋯⋯⋯⋯⋯⋯ 26 元

四、高等学校应用型本科规划教材
1. 结构力学(万德臣) ⋯⋯⋯⋯⋯⋯⋯⋯⋯⋯⋯⋯ 30 元
2. 结构力学学习指导(于克萍) ⋯⋯⋯⋯⋯⋯⋯⋯ 22 元
3. 道路工程制图(谭海洋) ⋯⋯⋯⋯⋯⋯⋯⋯⋯⋯ 28 元
4. 道路工程制图习题集(谭海洋) ⋯⋯⋯⋯⋯⋯⋯ 24 元
5. 道路建筑材料(伍么庆) ⋯⋯⋯⋯⋯⋯⋯⋯⋯⋯ 37 元
6. 土木工程材料(张爱勤) ⋯⋯⋯⋯⋯⋯⋯⋯⋯⋯ 39 元
7. 土质学与土力学(赵明阶) ⋯⋯⋯⋯⋯⋯⋯⋯⋯ 30 元
8. 结构设计原理(黄平明) ⋯⋯⋯⋯⋯⋯⋯⋯⋯⋯ 47 元
9. 结构设计原理学习指导(安静波) ⋯⋯⋯⋯⋯⋯ 35 元
10. 结构设计原理计算示例(赵志蒙) ⋯⋯⋯⋯⋯⋯ 40 元
11. 工程测量(朱爱民) ⋯⋯⋯⋯⋯⋯⋯⋯⋯⋯⋯⋯ 30 元
12. 基础工程(刘 辉) ⋯⋯⋯⋯⋯⋯⋯⋯⋯⋯⋯⋯ 26 元
13. 道路勘测设计(张维全) ⋯⋯⋯⋯⋯⋯⋯⋯⋯⋯ 32 元
14. 桥梁工程(刘龄嘉) ⋯⋯⋯⋯⋯⋯⋯⋯⋯⋯⋯⋯ 45 元
15. 公路工程试验检测(乔志琴) ⋯⋯⋯⋯⋯⋯⋯⋯ 47 元
16. 路桥工程专业英语(赵永平) ⋯⋯⋯⋯⋯⋯⋯⋯ 44 元
17. 水力学与桥涵水文(王丽荣) ⋯⋯⋯⋯⋯⋯⋯⋯ 27 元
18. 工程招标与合同管理(刘 燕) ⋯⋯⋯⋯⋯⋯⋯ 33 元
19. 工程项目管理(李佳升) ⋯⋯⋯⋯⋯⋯⋯⋯⋯⋯ 32 元
20. 公路施工技术(杨渡军) ⋯⋯⋯⋯⋯⋯⋯⋯⋯⋯ 64 元
21. 公路工程机械化施工技术(徐永杰) ⋯⋯⋯⋯⋯ 32 元
22. 公路工程经济(周福田) ⋯⋯⋯⋯⋯⋯⋯⋯⋯⋯ 22 元
23. 公路工程监理(朱爱民) ⋯⋯⋯⋯⋯⋯⋯⋯⋯⋯ 33 元
24. 道路工程(资建民) ⋯⋯⋯⋯⋯⋯⋯⋯⋯⋯⋯⋯ 38 元
25. 道路工程CAD(许金良) ⋯⋯⋯⋯⋯⋯⋯⋯⋯⋯ 23 元
26. 路基路面工程(陈忠达) ⋯⋯⋯⋯⋯⋯⋯⋯⋯⋯ 46 元

各地经销商电话见人民交通出版社网站首页,网址:http://www.ccpress.com.cn。
咨询电话:010-85285965(岑瑜)